U0932537

2021年中国教育观察

China Education 2021: Observation and Reflection

主　编 / 熊丙奇
副主编 / 杨　旻　黄胜利　陈昂昂

2021

社会科学文献出版社
SOCIAL SCIENCES ACADEMIC PRESS (CHINA)

编委会

主　　　编　熊丙奇

副　主　编　杨　旻　黄胜利　陈昂昂

课题组核心成员　杨东平　熊丙奇　储朝晖　王　烽
袁桂林　张守礼　李　霞　谢　波
陈长河　杨　旻　黄胜利　曾国华
陈昂昂　冯思澈　邓宇虹　杨钰鑫

本书作者　（按文序排列）
熊丙奇　储朝晖　杨东平　陈长河　丁秀棠
邹宏宇　杨慧丽博　张守礼　冉　甜　张宝歌
马海燕　李　强　张　丰　张军凤　谢　波
郭婷婷　杨东艳　牛楠森　王　政　李　菊
邵秀娟　冯思澈　赵雄辉　董　良　焦　楠
王　雄　刘　佳

主编简介

熊丙奇　21 世纪教育研究院院长。主要代表作有《大学有问题》《体制迷墙》《天下无墙》《教育熊视》《中国教育的 100 份诊断报告》《什么是好的教育》《教育的挑战》《走出一个时代的教育困惑》《深度解读新高考》《步入大学》《大学生创业》《高中生职业生涯规划八讲》等 20 余种 30 余版次。为国内多家媒体专栏作者。

摘　要

对于2020年的中国教育来说，疫情防控是重要的主题词。全年的教育发展，无论是“停课不停学”、延期开学、高考延期一个月、研究生复试与艺考专业校考调整，还是在线教育“井喷”式发展、出国留学受阻，这些都与疫情防控紧密相关。疫情防控下的中国教育调整和创新，展现了中国教育的韧性和活力，而全社会的教育焦虑依旧严重，“内卷化”在2020年成为新的流行词，也表明构建教育新生态的迫切性。

本报告坚持问题导向，通过总报告和若干分报告，揭示了“十三五”期间以及2020年中国教育改革发展的总体状况和未来形势。总报告全面分析了疫情防控下的中国教育调整和创新，指出要破解中国教育的行政化、功利化、内卷化问题，需要坚定推进教育管理与教育评价改革，切实落实和扩大学校的办学自主权，推动以“四个评价”为主要内容的教育评价改革落地。

发展篇，对《国家中长期教育改革和发展规划纲要（2010～2020年）》实施阶段及指导作用、体制改革及成效进行了深入、客观的回顾；面对基本实现普及目标之后的教育改革方向，研究提出中国教育的下一步是落实“公平而有质量的教育”，走向有效的教育生态治理，构建学习化社会；对民办学校举办者与办学者来说，需要按照高质量发展要求，在制度与政策框架下明确各自发展定位与发展思路；国际教育受到了疫情的巨大冲击，但预期国际教育会继续为学生提供多元升学路径；疫情为推动学前教育深层改革带来契机，助力建立学前教育公共服务体系2.0；针对“减轻义务教育阶段学生作业负担和校外培训负担”，关键在落实，创新监管体系，着力构建多元评价体系；进一步探讨高中教育的目标定位重构与管理机制、考试制度、校长评价机制改革；深化新时代教育评价改革、聚焦“四个评价”整体推进。

专题篇，围绕区域教育质量评价、高中多样化办学、智慧校园建设、教育信息化、家校共育、地方教育制度创新等不同领域的问题与挑战，提出了结构型质量指标能有效促进县域教育质量朝着优质、均衡和公平的方向发展，制定普通高中多样化办学评价标准、加强普通高中分类办学规划，从对技术的关注转向对人的关注、用技术进步推动指导技术的教育思想的进步，构建基于信息技术的新型教育教学模式以及教育治理新模式，提高家校共育研究的学术含量、拓展家校共育研究的政策视野，补齐和破局地方教育制度创新的短板和盲区等一系列具有针对性的对策建议。

调查篇，以扎实、丰富的调查数据，分别呈现了当前省域乡村教师生存状况、京沪中小学教师队伍建设、中小学校尊重与保护儿童权利的实证表现与区域差异等主要情况，提供了激发乡村教师专业发展内生动力、强化农村师资投入的省级统筹责任、深化教师人事管理体制机制改革、开展学校评估和保护学生身心健康。

关键词： 后疫情时代　高质量教育发展　教育评价改革　教育信息化　教师队伍建设　儿童身心健康

目录

Ⅰ 总报告

Ⅱ 发展篇

Ⅲ 专题篇

Ⅳ 调查篇

总报告

General Report

疫情防控常态化下的中国教育

熊丙奇*

摘　要：对于2020年的中国教育来说，疫情防控是重要的主题词。全年的教育发展，无论是“停课不停学”、延期开学、高考延期一个月、研究生复试与艺考专业校考调整，还是在线教育“井喷”式发展，出国留学受阻，都与疫情防控紧密相关。疫情防控下的中国教育调整和创新，展现了中国教育的韧性和活力，而全社会的教育焦虑依旧严重，“内卷化”在2020年成为新的流行词，也表明构建教育新生态的迫切性。本文全面分析了疫情防控下的中国教育调整和创新，指出要破解中国教育的行政化、功利化、内卷化问题，需要坚定推进教育管理与教育评价改革，切实落实和扩大学校的办学自主权，推进以“四个评价”为主要内容的教育评价改革落地。

---

* 熊丙奇，21世纪教育研究院院长，博士，研究方向：教育制度、教育公平。

关键词：　疫情防控　教育创新　教育生态

2020 年，对全世界而言，都是十分特殊的一年。全世界每个国家的社会、经济、文化、教育等发展，都受到疫情的严重冲击和影响。中国教育在疫情防控形势下做出的调整，表现出的新样态和新趋势，以及由此反映出的教育问题，无疑值得关注和思考。

一　疫情防控下的中国教育调整与创新

（一）“停课不停学”发挥在线教育平台作用

2020 年初，为阻断新冠肺炎疫情向校园蔓延，保证广大师生的生命安全，教育部下发通知，要求 2020 年春季学期延期开学，学生在家不外出、不聚会、不举办和参加集中性活动。各培训机构按要求取消各类线下课程。与此同时，各地教育部门在防控疫情期间为中小学校“停课不停教、不停学”做了大量服务保障工作。

根据教育部发布的数据，截至 2020 年 12 月，国家中小学网络云平台浏览次数达 24.60 亿，访问人次达 20.22 亿，为 1.8 亿中小学生的在线学习提供了重要支撑，其用户覆盖包括港澳台在内的全国所有省（区、市）及全球 174 个国家和地区。[①] 到 2020 年年底，中国慕课数量和应用规模位居世界第一，上线慕课数量增至 3.2 万门，学习人数达 4.9 亿人次，在校生获得慕课学分人数 1.4 亿人次。新冠肺炎疫情期间，所有高校全部实施在线教学，108 万教师开出课程合计 1719 万门次，在线学习学生共计 35 亿人次，形成时时、处处、人人皆可学的教育新形态。[②]

① 《“停课不停学”“国家队”为 1.8 亿中小学生在线学习提供支撑》，《中国青年报》2021 年 1 月 13 日。

② 《教育部：新冠肺炎疫情期间高校在线学习学生 35 亿人次》，《新京报》2020 年 12 月 3 日。

“停课不停学”既是应对疫情防控形势的无奈之举，也是我国教育形式的一次大规模创新。“停课不停学”之所以能在我国基础教育与高等教育界迅速推进，得益于长期的在线教育平台建设和课程积累。当然，在“停课不停学”实施的最初阶段，我国各地教育部门和学校也存在对“停课不停学”的误解，认为“停课不停学”开展在线教育，要由教师当主播，在线直播授课。由此出现 2020 年 2 月 10 日这天全国 300 多个城市的 60 万人民教师变身“主播”的“盛景”。但是，这种在线教育方式的效果并不好，有的老师对直播工具并不熟悉，授课只是把线下授课内容搬到线上，学生的学习体验也不佳。随着“停课不停学”的进一步推进，各地探索出“在线教育平台资源 + 教师辅导”的新在线教育方式，即发挥在线教育资源共享的优势，充分利用已经积累的在线教育课程资源，再组织部分优秀教师统一录制课程，把这些课程开放给所有学生，而非由各校的教师自己上直播课。各校教师发挥的作用，是在学生统一上在线教育课程后，进行有针对性的辅导，以此解决在线教育个性化、交互性不足的问题。

如上海市教委组织全市 1000 多名优秀骨干教师，根据课程标准录制课程，通过 12 个电视频道，保证从小学一年级到高中三年级每个年级一个频道，除了首播之外，还安排重播。无法收看电视的同学，还能在电脑、平板、手机等多种终端上听课。另外，课程视频还能在相关网站上面下载。学生在听课后，可以通过在线平台与师生进行研讨交流。①

（二）高考延期一个月，重视教育过程公平

根据教育部的部署，2020 年高考推迟一个月，于 7 月 7 日、8 日（部分新高考改革省份为 7 月 7 日、8 日、9 日、10 日）开考。这是 2003 年把高考时间从 7 月 7 日、8 日调整到 6 月 7 日、8 日后，第一次全国范围内调整高考时间。

调整高考时间，首先是出于疫情防控、安全高考的需要。虽然到 2020

① 《上海在线教学课程以电视播放为主》，澎湃新闻，2020 年 2 月 18 日。

年4月份，我国的疫情基本得到控制，但由于疫情在境外蔓延，我国依旧面临很大的疫情防控压力。将我国高考推迟一个月，会减少组织线下考试的安全风险，切实保障所有考生的健康和生命安全。

对于高考是否延期，社会舆论也有不同意见。一些人认为，到6月份，各地已经具备安全举行考试的条件，推迟一个月到7月举行高考，而7月又是极端天气多发的月份，会增加各地应对极端天气、洪涝灾害的压力。2003年把高考时间提前一个月，主要原因就是7月炎热。这确实是高考延期必须考虑的因素，但是，这一因素可以通过有针对性的措施来解决。如针对7月高温天气，各省份可结合本地的实际情况，给所有高考考场安装空调。安徽省的所有地级市决定给高考考场装空调，不但解决考场环境问题，而且，也推动改善学校的办学条件。

高考延期的重要意义，还在于保障教育过程公平。从教育结果公平看，由于我国高考实行分省份按计划录取，只要全省（区市）高三学生开学复课时间一致，考试时间相同，就是在6月举行高考，也不会影响整体录取格局。但是，从教育过程公平看，在受疫情影响延期开学后，却不延期高考，对不同地区、不同学校、不同家庭的学生来说，存在一定的不公平的问题。如，在停课不停学期间，有的农村学生没有和城市学生一样的上网课条件，有的农村学校也没有组织在线教育的经验，在线教学的效果差，不少学生也并不适应在线学习方式。延期高考也就给所有高考生更充足的复习备考时间，让他们有相对完整的在校集中学习过程。因此，延期高考也可以说是重视教育过程公平的一次实践。①

（三）研究生多元复试与艺考专业校考云考试开启校测新模式

受疫情影响的还有研究生复试与艺考的专业校考。在2020年全国硕士研究生招生考试国家分数线公布后，教育部要求，各招生单位要统筹考虑当

① 熊丙奇：《高考延期一个月，重视教育过程公平的一次重要实践》，http：//www. moe. gov. cn/jyb_ xwfb/moe_ 2082/zl_ 2020n/2020_ zl17/202004/t20200401_ 437216. html，2020年4月1日。

地疫情防控要求和学校实际情况，因地因校制宜，根据学科特点和专业要求，在确保公平和可操作的前提下，自主确定适宜的复试办法。复试方式可采取现场复试、网络远程复试、异地现场复试以及委托其他高校复试等。各招生单位要确保复试安排的安全性、公平性和科学性。①

2020 年，全国艺术类专业报名人数为 115 万，受疫情影响，有关高校推迟了艺术类专业校考工作，根据教育部的部署，一些专业性强且拟继续组织校考的高校，先通过提交作品、网上视频面试等非现场考核方式对报名考生进行初选，在高考后再组织现场校考。②

研究生复试采取多元复试方式，这是复试的创新。这一方面给高校更大的自主权，可以自主确定复试的方式；另一方面，也可为我国招生改革积累多元复试的经验。我国研究生招生，以及本科招生中的强基计划、综合素质评价录取，都有学校测试（笔试 + 面试）环节，但长期以来，社会舆论一直诟病学校测试增加学生的赶考负担，并质疑校测的公信力。

多元复试，是减轻校测成本、让校测大规模推进的有效方式。校测（复试）不只有到学校参加面对面的测试这一种方式，可以利用视频进行在线复试，也可以委托其他高校（甚至校友）进行复试，还可以采用异地复试方式。发达国家的大学在招生时，对申请学生进行面试考察，采取校园面试、视频在线面试、电话面试、委托面试等多元面试方式。灵活、多元的面试方式，让面试得以大规模进行，是构建多元评价体系的重要支撑。

多年前，我国教育界就有建议高校采取多元复试（面试）方式推进招生录取改革的呼声，然而，一直没有被采纳。疫情之下，教育部部署各招生单位考虑实际，自主确定适宜的复试办法，可采取现场复试、网络远程复试、异地现场复试以及委托其他高校复试的方式。多元复试顺利推进，得到考生和社会的认可，对高校建立多元评价体系至关重要。

---

① 《考研可网络远程复试　用积极的心态拥抱变化》，《人民日报》2020 年 4 月 16 日。

② 《2020 年艺术类专业这样招考》，《重庆日报》2020 年 3 月 16 日。

艺考专业校考中的云考试探索也具有积极意义。近年来，我国艺考专业校考的评价质量和公信力也遭遇质疑，艺考专业校考改革的一大趋势，就是减少、取消校考，实行省统考。因而，如何保障校考云考试的公平、公正，是社会公众最关注的问题。事实表明，通过采用人脸识别技术、增加实时回答的交互性考题，以及入校后的严格复核，是可以杜绝云考试的代考、替考、弄虚作假等问题的。

（四）在线教育培训“冰火两重天”

受疫情影响，2020 年在线教育迎来“火爆”的局面，在资本市场上，在线教育概念股也受到追捧，股价持续走高。网经社电子商务研究中心发布的《2020 年度中国在线教育投融资数据报告》显示，2020 年我国在线教育共发生 111 起融资，总金额超 539. 3 亿元。这一总金额超过前 4 年（2016 ~ 2019 年）的融资总和。

而与此同时，也有不少在线教育机构，包括知名的在线教育机构破产关门。舆论普遍认为，在线教育进入“残酷洗牌”的发展阶段，“一边是大哭倒闭，一边是大笑融资”。前述报告还显示，2020 年中国在线教育共发生 111 起融资，同比下降 27. 93%。而在 2016 年，该行业融资 121 起；2017 年融资 147 起；2018 年融资 120 起；2019 年融资 154 起。这表明，2020 年在线教育融资头部效应显著，资本进一步向头部集中。[①]

怎么看待在线教育的融资火爆与知名在线教育机构的“轰然倒下”？这需要从在线教育的教育属性出发，不能以获得多少融资来评价在线教育机构的成功与失败，而要看在线教育提供的教育产品，是否具有高质量，能否满足受教育者的个性化选择需求。

在线教育的教育属性，决定了追求流量、规模和提供个性化产品的矛盾。很多在线教育机构都追求流量和规模，这也是资本对在线教育机构的要

① 上游新闻：《在线教育有多火？去年融资总额超前 4 年总和!》，https：//baijiahao. baidu. com/s？id = 1688945875829232639&wfr = spider&for = pc，2021 年 1 月 15 日。

求。但是，从教育角度来看，过分强调规模，不能给学生提供个性化、更高品质的教育和服务。在线教育机构追求流量和规模，会带来质量控制和成本控制的问题：在质量控制方面，快速扩大规模会导致师资、课程质量得不到保障；在成本控制方面，为获得流量，在线教育机构往往会在营销上投入大量资金，与同行搞营销大战。2020 年疫情防控期间，很多在线教育平台都搞免费营销大战，一夜之间获得了大量流量，可这些免费流量很难转化为买单的客户。重营销不重服务质量的在线教育，营销成本高企，续客率很低，获利能力差，只有靠不断融资续命，一旦融资出问题，资金链就会断裂，陷入破产关门的困境。

（五）出国留学受阻与出国留学趋势

针对疫情期间学生出国留学难，教育部采取多种措施：引导学生在国内以在线方式继续学业；允许国内高校在保证教育公平的前提下，与境外合作高校签订交换生协议，接收出国留学生先行在国内借读学习；通过中外合作办学等方式来丰富就学路径。[①] 据统计，2020 年，教育部共推动 94 个中外合作举办的大学、机构和项目临时扩招，共录取超 3031 人。[②]

选择在国内中外合作项目就读，这是出国留学受阻学生不得已的选择。鉴于我国全日制高校招生、培养、学位授予，实行计划招生、计划培养和计划管理，因此，出国留学生如果不能顺利出国，想在国内高校就读，是不可能进入计划内招生的全日制高校的，而只能进计划外招生的中外合作项目。这些中外合作项目授予的是国外大学文凭。

这也对我国全日制高校推进招生、培养改革提出新的要求。我国高校要进一步融入国际高等教育竞争，能够直接接收在国外大学读书的学生，继续完成学业，就必须改革招生和培养制度。一个现实的问题是，一名在哈佛大

---

① 《教育部出招疏解出国留学难》，第一财经，https：//www. yicai. com/brief/100773653. html，2020 年 9 月 16 日。

② 教育部：《94 个中外合作项目已录取超 3031 名留学受阻学生》，《中国青年报》2020 年 12 月 22 日。

学求学的中国学生，如果想中断在哈佛大学的学业，回国学习，按目前的招生与培养制度，他只能进中外合作项目，而不能进全日制高校，除非重新参加高考、填报志愿。

小留学生现象，也是2020年因疫情而受关注的教育现象之一。1.5万名小留学生因疫情滞留英国，引起国内舆论广泛关注。结合出国留学受阻与小留学生回国问题，部分舆论认为，2020年将是出国留学的拐点之年，出国留学热将逐渐降温。但现实没有显现出降温趋势，2020年8月，全球高等教育分析机构QS的一份报告显示，受访留学生中，50%以上的留学计划受到疫情影响，其中，有66%的中国留学生受影响。当被问及是否会选择继续留学时，确定取消留学计划的学生只占到全部受访者的近7%，确定取消的中国留学生仅占4%。[①] 在选择留学国家方面，随着欧洲国家疫情相对趋缓，欧洲国家的留学申请热度出现逆势上升。英国大学招生服务中心UCAS发布的《2020年英国本科申请数据》显示，截至2020年6月30日，申请英国大学本科的中国内地学生达2.4万人，比去年同期增长23%。除此之外，日本、韩国、新加坡乃至比利时、瑞士等国近年来越来越成为许多留学生的热门选择。截至2019年，日本外国留学生人数连续7年保持增长，达到31万人，其中来自中国内地的学生超过12万人，占比约40%，稳居榜首。由此可见，出国留学的目的国选择，因受疫情和目的国的签证政策等因素影响可能会更多元化，但要说出国留学由此降温，为时尚早。

观察出国留学的变化，主要应看“推力因素”，即哪些国内教育原因导致学生有出国留学需求。具体而言，“推动”我国学生选择出国留学的因素包括：国内高等教育质量不如欧美发达国家；中高考制度导致基础教育存在“唯分数论”“唯升学率”，对学生的个性、兴趣关注不够，学生的学业负担沉重，家长有严重的教育焦虑；部分大城市采取以“教育控人”的方式，

① 《新冠疫情下的“后留学时代”》，CCTV－2《天下财经》，https：//tv.cctv.com/2020/08/30/VIDEZGb3bPRH48PeI4fRd7nP200830.shtml，2020年8月30日。

抬高进城务工人员随迁子女的义务教育求学门槛，以及完成义务教育之后的城市升学门槛，等等。

二　疫情防控常态化下的中国教育问题

中国教育在疫情防控常态下有着积极作为，但也暴露出一些固有的问题。

（一）行政化：教育的形式主义

从2020年1月底，教育部提出“停课不停教、停课不停学”以来，各地出现了一些形式主义乱象。不少地方教育部门把“停课不停学”理解为必须给学生上网课，于是要求所有科任教师都要在线授课，包括体育教师也要开网课，而且，上网课实现各学龄段全覆盖，幼儿园以及小学低年级也在线授课。这一方面不尊重在线教育规律，放着已经开发的在线教育课程资源不用，不发挥在线教育最大的资源共享优势，而是各自为政，以有多少教师上网课作为所谓的政绩；另一方面不尊重学生成长规律，幼儿园和小学低年级阶段是不适合进行长时间的在线教学的。

2018年8月，教育部等八部门发布《综合防控儿童青少年近视实施方案》，明确要求控制电子产品使用。非学习目的的电子产品使用单次不宜超过15分钟，每天累计不宜超过1小时，年龄越小，连续使用电子产品的时间应越短。但在疫情防控期间，有幼儿园从早上8：00到傍晚18：00一直以在线授课的方式，组织在家的幼儿居家学习。根据教育部对9个省的14532人进行的调查，结果显示，与2019年底相比，在过去的6个月中，学生的近视率上升了11.7%，其中小学生、初中生和高中生的近视率分别上升了15.2%、8.2%以及3.8%。[①]

在大中小学开学复课之后，部分地区、学校采取的疫情防控以及校园封

① 教育部：《疫情期间小学生近视率增15.2%，初中生增8.2%》，《南方都市报》2020年8月27日。

闭式管理措施也引发争议、吐槽。比如，有的地方教育部门要求所有中小学生在校园内必须全程戴口罩，这不但影响学生的正常学习、生活，也被质疑是形式主义，因为学生很难做到全天都戴口罩，戴口罩上体育课或者午休，就可能对学生的身体健康产生影响。而教师则要把很多精力用在监督学生戴口罩上，上级部门到学校来检查，发现没有戴口罩，将追究校方疫情防控不力的责任。在这方面，表现较好的是浙江省，浙江省在 2020 年 4 月中小学开学复课时，就明确“学生可不戴口罩上课”，由此得到师生和社会点赞，浙江提出，“在教室保持适当通风的条件下，总体来说，学生可以不用戴口罩。这也是基于学习效率考虑”。①

（二）功利化：教育的功利主义

疫情之下的“停课不停学”居家学习，让学生与父母有更多的时间相处；在线教育的广泛使用，既丰富了学生的学习资源，也给学生创造了更灵活的学习方式。但是，大家发现，“停课不停学”就变为了在线学习知识，学会生活、学会生存这些重要的学习内容，并没有得到学校、家长的重视。全天候的在线教育，主要是给学生灌输知识，进行作业训练，长期居家学习的学生和父母没有变得更亲近，反而因父母监督学生学习而滋生更多的亲子矛盾和冲突。

这是教育功利主义在疫情防控下的具体体现。疫情防控之下的家校关系不是“家校共育”，而仍旧是“家校共教”。家长扮演的角色是配合学校老师，监督学生完成作业，甚至批改作业，这在疫情防控中表现更甚。2018 年发布的《教育部等九部门关于印发中小学生减负措施的通知》明确提出“教师不得给家长布置作业或让家长代为评改作业。”而在 2020 年，“杜绝将学生作业变成家长作业”仍旧是家长们关注的教育热点问题。

---

① 《浙江：学生可不戴口罩上课》，浙江在线，https://baijiahao.baidu.com/s?id=1663348542941196900&wfr=spider&for=pc，2020 年 4 月 7 日。

截至2020年，我国有10多个省份已经出台规定，明确“杜绝将学生作业变成家长作业”。教育部基础教育司有关负责人表示，对于布置惩罚性作业、要求家长完成或批改作业等明令禁止的行为，发现一起，严处一起。[①]但从社会存在的功利教育环境看，要全面落实“杜绝将学生作业变成家长作业”难度不小。

（三）内卷化：教育的工具理性

“内卷化”是2020年的教育热词之一。所谓内卷化，是指工作或考试的非理性的内部竞争、内部消耗或停滞不前，比如在考试选拔中，举办者抬高学历要求、提出偏僻奇怪的测试，不是为了考察与学习或工作相关的能力，而只是一种不知如何筛选而进行的淘汰策略。[②] 教育的“内卷化”，从幼儿园就开始了，从“幼升小”到“小升初”，中考、高考，大学毕业择业，一路“内卷”。最终带来的结果是所有受教育者都追逐高学历，在追逐高学历过程中进行无谓的“内耗”竞争，但获得高学历后，并没有获得理想的工作，也不能对社会做出创新贡献，出现“高学历低就业”的学历高消费问题。

2020年，为遏制少数民办小学、民办初中“掐尖”招生所带来的家长择校焦虑与学生的学业负担增加，我国全面实行公（办）民（办）同招、电脑摇号入学，明确要求民办学校不得提前招生，不得进行面谈（测试），当报名人数超过招生人数时，实行电脑摇号录取。义务教育阶段入学，进入“全民摇号时代”。但是，公、民同招，并没有真正缓解家长的择校焦虑，在无法通过选择民办学校满足择校诉求后，在公办义务教育资源不均衡的情况下，家长转而购买公办学区房择校，公办学区房价格飙升。在推进公、民同招后，各地必须加快推进公办义务教育均衡。

---

① 《教育部：对于要求家长批改作业等行为，发现一起严处一起》，https：//www.chinanews.com/edu/shipin/cns－d/2020/12－10/news874901.shtml，2020年12月10日。

② 罗东：《现在流行的“内卷”，原来的意思到底是啥》，新京报社官方账号，2020年10月22日。

简单来说，教育的“内卷化”，根源在于教育被作为“社会分层”的工具。家长们希望自己的孩子能走通“好幼儿园 – 好小学 – 好初中 – 好高中 – 好大学 – 好职业”这条路。为此，只要幼儿园、学校之间存在一点差距，家长都有严重的焦虑感，担心孩子由此被分到下一层。中考的普职分流被视为分层，高考升学率已经达到 90%，可高考竞争仍旧激烈，就是被分层的“工具理性”所支配。在这一过程中，学校、家长和社会都不关心学生究竟获得怎样的教育，而是能否战胜同龄人，成为“人上人”。当分层的标准是考试分数时，教育就变为“育分”而不是“育人”，所谓“提高一分，干掉千人”。

到 2020 年，我国的各级各类教育都全面实现普及，在后普及化时代，对教育的功能必须有适应后普及时代教育发展需求的定位。否则，教育的普及化就难以带来整体国民素养的提高。要建设教育强国、人才强国，就需要教育从“工具理性”转向“价值理性”。

三　社会期待“后疫情时代”形成新的教育生态

“后疫情时代”教育应该有全新的生态，这是社会对教育发展的期待。而从疫情防控下的教育问题看，如果不能有效治理教育的行政化、功利化问题，就难以形成新的教育生态。人工智能技术、互联网技术在教育领域的运用，只会改变教育的外在形式，而难以改变教育的实质和内涵，甚至会加剧之前存在的教育问题。

分析疫情防控下的中国教育，全社会需要清醒认识到，只有推进教育管理制度和评价体系改革，才能构建全新的教育生态。我国必须加快推进落实和扩大学校自主权的教育管理改革，以及建立教育多元评价体系的教育评价改革。

（一）落实和扩大学校自主权

2020 年 9 月，教育部等八部门印发《关于进一步激发中小学办学活力的若干意见》，围绕对学校管得太多、干扰太多、激励不够、保障不够等突出问题，深化体制机制改革，着力破解影响和制约中小学办学活力的困难。[①] 这被视为基础教育领域最重要的改革意见之一，落实这一意见需构建起教育家办学的制度环境。

破解影响和制约中小学办学活力的困难和问题，核心在推进教育去行政化，要求“权力应放尽放”。这也是改革的难点，一方面需要权力放得下，另一方面需要权力接得住。“权力放得下”不但需要职能部门有放权的主动性，更需要建立职能部门必须放权的改革机制。“权力接得住”则需要推动学校进行内部治理改革，建立现代学校制度。否则，如果权力下放给学校，变为下放给校长，增加了校长的行政权，却没有扩大教师的教育教学自主权，那就依然是行政治校，而非教育家办学。

我国中小学教师的非教学负担沉重这一问题，根源就在教育的行政化。2019 年年底，中共中央办公厅、国务院办公厅印发了《关于减轻中小学教师负担进一步营造教育教学良好环境的若干意见》（以下简称《意见》），并发出通知，要求各地区各部门结合实际认真贯彻落实。《意见》从进一步提高认识、统筹规范督查检查评比考核事项、统筹规范社会事务进校园、统筹规范精简相关报表填写工作、统筹规范抽调借用中小学教师事宜、强化组织保障等六个方面，要求进一步营造全社会尊师重教的浓厚氛围，为教师安心、静心、舒心从教创造更加良好的环境。省级党委和政府要根据该《意见》精神，列出具体减负清单，扎实推进减轻中小学教师负担工作取得实效。[②] 2020 年，我国有多个省份根据这一《意见》的要求，列出具体减负清单。

但是，教师的非教学负担并没有由此减轻。这是因为管理、考核、评价

① 《教育部等八部门关于进一步激发中小学办学活力的若干意见》，http：//www. moe. gov. cn/srcsite/A06/s3321/202009/t20200923_ 490107. html，2020 年 9 月 15 日。

② 中共中央办公厅、国务院办公厅印发《关于减轻中小学教师负担进一步营造教育教学良好环境的若干意见》，http：//www. moe. gov. cn/jyb_ xxgk/moe_ 1777/moe_ 1778/201912/t20191215_ 412081. html，2019 年 12 月 15 日。

教师的基本机制并没有变。由于考核、评价教师的权力掌握在行政部门，因此，行政部门可以布置给教师非教学任务，并将此纳入考核、晋升评价范畴。鉴于考核、晋升事关教师的核心利益，教师也就难以拒绝非教学任务。要切实给教师减负，让教师能全身心投入教学，就必须深入推进教育放管服改革。

（二）全面推进“四个评价”教育评价改革

2020 年 10 月，中共中央、国务院印发《深化新时代教育评价改革总体方案》，提出要扭转不科学的教育评价导向，坚决克服唯分数、唯升学、唯文凭、唯论文、唯帽子的顽瘴痼疾。坚持科学有效，改进结果评价，强化过程评价，探索增值评价，健全综合评价，充分利用信息技术提高教育评价的科学性、专业性、客观性。①

提出“四个评价”——改进结果评价、强化过程评价、探索增值评价、健全综合评价，是这次发布的总体方案的亮点。而要推进“四个评价”，关键在培育具有公信力的专业评价。2020 年，我国在研究生复试、艺考专业校考等招生考试中进行的探索，为评价改革积累了一定的经验，而要树立学校自主测试、评价的公信力，必须强化专业评价的作用。

我国教育评价存在的“五唯”问题，根源在行政评价。由于缺乏足够的专业性，加之行政领导追求短期的行政政绩，就会对结果进行量化评价。用最后一次考试的分数作为评价、选拔学生的依据，用发表的期刊论文数量评价教师的学术能力，在行政部门看来，就是最简单可操作的评价方式。而由于担心行政评价会受行政、利益因素影响，我国社会公众也普遍接受结果评价，因为标准清晰、公平直观可见。谁的分数高，谁的论文多，一目了然。这也阻碍过程评价、增值评价、综合评价的实施，担心引入其他评价因素之后，评价的公平性、公正性得不到保障。

---

① 中共中央、国务院印发《深化新时代教育评价改革总体方案》，http：//www. gov. cn/zhengce/2020 - 10/13/content_ 5551032. htm，2020 年 10 月 13 日。

推进教育评价改革，将是我国“十四五”教育改革和发展的重要内容。这关系到我国能否实现教育现代化。当然，教育评价改革，不只是教育系统内部的改革，而且涉及政府教育政绩观、各类用人单位招聘标准，以及社会人才观念转变的全社会改革。这需要形成全社会的合力，共同推进，以营造全新的教育生态。

发展篇

Development Reports

《国家中长期教育改革和发展规划纲要（2010～2020年）》实施回顾

储朝晖*

摘　要：《国家中长期教育改革和发展规划纲要（2010～2020年）》（以下简称《规划纲要》）实施过程可分为忠实原文积极落实、目标变动继续实施和具有更高、更新指导性的教育纲领性文件出现后的实施三个阶段，它对教育改革和发展的指导性作用依次衰减。《规划纲要》实施促进10年内的教育快速发展，各项数量指标大多提前超额实现，与OECD成员国比较各项发展指标有明显提升，其中财政性教育经费投入达到并保持占GDP的比例高于4%是关键。在体制改革部分，《规划纲要》的实施从人才培养体制、考试招生制度、现代学校制度、办学体制、管理体制以及教育对外开放等六个方面都积极做

* 储朝晖，中国教育科学研究院研究员，博士，研究方向：中国教育改革和发展、大学精神与现代大学制度、教育家思想与教育社团研究。

出努力，取得不同程度的成效，但均未完全达到设定的目标。《规划纲要》实施过程中出现了学前教育公平问题更加突出、学生学业压力与教师负担加重、行政权力过度扩张等问题，需要进一步优化公平、改进评价，通过依法治教约束行政权力。

关键词：《规划纲要》 教育发展 体制改革

2020年是《国家中长期教育改革和发展规划纲要（2010～2020年）》的收官之年，《规划纲要》自2010年7月由党中央、国务院颁布并实施，经过10年的改革与落实，于2020年12月31日到达时间节点。本文对其实施过程、改革和发展目标实现程度、改革举措落实情况、出现及存在的问题等进行回顾分析，旨在进一步改进、促进教育的改革和发展。

一 《规划纲要》实施过程

依据文献检索，《规划纲要》实施的10年可分为三个阶段。

（一）第一阶段

第一阶段为前三年，采取了一系列忠实《规划纲要》文本的实施措施，取得成效。

2010年10月，国务院印发《关于当前发展学前教育的若干意见》，促使各地迅速制订并全面实施学前教育三年行动计划，这也使得学前教育成为《规划纲要》实施以来获得发展最多、提升最大的学段。2011年国务院印发《关于进一步加大财政教育投入的意见》，“要求各地政府公共财政支出预算保证财政性教育支出的法定增长，预算执行超收部分优先用于教育”[①]，各地开展教育投入保障机制改革的新探索，使得国家财政性教育经费2012年首次实现占国内生产总值比例达到4%，落实《规划纲要》迈出的重大一步成为迈向教育强国的里程碑事件。

2011年10月，国务院召开常务会议，确定对全国义务教育阶段的农村学生实施营养改善计划；11月国务院办公厅印发《关于实施农村义务教育学生营养改善计划的意见》，通过改善贫困儿童营养实现教育平等。

2012年6月，教育部印发《关于鼓励和引导民间资金进入教育领域促进民办教育健康发展的实施意见》，民间投资办教育的热情高涨，促进了若干年内各级各类教育快速发展，尤其在学前教育中承担了在校生中过半人数的教育责任。民办学校中举办者投入从2009年的74.98亿元增加到2018年的240.62亿元，各级各类民办学校数从2009年的10.65万所增长到2019年的19.15万所，占比36.13%。原定2017年9月就实施的《民办教育促进法实施条例》到2020年底也未公布，其中涉及民办学校主办方利益的分类管理成为争议的焦点，核资的实施面临较大难题，各地政策尺度不一，扶持政策不明，纵向变化较多，使得一部分民办学校主办方对民办教育的未来期望值下降，选择撤资退出。

2012年，根据《规划纲要》的要求，国务院印发了《关于加强教师队伍建设的意见》，这成为我国首个针对各级各类教师队伍建设进行全面部署的纲领性文件。与之配套，教育部会同中组部、中宣部、中央编办等部委制订印发了涉及深化教师教育改革（《关于深化教师教育改革的意见》）、农村义务教育教师队伍建设（《关于大力推进农村义务教育教师队伍建设的意见》）、特殊教育教师队伍建设（《关于加强特殊教育教师队伍建设的意见》）、幼儿园教师队伍建设（《关于加强幼儿园教师队伍建设的意见》）、职业学校兼职教师管理（《职业学校兼职教师管理办法》）和高校青年教师队伍建设（《关于加强高等学校青年教师队伍建设的意见》）等六大方面的文件，并于当年9月7日隆重召开全国教师工作暨“两基”工作总结表彰

① 《教育规划纲要贯彻落实两周年：基层教师素质提高》，《中国教育报》2012年8月13日。

大会，这是新中国成立以来第一次全口径的全国教师工作会议。

2012 年，国务院《关于深入推进义务教育均衡发展的意见》印发，指出了义务教育的均衡发展要先在县域内实现，设定了到 2015 年、2020 年义务教育巩固率目标、基本均衡的县域比例，并将其均衡发展状况列入对地方政府及主要负责人考核的内容，推进城乡义务教育尽快实现一体化发展。三年内连续两次上调农村义务教育阶段家庭经济困难寄宿生生活费补助标准，国家资助学生政策实现从学前到研究生阶段全覆盖。2012 年“两会”前夕，9 万名随迁子女家长联名呼吁解决其子女就读地高考问题①，国务院办公厅当年底转发教育部等部门《关于做好进城务工人员随迁子女接受义务教育后在当地参加升学考试工作的意见》，全国除西藏外的 30 个省份全部制定方案并启动实施，除北京、上海、广州、深圳等大城市外，各省会城市基本解决就读地高考问题；该年全国 680 个集中连片贫困县的 1.2 万名高考生经由定向招生专项计划考入大学，贫困地区的考生上一本院校的人同比增长 10%②。

在此期间，国务院办公厅印发《关于进一步加强学校体育工作的若干意见》，教育部等三部委联合制定《关于深化研究生教育改革的意见》，教育部印发《3 至 6 岁儿童学习与发展指南》《关于全面提高高等教育质量的若干意见》。

（二）第二阶段

第二阶段自 2014 年起，《规划纲要》目标有所变动，继续采取实施措施。

2014 年，考试招生制度改革未能依据《规划纲要》当初所设定的改革目标制定《实施意见》。2013 年底，《中共中央关于全面深化改革若干重大

① 财新网：《九万人呼吁“两会”代表委员推动异地高考》，https：//china. caixin. com/2012 - 03 - 02/100362810. html，2012 年 3 月 2 日。

② 《全面推动高等教育内涵式发展——在教育部党组学习贯彻党的十八大精神扩大会议上的发言》，http：//www. moe. gov. cn/jyb _ xwfb/moe _ 176/201211/t20121124 _ 144828. html，2012 年 11 月 24 日。

问题的决定》（以下简称《决定》）重申《规划纲要》对考试招生制度改革的表述："推进考试招生制度改革，探索招生和考试相对分离、学生考试多次选择、学校依法自主招生、专业机构组织实施、政府宏观管理、社会参与监督的运行机制，从根本上解决一考定终身的弊端。"[①] "招考分离"是《规划纲要》和《决定》确立的考试招生制度改革的基本目标。2014 年 9 月发布的《国务院关于深化考试招生制度改革的实施意见》未涉及"招考分离"，原定目标的改革只迈了"半步"。

受高考招生改革实施目标改变的影响，《规划纲要》实施的不确定性开始增长，原定价值、目标、措施受到各种因素作用开始变得模糊或发生变更，教育综合改革步履维艰，教育家办学不再提及，不同主体对教育改革的诉求分化，改革措施轻缓。

建设现代学校制度是《规划纲要》的另一重要目标，原定具体措施为："推进政校分开、管办分离，落实和扩大学校办学自主权"[②]，实施范围包括大中小学。2015 年，教育部印发《关于深入推进教育管办评分离促进政府职能转变的若干意见》，促进管办评分离，形成"政事分开、权责明确、统筹协调、规范有序"[③] 的教育管理体制，建设"依法办学、自主管理、民主监督、社会参与"[④] 的现代学校制度，并在大学推进基本实现"一校一章程"。

2016 年中组部、教育部党组联合印发《关于加强中小学党的建设工作的意见》，高校也加大党组织组建力度，加强党对教育工作的全面领导，健全完善中小学校党建工作管理体制，各地普遍成立党委教育工作领导小

① 教育部：《中共中央关于全面深化改革若干重大问题的决定》，http：//www. moe. gov. cn/jyb_xxgk/moe_ 1777/moe_ 1778/201311/t20131115_ 159502. html，2013 年 11 月 12 日。

② 教育部：《国家中长期教育改革和发展规划纲要（2010 ~ 2020 年）》，http：//www. moe. gov. cn/srcsite/A01/s7048/201007/t20100729_ 171904. html，2010 年 7 月 29 日。

③ 教育部：《关于深入推进教育管办评分离促进政府职能转变的若干意见》，http：//www. moe. gov. cn/srcsite/A02/s7049/201505/t20150506_ 189460. html，2015 年 5 月 6 日。

④ 教育部：《关于深入推进教育管办评分离促进政府职能转变的若干意见》，http：//www. moe. gov. cn/srcsite/A02/s7049/201505/t20150506_ 189460. html，2015 年 5 月 6 日。

组，切实落实党对教育工作的全面领导。2017 年，中共中央办公厅、国务院办公厅印发《关于深化教育体制机制改革的意见》，强调：全面贯彻党的教育方针，坚持社会主义办学方向，全面落实立德树人根本任务等新的精神。

2016 年，国务院印发《关于统筹推进县域内城乡义务教育一体化改革发展的若干意见》，将 2020 年实现“四统一”“三消除”“两提高”“一实现”作为改革城乡义务教育和实现一体化的目标，提出了促进城乡义务教育在县域范围内实现一体化发展的要求：按照统一的标准建设学校，按照统一的标准管理教师编制，按照统一的基准定额提供生均公用经费，按照统一的标准配置基本装备，多数地方未能在 2020 年实现这一目标。

（三）第三阶段

2018 年，《规划纲要》实施进入第三阶段。2018 年全国教育大会召开，《中国教育现代化 2035》正处在起草修订过程中，该文件成为比《规划纲要》目标更高、更新、更具指导性的教育纲领性文件。

2018 年后，各级行政部门就教育改革与发展密集发文，中共中央、国务院印发《关于学前教育深化改革规范发展的若干意见》《关于全面深化新时代教师队伍建设改革的意见》《关于深化教育教学改革全面提高义务教育质量的意见》《新时代爱国主义教育实施纲要》《关于全面加强新时代大中小学劳动教育的意见》《全面深化新时代教育评价改革总体方案》等；国务院办公厅印发《加快推进教育现代化实施方案（2018～2022 年）》，其中不少内容是《规划纲要》未提及的新内容。2019 年《中国教育现代化 2035》发布，国务院办公厅印发《关于开展城镇小区配套幼儿园治理工作的通知》《关于新时代推进普通高中育人方式改革的指导意见》，国务院印发《国家职业教育改革实施方案》；教育部等 7 部门制定印发《关于做好城镇小区配套幼儿园整改工作的实施意见》，教育部印发《关于深化本科教育教学改革全面提高人才培养质量的意见》。

在上述三个实施阶段，《规划纲要》对教育改革和发展的指导性作用依次衰减。

二　教育发展状况

《规划纲要》实施 10 年中，教育发展的各项数量指标大多提前超额实现。

教育发展包括自然状态发展与落实《规划纲要》措施实现发展两部分。《规划纲要》公布前后，众多学者对中国中长期人口和教育发展规模进行了多种预测，使用了各种模型、数据与方法，10 年后看预测与事实结果仍有不小误差，其中《规划纲要》编制时所依据的基础人口数据为“五普”数据，存在较为突出的漏报等问题，“六普”人口数据显示 2010 年中国主要劳动人口平均受教育年限为 9.55 年，原定 2020 年主要劳动年龄人口平均受教育年限 11.2 年的目标未能实现。人口数据的误差直接影响到与之相关的其他各项数据与比例。

即便存在误差，《规划纲要》实施以来中国教育事业的发展速度仍是较快的，在近 90 项国际通用可比教育指标的数据中，超过八成的统计项达到了 OECD 成员国平均水平的 80% 以上，约 2/3 接近或超过 OECD 成员国平均水平①。

基于通用可比指标衡量教育发展进程，中国教育从 2009 年平均约相当于 OECD 成员国平均水平的 76% 提升到 2019 年的 89%②。其中，“普及与公平”主要指标中除高等教育（51.6%）和高中阶段毛入学率（89.5%）与 OECD 成员国均值（毛入学率分别为 74.2% 与 103.4%）仍有明显差距外，

① 将中国教育发展水平、学习型社会建设水平、人力资源发展水平与 OECD 成员国同期平均水平进行比较。

② 在对国内外相关教育指标体系比较分析的基础上，基于现实性与可行性，从“普及与公平”、“资源与投入”、“质量与产出”和“制度与治理”等 4 类一级指标的教育测评指标与 OECD 成员国平均水平进行比较。

其他指标均已基本达到或超过 OECD 成员国平均水平。“资源与投入”主要指标中，生师比、基础办学条件、教育信息化配备、一般公共预算教育经费占一般公共预算的比例、生均公共财政教育经费指数已基本达到 OECD 成员国平均水平，但小学本科及以上学历专任教师比例、中小学平均班额、财政性教育经费占 GDP 比例以及实际生均公共财政投入水平与 OECD 成员国均值还有明显差距（各项数值在 OECD 成员国平均水平的 28.7% ~77.5%）。“质量与产出”主要指标中，中国在四大世界大学排名中的 Top100 与 Top200 高校数、ESI 工论文与学科数、中小学学业成绩达标率、中小学完成率、成人识字率已基本达到或超过 OECD 成员国平均水平，但高校外国留学生比例、25 ~34 岁人口接受过高中阶段以上教育的比例、主要劳动年龄人口受过高等教育的比例与 OECD 成员国均值还有明显差距（各项指标数值在 OECD 成员国平均水平的 9% ~60.2%）。“制度与治理”方面，中国有自己完整的教育理论与管理体系，很难找到可比性，在教育法律体系完善度、教育评估体系健全度方面相对较低。

中国整体社会教育水平仍相对较低①。虽然人均预期受教育年限、成人识字率和人口预期寿命等人口质量方面的指标已经达到 OECD 平均水平的 82% 以上，但劳动人口受高等教育比例等个别指标更低。正规教育参与率中义务教育毛入学率与 OECD 平均水平基本相当，高中毛入学率达到 OECD 平均水平的 86% 以上，高等教育毛入学率指标相比更低。经费保障方面政府投入达到 OECD 最新同期平均水平的 75% 以上，个人支出比重是 OECD 平均水平的 2.6 倍，显示中国教育的个人支出比例偏高。中国网络移动资源普及率增长迅猛，网络普及率、移动电话普及率以及互联网覆盖面由 2009 年不及 OECD 平均水平的一半，2019 年快速增长至 OECD 同期平均水平的 87% 以上。

中国人力资源 2018 年相当于 OECD 成员国平均水平的 90.9%，比 2009 年的 82.3% 提高了 8.6 个百分点。② 2019 年具有高等教育文化程度的人数为

① 从国际可比关键指标人口质量、学习参与、经费保障、信息资源、公共学习场所等方面比较。

② 人力资源根据人口数量、人口素质、人才竞争力、支持能力、贡献能力五个维度指标数值来确定。

22289 万人，比 2009 年增长了 12459 万人，提前超额实现《规划纲要》设定的 19500 万人目标。2019 年主要劳动年龄人口中受过高等教育的比例达到 21.2%，比 2009 年增长了 11.3 个百分点，提前超额实现《规划纲要》设定的 20.0% 目标；2019 年新增劳动力平均受教育年限为 13.7 年，比 2009 年增长了 1.3 年，提前超额达到《规划纲要》设定的 13.5 年目标；2019 年新增劳动力受过高中及以上教育的比例是 92.4%，比 2009 年增长了 25.4 个百分点，提前超额实现《规划纲要》设定的 90.0% 目标。以上指标均说明，截至 2020 年中国人力资源水平已接近 OECD 成员国平均水平。

由表 1 可见，2019 年，全国学前三年毛入园率达到 83.4%，提前达到《规划纲要》提出的“基本普及”的发展目标；义务教育巩固率于 2019 年达到了 94.8%，根据 2020 年全国教育事业统计结果，2020 年九年义务教育巩固率 95.2%，如期实现了《规划纲要》中设定的目标；高中阶段教育毛入学率达到 89.5%，接近《规划纲要》设定的 90% 目标。高等教育毛入学率达到 51.6%，提前迈入普及化阶段，超过《规划纲要》设定的 40% 目标 11.6 个百分点，为各项指标中超出最高项；受高中阶段学龄人口缩减、家长教育期望及产业结构等多重因素影响，中等职业教育在校生数 1576 万人，未达《规划纲要》设定的 2350 万人的目标，为各项指标中最大幅度低于原定目标的项目。此外，《特殊教育提升计划（2014 ~ 2016 年）》实施完成后，截至 2016 年底，视力、听力、智力三类残疾学生义务教育入学率达到 90% 以上。

表 1　10 年内教育事业和人力资源发展主要指标达成情况

指标	2009 年	规划目标		2019 年	目标达成度
		2015 年	2020 年		
教育事业发展主要目标					
学前三年毛入园率(%)	50.9	60.0	70.0	83.4	119.1
九年义务教育巩固率(%)	90.8	93.0	95.0	94.8	99.8
高中阶段教育毛入学率(%)	79.2	87.0	90.0	89.5	99.4

续表

指标		2009 年	规划目标		2019 年	目标达成度
			2015 年	2020 年		
职业教育	中等职业教育在校生(万人)	2179	2250	2350	1576	67.1
	高等职业教育在校生(万人)	1280	1390	1480	1607	108.6
高等教育毛入学率(%)		24.2	36.0	40.0	51.6	129
继续教育 从业人员继续教育(人次)		16600	29000	35000		
人力资源开发主要目标						
具有高等教育文化程度的人数(万人)		9830	14500	19500	22289	114.3
主要劳动年龄人口平均受教育年限(年)		9.5	10.5	11.2	10.6	94.6
其中:受过高等教育的比例(%)		9.9	15.0	20.0	21.2	106.1
新增劳动力平均受教育年限(年)		12.4	13.3	13.5	13.7	101.5
其中:受过高中及以上教育的比例(%)		67.0	87.0	90.0	92.4	102.7

资料来源：相应年度教育部统计数据。

教育经费保障是教育发展的基本前提，全国财政性教育经费连续实现“三个增长”，并从2012年起保持教育投入占GDP的比例在4%以上，但总体上出现难以随经济同步增长的下滑势头。2015年，国务院发出《关于进一步完善城乡义务教育经费保障机制的通知》，要求“建立城乡统一、重在农村的义务教育经费保障机制”①；2018年国务院办公厅印发《关于进一步调整优化结构提高教育经费使用效益的意见》，2019年国家财政性教育经费为40049亿元，占当年GDP的4.04%；比2018年增长8.25%。

2010年以来国家先后启动实施了“农村义务教育薄弱学校改造计划”（简称“薄改计划”）、“全面改善贫困地区义务教育薄弱学校基本办学条件工作”（简称“全面改薄”）、“义务教育薄弱环节改善与能力提升工作”（简称“能力提升”）等系列工程，改善贫困地区薄弱学校基本办学条件。2014年，国务院印发了《关于加快发展现代职业教育的决定》，其中提出

① 国务院：《关于进一步完善城乡义务教育经费保障机制的通知》，http：//www.gov.cn/zhengce/content/2015－11/28/content_ 10357.htm，2015年11月28日。

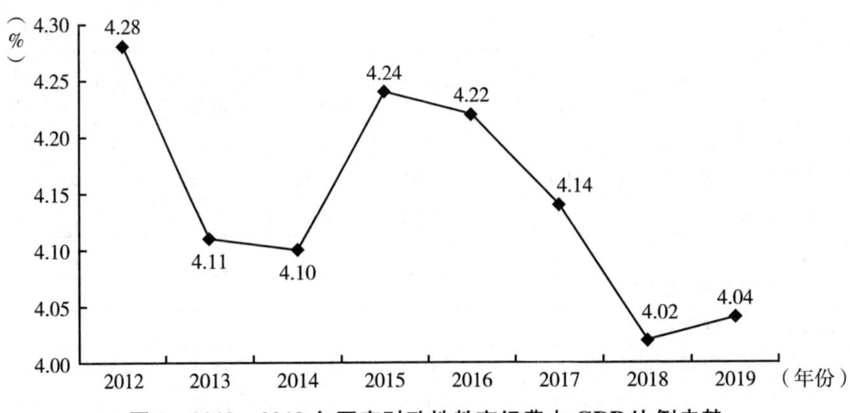

图 1　2012～2019 年国家财政性教育经费占 GDP 比例走势

资料来源：根据国家统计局及教育部网站公布的财政性教育经费数据整理。

要扩大对中西部职业教育的招生规模，加大对农村和贫困地区的职业教育支持力度，其后又印发了《加快中西部教育发展行动计划（2016～2020）》《关于加快中西部教育发展的指导意见》等两份文件，进一步表明了国家重视、支持西部教育发展的决心。2017 年国务院办公厅印发《关于进一步加强控辍保学提高义务教育巩固水平的通知》，建立控辍保学和入学联控联保机制；2018 年国务院办公厅印发《关于全面加强乡村小规模学校和乡镇寄宿制学校建设的指导意见》，加强乡镇寄宿制和乡村小规模学校标准化建设。

各级各类学校硬件全面改善，农村学校办学条件改善幅度明显，但与当地城镇学校相比仍有较大差距。2009～2019 年累计培养 11.52 万名免费师范生，国培计划培训累计超过 1400 万人次，共资助 10000 多名青年骨干教师参与高等学校青年骨干教师国内访问学者项目。2019 年，体育场馆、体美器材、实验仪器达标义务教育学校超过 94%，普通高中超过 91%，全国小学建网学校比例为 68.74%，初中为 77.17%，普通高中为 87.22%，分别比 2009 年增长 54.83、34.02、13.20 个百分点[①]。

① 资料来源于教育部统计数据。

三　教育改革成效

《规划纲要》中确定的各项数量发展目标大多已提前超量实现，对于其中确立的体制改革目标是否达成，社会各方高度关注，但难以达成高度共识。

《规划纲要》"体制改革"部分包括"人才培养体制改革"、"考试招生制度改革"、"建设现代学校制度"、"办学体制改革"、"管理体制改革"以及"扩大教育开放"① 等六个方面的改革。《规划纲要》公布后教育部及各地政府在此六大方面做出了积极努力，并取得了不同程度的成效，然而，依据《规划纲要》的目标设定和各地实施的成效，不难看出均未完全达到设定目标。

在人才培养体制改革上，中共中央 2016 年印发《关于深化人才发展体制机制改革的意见》，从建立人才优先发展保障机制、创新人才评价机制、健全人才顺畅流动机制、强化人才创新创业激励机制、构建具有国际竞争力的引才用才机制②等方面推进人才管理体制改革。2017 年中共中央办公厅、国务院办公厅印发《关于深化教育体制机制改革的意见》。上述文件理念较多，执行主体不明确，可操作性、可检验性不强，更新人才培养观念、创新人才培养模式不到位，改革教育质量评价和人才评价制度未得到社会认可，学生创造性品质成长发展仍存在太多障碍，在国际人才竞争中仍面临严峻挑战。

考试招生制度改革方面，减少和规范加分、减少录取批次受到较高认可。由于未能施行原定的"考试与招生相对分离"，评价权力过度集中，评价标准过于单一的问题未能解决，给学生和学校的选择空间有限，曾抱有较高期望的绿色评价难以操作。原定 2020 年全国都进入新高考，在多次调整方案后，实际进入的仅为 14 个省份，其余省份因面临选课走班资源瓶颈和新的公平问题，因不能满足高考改革需求而未能深入推进，"克服一考定终身的弊端"的目标未能实

① 教育部：《国家中长期教育改革和发展规划纲要（2010～2020 年）》，http：//www.moe.gov.cn/srcsite/A01/s7048/201007/t20100729_171904.html，2010 年 7 月 29 日。

② 新华社：《中共中央印发〈关于深化人才发展体制机制改革的意见〉》，http：//www.gov.cn/xinwen/2016－03/21/content_5056113.htm，2016 年 3 月 21 日。

现。“两依据一参考”中的一个依据可信度高，另一个则可信度低，与之相匹配的基本条件尚未具备，实践操作尚不成熟，改革难以持续推进。

在建设现代学校制度方面，曾探索现代大学制度改革试点，坚持和完善公立学校党委领导下的校长负责制，落实各级各类学校办学自主权，推动高校实现“一校一章程”，推进高校学术委员会、理事会、教职工代表大会等建设，引导学校不断健全内部治理结构。推进政校分开、管办分离未能顺利，落实和扩大学校办学自主权与行政部门扩大权力、大量发文形成拉锯战，学校居于下风；完善中国特色现代大学制度，推动部分大学制定并公布了章程，但并未实现严格依章办学；完善中小学学校管理制度在大多数地方未能有效推进。

办学体制改革方面，《规划纲要》中有关探索公办学校联合办学、中外合作办学的试验设计稍显主观，对营利性和非营利性民办学校分类管理在实际的改革过程中遇到操作困难、难以执行的问题。而有关建立民办学校财务、会计和资产管理制度等问题则因面广、量大且成本过高难以落实，只有独立学院独立设置得以施行。《规划纲要》实施初期，《关于鼓励和引导民间资金进入教育领域促进民办教育健康发展的实施意见》促成政府与民间形成了良好的互动，多主体参与办学的局面良好；后期，大力发展民办教育，形成公办教育和民办教育共同发展格局的目标在“分类管理”“国进民退”等因素影响下难以实现，民办学校发展遭遇重重阻力，出现不稳定迹象，新修订的《民办教育促进法》2016年通过后，由于《实施条例》一直未能公布而无法实施。

管理体制改革方面，《关于深入推进教育管办评分离促进政府职能转变的若干意见》中要求深入推进“放管服”改革，然而在实际的改革中发现，政府往往“放得不够，管得更紧，服务很少”；建立健全政事分开、权责明确、统筹协调、规范有序的教育管理体制尚待时日；明确中央和省级教育管理权责进程缓慢，实施省级政府教育统筹综合改革试点约束力不大、未能推开。加大政府简政放权力度，深化教育行政审批制度改革，建立规范教育行政审批的管理制度、归口管理制度、教育行政权力和责任清单制度，通过重大教育决策法定程序、科学编制各类教育规划、教育行政绩效评估体系等途径提升政府教育治理能力显得弹性太大。

扩大教育开放实现了来华留学生数的快速增长，高校国际交流与合作项目增加，质量与成效各方评价不一；推进“一带一路”教育行动，开展中外学分互认、学位互授联授。受国内民粹思潮影响，教育在多大程度上开放一度成为争议的话题，引进优质教育资源受观念和管理体制影响进展有限，交流合作水平提高不明显。

四　实施中出现或存在的问题及求解

《规划纲要》实施中，受思想观念、社会环境、原有体制、措施效力与得当与否等因素的影响，出现或存在一些问题。

（一）学前教育实现普及但公平问题加剧

经过三期学前教育“三年行动计划”，中国学前教育已基本普及，但由于在不触动原有体制及利益格局的情况下奉行“大力举办公办园”的政策，财政经费投入主要惠及的是能上公办园的孩子及其家庭，使得财政经费增长难以惠及占入园儿童半数以上的民办幼儿园及入园儿童，事实上延续并放大了此前就存在的“有权的进公办园，有钱的进民办园，无权无钱的进黑园”的学前教育“双轨制”现象。

2018 年开始推进的民办普惠园政策，仅有北京、海南、安徽、河南、江西等少数省份制订了补助标准，除北京较高外，其他省份每生每年补助 200 元或 300 元，与运行成本相差巨大，在大多数地区还难以及时足额兑现。多数省份到 2020 年底仍未制订财政补助标准。一些地方推行强制普惠、只挂牌不给财政经费的虚假普惠更加剧了不公平和社会矛盾，政府在“国五条”和“国十条”中承诺的幼儿教育“广覆盖、保基本、有质量”的“保底”责任未能有效承担。

实现公平的关键在于转变观念，以共建共治共享处理好政府与社会各方的关系，平等对待公办园与民办园，依据义务与权利相统一的原则，不加区分地为所有尽了学前教育责任的合格幼儿园提供标准相同的财政经费补助，同时消除事实上存在的学前教育“双轨制”的体制障碍，停止执行与幼儿园特性不相符的分类登记与管理，使财政投入均等地惠及每一个入园幼儿，才能有效推进学前教育公平。

（二）学生学业压力与教师负担不断加重

《规划纲要》强调“促进学生健康成长”，基础教育曾启动“减负万里行”活动，全面实施《国家学生体质健康标准》，开展“阳光体育”，曾在一些地方建立的学校教学活动公开公示制、学生课业负担监测公告制、基础教育质量监测制、减负跟踪激励机制、教育行政问责制均未有效减轻学业压力与教师负担。国务院办公厅先后于2012年、2016年印发《关于进一步加强学校体育工作若干意见》《关于强化学校体育促进学生身心健康全面发展的意见》，强调建立全国学生体质健康监测制度和健康状况公告制度、学生体质健康和学校体育工作“挂牌督办”制度，将学生体质健康水平纳入地方政府、教育行政部门、学校的绩效考核评价体系也未能有效阻止负担加重。教育及相关部门开展过多轮减负，2018年教育部等8部门联合印发《综合防控儿童青少年近视实施方案》，同年底教育部等九部门联合印发《关于印发中小学生减负措施的通知》（减负30条），强化政府管理监督，规范学校办学行为，杜绝“非零起点”教学，强化中小学校在课后服务中的主渠道作用，建立弹性离校制度，严禁将课后服务变为集体教学或集体补课，同样未能有效减负。2018年国务院办公厅印发《关于规范校外培训机构发展的意见》，在审批登记、专项治理、日常监管等方面进行规范，还是解决不了减负问题。

由于评价改革未能过关，上述工作未能抓住关键，学生的学业压力在10年中仍不断增加；与学生学业相关，加上各级政府不断给学校发文，教师负担也不断加重。2019年20余省市印发了《中小学生减负工作实施方案（征求意见稿）》，在社会上引发争议，采取的中小学生减负举措未得到家长与社会的普遍认可。义务教育质量监测的数据也显示减负成效不佳，中小学生减负存在“执行规定简单化、对督查工作落实不到位、忽视多元教育需求”等问题，学生和教师的负担并未有效减轻。

减负的关键在于改进管理与评价，使师生真正成为学习和教学的主人，有充足的自主决定和选择权。建立多主体参与的多元教育评价体系，完整地实施高考招生制度改革，不只是改考试，也需要同时改进考试招生的管理体制，才能更有效地解决这些难题。

（三）行政权力过度扩张

《规划纲要》中依法治教的部分进展缓慢，依法治校的推进跑不过行政指令增速，管办评三方权力边界仍不清晰，错位、越位、缺位问题依然存在，中小学校每年收到上千份各种行政文件的现象普遍，各级政府一方面强调简政放权，一方面不断发文。2019 年中办将该年作为“基层减负年”，31 个省区市先后制定具体措施推进落实，包括精简文件、压缩会议数量时长、规范考核调研，在努力为基层减负的情况下，发文多、口号多、落实少的现象依然存在。笔者该年 10 月在某地实地调查，中小学一年内收到的各种标注文号的文件仍达 1400 份，显示形式主义、官僚主义问题在一些地区和领域仍未解决。

稳步推进依法治教、依法行政、依法治校，依法约束行政权力，推进政府职能转变，加大执法力度，确保教育法律法规有效实施是约束行政权力无序扩张的长久之策。改变以发文为政绩的政府评价，明确各级政府在教育发展中的职能，建立各级政府部门的教育行政权力清单和责任清单，划清政府部门间、政府层级间、政府与中小学校之间的权力和责任边界，减少行政干预。

（四）教育评价的专业性、独立性较低

基础教育评价行政化倾向较为明显，高等教育分类评价体系不健全，尚未形成合理区分高等学校不同办学类型层次、不同学科专业发展特性的多维评价标准。第三方评价机构数量不足，准入制度还不健全，评价的独立性、科学性、专业性和公信力有待提高，政府身为教育评价主体之一，对自身的评价行为缺乏从严监管的动力和压力，委托社会组织开展教育评价监测流于形式。

改进评价的关键在于政府从自己不专业的教育评价中退出，建立充分独立自主、专业、多方、多元的教育评价体系。

后普及教育阶段：推进更为实质性的教育改革

杨东平*

摘　要： 在基本实现了各类教育的普及目标之后，中国教育的下一步，首先是落实“公平而有质量的教育”，其次是走向有效的教育生态治理，最后是应对互联网和人工智能时代的挑战，构建学习化社会。这需要推进更为实质性的教育改革，继续缩小义务教育学校差距，实行做减法的素质教育，通过委托管理、放权改革激活公办学校，促进培训机构的转型发展。

关键词： 后普及教育阶段　教育生态治理　素质教育

2020年，在中国教育的历史上是一个重要的时间节点，是《国家中长期教育改革和发展规划纲要（2010～2020年）》的结束年，“十三五”规划收官之年，我国脱贫攻坚战取得全面胜利，国家中长期规划纲要制定的诸多发展性指标均已超额完成，中国教育已经进入“后普及教育”的阶段。

在进入21世纪的第三个10年之际，中国教育仍面临复杂的问题和巨大的挑战。一个尖锐的问题，需要我们回答：为什么在义务教育、高中阶段教育基本普及、高等教育大众化已经实现，大多数省份的高考录取率高达

* 杨东平，21世纪教育研究院名誉理事长，国家教育咨询委员会委员，国家教育考试指导委员会委员。

80% ~90%时，义务教育阶段的升学竞争、学区房热、培训热愈演愈烈，全社会仍然存在普遍的教育焦虑？青少年的健康和生存压力之大，城市家庭的教育费用之高，到了严重的地步。中国教育的下一步，需要有前瞻性、超越性的思维，以应对教育面临的挑战。

一　中国教育的下一步：新任务和新挑战

中国教育下一步面临的挑战和主要任务，可以归纳为三个主要方面：首先是落实“公平而有质量的教育”；其次，是走向有效的教育生态治理；最后，是面向互联网和人工智能时代的教育，构建学习化社会。它们对应的是发展、改革和创新这样三个核心概念。

（一）什么是“公平而有质量的教育”

教育决策的基本价值，决定着我们的资源布局、政策导向、教育投入的方向性和有效性。公平而有质量的教育，是在一个相当长的时期内教育发展的基本追求。公平与质量两个维度的纠缠形成复杂的关系矩阵，在不同的发展阶段、不同的区域、不同的教育层级和类型，它的重心和表现是不一样的，需要加以区别对待，认真地理解和建构。

首先需要回答：“教育公平仍然是一个重要的主题吗?”显然，不能认为全面脱贫、义务教育均衡验收后，教育公平已经不是重要的任务了。诚然，教育公平的内涵正在升级，大多数领域正在从机会公平转移到以过程公平为主，即不同群体能够享受大致均衡的受教育过程。也必须看到，从教育机会平等的角度看，还有若干短板和尚未解决好的老大难问题，需要锲而不舍地努力。同时，一些新的教育公平的任务被提出。

最突出的老大难问题，是继续推进义务教育均衡发展，遏制严重的学业负担和应试竞争。对这一问题的治理，已经超越教育部门，进入各个部门、领域整体治理的阶段。在后普及教育阶段，仍有一些亟待弥补的短板，如特殊教育、学前教育等。在农村全面脱贫、义务教育基本普及的背景下，应当提出一些新的保障和促进教育公平的目标。

需要回答的第二个问题是“什么是教育质量?”它涉及对什么是好的教育的不同理解。将公平与质量挂钩，着眼点应当是关注大多数学生和关注弱势学生，基础教育的功能应当是“点燃”大多数学生，而不是少数能够“跳龙门”的“锦鲤”。这是理解公平而有质量的教育的关键。片面追求升学率的应试竞争，忽视了大量的普通学生和淘汰了许多“后进生”。在PISA 2015的监测中，在教育公平与学业成就构成的二维坐标中，中国四省联队（京沪苏粤）处于高学业水平、低教育公平的象限中，是一个明确的验证。

在后普及教育阶段，正在上升的新需求是关注教育多样化。多年来，我国教育发展的重心是普及教育，满足“有学上”的需求，即“教育1.0”的阶段。后普及教育阶段，围绕“上好学”的目标，在很大程度上是为全体学生提供标准化的、高品质的教育，可称之为“教育2.0”阶段。在全球化和互联网环境中，需要从满足基本需求转向满足人民群众日益增长的多样化的教育需求，提供个性化、社会化的学习方式，进入“教育3.0”阶段。

（二）走向有效的“教育生态治理”

以“破五唯”（“唯分数、唯升学、唯文凭、唯论文、唯帽子”）的教育评价制度改革为核心，教育生态治理已经进入操作层面。《深化新时代教育评价改革总体方案》提出改进结果评价、强化过程评价、探索真实评价、健全综合评价；增加了两个实践主体，一个是地方党委、政府，一个是用人单位，这是一个重要的进步。但是，教育生态治理总体上仍处于“破题”的阶段，需要系统性的配套改革。

评价制度是个指挥棒，固然十分重要，但决定区域教育生态稳定与否、健康与否的底盘是学校制度、升学制度。改变义务教育学校差距过大，改变不合理的公、民办结构，同时需要增加教育选择的机会，促进教育的多样化；需要进入学校教育的主体，开展公办中小学办学体制改革。从当前的实际情况出发，教育生态改善的有限目标，要优先改善幼儿园教学的生态，防止应试教育、课外培训对幼儿园的“入侵”。同时，要改造我们的教育文化，建立对好的教育的理想共识。

关于什么是好的教育、理想的教育，我们归纳成几句话：“善待儿童的教育，使儿童免于恐惧、能够保障儿童睡眠和健康的教育。”教育生态的改善，最终要形成“低竞争、低评价、低管控”的教育生态，这也是全世界中小学教育的基本现实。

（三）面对互联网和人工智能时代的教育

中国教育还面临一个非常重大的挑战。疫情期间“停课不停学”的实践，使在线教育成为一场规模巨大的社会实验，甘苦俱备，值得深入地认识总结。

人工智能和互联网技术对教育的改变，可以让教学变得更加智慧和高效，使自学成为基本的学习途径和方法，合作将成为创新的原动力。学习的在线化、个性化和社群化，没有围墙、没有边界、基于网络的非正式学习、自主交互的社会化学习、打破时空限制的移动学习正在逐步成为现实。它同时带来新的冲击和挑战，如数字鸿沟、技术伦理、对学生无所不在的监控等等。教育正在换赛场、换频道。我们需要对这一巨变具有敏感性和改革的紧迫感，构建与时代发展相适应的教育制度、学校制度，从应试教育突围，走向学习化社会。

二　教育资源配置的新思路

中国教育的下一步，教育人口格局、区域格局、城乡格局等资源禀赋已经发生深刻的变化，这是十分值得重视的。

（一）学龄人口减少对教育的影响

影响教育资源配置最新的特点，是学龄人口的不断减少。调查显示，80后的人口总数是2.28亿；90后的人口总数是1.74亿，减少了1/5；00

后的人口总数是 1.47 亿，比 80 后人口减少了 1/3，相当于 80 后的64%。[①] 在“少子化”的时代，我们需要把养育身心健康的孩子作为民族复兴的战略基础，在税收、教育、法律等各个方面切实减轻养育家庭的负担，让普通家庭愿意生孩子、生得起孩子、养得好孩子。

新生儿和学龄儿童的持续减少，使中国快速进入老龄化社会，会带来诸多问题；但对教育而言这具有更多的积极价值，使我们有可能实施更为宽松、更为人性化的教育。我们需要在学校教育的各个方面，做出积极的调整和改变。摒弃在普及教育阶段片面追求扩大规模效益的观念，禁止建设超大规模学校，实际地缩小学校规模标准，恢复正常的教育秩序。

受影响最大的是学前教育。在开放二孩政策之后，2018 年以来新生儿数量呈断崖式下降。全国在园人数在 2020～2023 年将迎来拐点，逐渐下降。未来 10 年，在园人数对应的园所总数量将缩减 15%～40%。其空间布局，则是城区儿童逐年增加，乡村儿童逐年减少。[②] 这需要在区域发展中未雨绸缪、提前规划。

教育供求关系的逐渐宽松，使我们有可能调整政策，改善和扩大教育公共服务。例如，为保障学前教育公平而有质量地发展，0～3 岁幼儿的早期抚育政策应当进入政府的视野，为抚育家庭提供必要的支持。借鉴国外的普遍做法，在有条件的大城市和发达地区，率先实行学前一年免费的政策。将城市无差别地接受儿童入学、破解留守儿童的困境提上议事日程，大幅度地解决农村留守儿童问题。在高中阶段教育已经普及的背景下，提出普通高中均衡发展的政策目标。

（二）适应城乡教育的新格局

在城市化的强大引力下，“城挤乡空”的格局仍在强化，农村学生仍在

---

① 《00 后总人口相比 80 后下降将近六千万人》，https://m.weibo.cn/status/4587400447135276?，2020 年 12 月 29 日。

② 张守礼：《展望学前教育“20 年代”：从“短缺与普及”到“均衡与质量”》，https://www.sohu.com/a/363965517_154345，2020 年 1 月 3 日。

“虹吸”状态下向城镇集中，城区的巨型学校和大班额仍然是突出问题。与此同时，区域格局改变，即城市带的出现，包括长三角、海南自贸区、粤港澳大湾区等区域经济的规划和强劲发展，对教育资源提出完全不同的要求，需要打破各自为政的行政思维，适应这一新的发展态势。

突出的难题仍然是农村教育的发展定位。据统计，截至 2017 年，中国义务教育在校生人数为 1.45 亿人，其中乡村及乡镇学生人数为 9505 万人，占义务教育总人数的 66%；义务教育学校数量为 321901 所，其中乡镇教学点有 270000 个，占义务教育总数的 84%，① 可见乡村教育、乡村学生仍然是基础教育不容忽视的主体。集中了最多留守儿童的乡镇寄宿制学校、乡村小规模学校，仍然是农村教育最薄弱的短板，亟待补齐。

农村学校格局变化，乡村小规模学校逐渐减少，镇区逐渐成为乡村教育的中坚地带。强化和改善镇区学校，有助于提升乡村教育的质量，减少对城区学校的压力。还要看到，随着学龄人口减少和城市化进程推进，不少镇区学校也出现小规模化的趋势，这在东部农村特别明显。我们要有预见性地适应这一变化，认识小规模学校的重要价值，将实行“小班小校”提上议事日程。小班小校是教育现代化的必然趋势，更有利于提高教育质量，落实以人为本的教育；也更有利于实行人本的、乡土的、自然的、有根的教育。因而，“小班小校”也是城市学校的未来。

（三）从硬件到软件、从物到人的转变

2020 年，我国基础教育“基本实现区域内均衡发展”，主要表现为硬件的改善和基本配套，农村的办学条件、设备设施、道路交通等均得到明显的改善。

但是，农村教育资源配置中存在“硬件过硬，软件过软”的现象。许多农村学校的多媒体、音体美设备一再更新但大量闲置。由于农村教

---

① 《中国农村教育发展报告 2019 发布》，http：//www.jyb.cn/rmtzgjsb/201901/t20190115_212031.html，2019 年 1 月 15 日。

师普遍缺乏培训机会，技能落后，不会使用新设备，致使硬件投入的效益明显“打折”。学校没有洗浴设施，学生宿舍没有厕所、没有窗帘的情况十分普遍。反映在教师资源上，承担学生总数约 2/3 的乡村教育，乡村教师却仅占教师总数的 1/4，不足 300 万人，致使乡村小学师资比低于国家的平均水平。中部地区的教师待遇低于西部和东部地区，亟待改变。

在新的形势下，需要实现从硬件到软件、从物到人的转变，有必要提出高层次的乡村教育改善计划。新增的教育资源投入，应致力于改善农村学校、教师的生活设施等“软环境”，改善教师待遇，增加教师编制，加强农村教师培训，提高教师队伍整体素质。而且，需要反思并突破义务教育“以县为主”的制度安排，实质性地扩大“省级统筹”的范围，将缩小区域之间的巨大差距提上议事日程。

三　做减法的素质教育：大幅度减少学校教育内容

当前，中小学生学业负担过重、学生体质健康状况下降，乃至中小学生自杀等情况，引起全社会高度关注，已经到了不能不重视、不能不实质性地加以改变的时候。减负目标的实现，需要在制约教育的一些基本问题上有所反思、有所突破，需要制度变革的落地支撑。

（一）反思学科教育的目标

如果说，教育的目的是让学生过上幸福健康和有意义的生活，是要发展人的个性、培养人的创造力，我们就必须回答学科教育的目标究竟如何确定，面向未来，一个学生究竟应当学什么、学多少，以及应当学多早？

从教育规律和儿童权益保护出发，综合当代脑科学、神经科学、智能科学、知识论和课程论的研究成果，可以确认十七八世纪形成的课程和规范不是天经地义、不可改变的。需要在互联网、智能技术和终身学习的新环境中，重新定位学校教育，重新确定我们的学习目标，摒弃灌输式和以知识记忆、解题技巧为重的教育，避免将一代代青少年培养成为“小镇做题家”和“二流机器人”。

一方面，从实际应用的有效性出发，知识教学也不是越多越好。有效的教学，有助于学生的身心健康、个性发展和学会学习。普通学校知识教育的目标，应当面向大多数学生的实际需求，达到“够用”的程度，而且能够学以致用，避免让大多数学生成为少数质优学生的“陪练”“陪绑”。另一方面，需要让有学术潜质的学生“吃饱”学好，走上研究型、创造性的方向，避免在经年累月的刷题中消磨青春。

为此，需要避免“一刀切”的模式，通过分层和选择性的教学，使大多数学生接受比较实用的、有用的教学。例如，小学以全科教师为主，三年级以前实行一个老师包班教学；允许计算器进考场，不要和机器竞争解题速度；英语可因地制宜地确定学习的起始年级、可列为必修或选修科目，农村初中可开设零起点的英语。中学实行学分制、选课制，增强选择性。在世界范围内，高中都是真正具有竞争性的阶段。因此，姜伯驹院士提议中学课程改用弹性体系，以快慢班或选修课的方式，使高中毕业生学过初等微积分的比例达到15%左右，课程成绩可供高校录取参考。① 这样，才能改变人才培养“高均值，低方差”状况。

（二）大幅度减少课内教学时数

学生负担过重的问题，固然有升学率竞争、考试、作业过多等原因，但仅仅改革课堂教学、考试评价是远远不够的。要真正实行以提升学生综合素质为核心的教育，必须“做减法”，需要大幅度地减少教学内容，缩短课内学时。“我们的学习时间太长。教育部规定中学每周上课33节，外国中学每周上课23节。小学一年级到高三毕业上课13000节课，外国小学一年级到高三毕业上课5800节课。我国小学寒暑假两个半月。外国中学生每年放

① 姜伯驹：《我国教育最大的问题是一刀切》，https：//www.163.com/dy/article/FRUN7F3205366EUH.html，2020年11月21日。

假四个半月。”①

现在大家都很清楚，在互联网、人工智能时代，让小孩每天花10多个小时，学那么多书本知识，然后初中用一个学期、高中用一个学年刷题备考，其实是在浪费生命。德国的中小学均实行半天上课；我国台湾地区的小学，三年级以前半天上课，中高年级有2～3个下午不排课。我们能不能从义务教育阶段的课程和教学内容这一源头“减负”，给学生留下社会实践、个性发展的时间、空间？当年毛泽东主席就说过可以“砍掉三分之一的课程”，今天仍然具有现实针对性。这需要国家在宏观层面有整体性的变革，下大决心减少义务教育教学计划规定的课时数，把时间还给学生，把健康还给学生，把睡眠还给学生。否则，所谓德育优先、身体健康、个性发展、劳动教育和美育就是空中楼阁。

中小学学制改革也应当提上议事日程。目前的“六三三”学制是1922年建立的，它必须与时俱进，不应当是一成不变的。事实上，目前各地实行的也有不同学制，如九年一贯制，九年义务教育实行五四分段，完全中学实行二四分段等。国外小学和初中很多实行五四分段。这一调整的目的，一是适应儿童的青春期提前，重视青春期的教育。二是降低“中考”的竞争门槛，以免学生做大量自我消磨的无用功。

（三）改革中小学教育评价

近年来，各地教育局出台的减负规定，主要是过程性控制，而且有过多过细之嫌，实际难以操作。也许，应当结合结果性评价，突出一些最重要的核心指标。

例如，将学生体质健康作为学校评价的重中之重，需要在学校评价中给予相应的权重，而不是点缀性的。李镇西老师反映，某地区的督导考核方案总分125分，学生体质考评的分值仅占12分，完全不能体现体质健康的重

① 教育部基础教育司原司长王文湛先生在2020TIME教育科技大会上作《提高质量鼓励支持校外培训机构》的发言，https：//www. zhihu. com/question/374700485/answer/1537101443。

要性。他建议这一指标应大幅提升至40分至60分，才能真正扭转学校的教学行为。[①] 上海市曾经提出素质教育“绿色评价指标”，其中有对学校近视率、肥胖率等实行“一票否决”的规定。但事实是从未有学校真的因此被否决，不仅学生的近视率不断上升，中小学生身心健康问题也在屡创新高。

四　开展实质性的中小学办学体制改革

（一）坚定不移地继续缩小义务教育学校差距

义务教育均衡发展，简单地说，就是实现三个方面的均衡：一是学校办学条件、基础设施等硬件的均衡。二是禁止考试选拔和实行就近入学，保障生源的均衡。三是通过校长、教师的定期流动制度，保障“师源”的均衡，促进学校教学质量的均衡。教育国情和教育财政体制与中国大陆相似的日本、韩国及我国台湾地区的实践表明，只要依法治执教，严格落实三者的均衡，学校自然就均衡了，就没有择校竞争了。其实现义务教育正常化、均等化的经验，特别值得我们借鉴参考。

当前，大多数地区尤其是城市义务教育学校的硬件条件已经极大地改善，造成学校差距的主要不是“财源”，而是“生源”和“师源”。除了继续禁止变相选拔招生、与培训机构暗中合作的“点招”外，要特别重视示范性高中指标下放的执行情况。示范性高中指标下放是遏制“小升初”择校热的釜底抽薪之举，可以极大地缓解初中阶段客观存在的学校差距问题。目前各地的差异很大，山西、安徽等地指标下放可达90%、100%，但京沪等地名义上达到50%～60%，实际上其中相当比例是下放给学校集团的下属学校，并非真正面向社会开放。这些都有很大的改进提升的空间。

另一个重要方面，是通过校长、教师流动制度实质性地缩小学校差距。

---

① 李镇西：《名校再多，孩子睡眠不足等于零》，https://mp.weixin.qq.com/s/fIpkMJyHgTG-8gX1F3dvUg，2021年2月6日。

对此，国家的政策规定是明确的。早在2014年8月，教育部等五部门联合印发的《关于推进县（区）域内义务教育学校校长教师交流轮岗的意见》，即已进行了全面部署，要求用3～5年实现县（区）域内校长教师交流的制度化、常态化。但至今只有少数地区在进行试点，大面积的教师交流制度面临很大阻力。

目前，我国义务教育学校差距过大仍然是基本的现实。尽管各地均已通过义务教育均衡发展验收，但实践效果是最重要的检验标准：只要一个地方存在高价学区房，存在家长争相竞争的“名牌学校”，就说明均衡发展的目标并没有真正实现。当前各地政府的行为，是以追求“优质均衡”的名义引进名校，或花费巨额资金打造“未来学校”，事实上是在继续制造和扩大学校差距，对名校特殊地位、特殊利益的追求压倒了义务教育均衡发展的追求。这样对公共教育经费的使用是并不合法的。名校和房地产市场合作的“学区房”，背后是地方政府的助推。这提示我们，促进义务教育均衡发展仍然是地方基础教育服务的重中之重。

（二）通过委托管理、放权改革激活公办学校

在大城市，实行公、民同招之后，公办学校的生源极大改善，遏制了民办学校提前招生、选拔性招生导致的初中阶段体制性的办学差距。但随之而来的问题是家长的选择性受限，学区房价格陡然升高，同样违背了义务教育的初衷。很多家长之所以“逃离”公办学校、不得不花费更多上民办学校，甚至花费巨资上国际学校，乃至低龄出国留学，一个重要原因是为了给孩子一个宽松的教育环境，不用考试排名、课业负担来压迫学生。

作为义务教育主体的公办学校整体上缺乏改革创新的活力，在高度行政化的管理体制和评价制度的束缚中，陷入应试教育的竞争难以自拔，是教育生态、教育品质恶化的主因。应当看到，尽管课外培训机构的负面影响很大，但它是依附于公办教育而生的。如何提升公办学校的品质和活力，促进教育的多样化和选择性，应对第四次技术革命的挑战，成为全世界公办教育共同面临的议题。

世界范围内，教育改革已经进入公办学校的主战场。美国、英国、瑞典等国通过“特许学校”制度激活公办学校。韩国实行幸福教育、自由学期、梦想学校，改革中小学教育。我国台湾地区通过“实验教育法”改革学校系统，覆盖15%的公办学校。美国的“特许学校”、英国和瑞典等国的“自由学校”、我国台湾的“实验学校”，其基本模式都是在不改变学校的公办性质和经费供给的前提下，通过契约管理的方式，将学校委托给专业的教育家团队管理，授予其极大的办学自主权。通过这一改革，提高教育供给的多样性、满足教育的选择性需求。总体而言，效果是很明显的。

教育竞争是国家竞争的根本所在。适应世界范围学校改革的趋势，我国应当将中小学办学体制改革提上重要的议事日程。这是一种开源的思路，通过促进教育的供给侧改革，通过开放、搞活，扩大优质办学资源，鼓励教育创新。我国的大城市和沿海地区经济发展的程度已经达到发达国家的水平，完全可以实行与这一发展水平相适应的优质教育。这并不是指花费巨资建豪华学校、引进名校、打造变相的重点学校，而是真正以学生的身心健康、个性发展、学会学习为追求的创新教育、未来教育。这种教育并不一定是昂贵的、面向优势阶层的，它完全可以是廉价的。例如“开环学校”的思路，可以引入多种社会资源丰富校园文化，可以实行弹性学制，允许部分学生每周有部分时间用于自学，实行灵活学制，允许学生在某一学科跳级，等等。

（三）促进培训机构的转型发展

2018年以来，国家多部门合作、多管齐下整顿规范培训机构，但整体而言实效不大，存在许多监管的难处和漏洞。在疫情期间课外培训转移到线上之后，开始向三、四、五线城市扩张。课外培训已经成为加重家庭教育负担、加大教育差距、恶化教育生态的重要因素。

培训机构转移到线上之后，进入恶性竞争的烧钱模式。据各大在线教育平台财报，仅三家知名在线教育机构从2020年2月到11月的营销费用就超过100亿元。2020年暑期，头部4家K12网校暑期投放额在47亿元左右，而2019年暑期投放额只有19亿元，翻了一倍多。与此同时，在线教育机构的经营状况却整体亏损。[①] 这种由资本驱动的恶性竞争，将资源和发展战略主要放在营销上，忽视教育质量提升，增加在线教育行业的经营风险，已经背离了教育的初衷。

值得特别重视的是课外培训向学前教育的强力蔓延。诸多 AI、英语、数学思维训练项目的招生广告，赫然将对象定位于“2～8 岁”。众所周知，处于学龄前尤其是低幼阶段的儿童，其学习主题绝不是学科知识和思维训练。基于儿童保护的原则，许多国家禁止在低幼儿童中开展学科教育。这一问题需要被提到教育治理的层面。

对课外培训机构有效的规范和管理，是对教育治理的一个现实挑战。除了制定规则、确立底线，做到令行禁止外，同时要善加使用。培训机构发展到现在的这种规模和能力，忽视它的存在是不现实的，应该积极地引导它朝向符合教育方针、教育规律的方向。第一个方向是公办中小学下午三点半以后的综合素质类教育服务，可以由政府向培训机构购买服务。这件事情北京市教委已经做了三年，还是很有效的，在校开展的课后培训因为接送方便，很受家长很欢迎。

第二个方向可能更重要，就是把培训机构的学科教育引入大中小学等公办学校的教学中。长期在竞争性的教育市场中生存，集中了最多具有聪明才智的名校毕业生和留学生，培训机构的课程研发能力之强是许多公办学校无法比拟的。他们也开发出许多符合儿童特点、具有互联网特征的游戏化、思辨性、研究型课程。能不能将它们引入公办学校中来，从而整合校内校外的学习资源？否则，学校放着这么一块优势教育资源不用，却占用学生的课外时间再学一遍，既浪费也很不合理。这件事情需要解放思想，需要尝试和探索，找到改善和改革的办法。

（四）因地制宜、多样化的改革模式

OECD 教育与技能司司长、有“PISA 之父”之称的施莱克尔认为，面

① 艾萍娇：《防止在线教育疯狂“烧钱”陷入恶性竞争》，《光明日报》2021 年 2 月 22 日。

向未来的教育发展的首要症结“既不是公平和质量，也不是教育经费或资源的低效使用，而是学校系统组织方式的落后”，“教育工作者应当基于学生的未来开展教育，而不是面向过去，背向未来”。[①] 目前这种自上而下、集权式的教育体系，延续的是工业化时代的教育管理学校模式，压抑了学校自主办学的活力和创新能力。同时，这种大一统的行政规划和管理，缺乏对地方差异和特点的关注。中国当前的经济社会发展，呈现了十分丰富复杂的区域格局，各地的资源禀赋、发展需求各不相同，采用东中西部这样的区分已十分粗疏，难以适应各地发展的不同需求。一场真正的教育改革，应当是自上而下与自下而上相结合，既有整体规划，同时是放权改革，建立在不同地区多样化的实验和试点的基础之上。

当前的区域格局，至少可以做这样几类区分：北上广深等一线城市；省会城市；高度发达和成长的经济区域，如长三角经济区、粤港澳大湾区、海南经贸特区；东部经济发达的沿海地区；中部地区；东北地区；少数民族地区，如新疆、西藏、云南、广西、内蒙古等。

新兴的城市带、一线城市和东部沿海地区的经济社会发展已经达到了发达国家水平，在教育规划和管理上理应体现这种优势，有别于对中西部地区的管理。应当在教育模式、学校制度、考试评价、开放办学等方面给予更大的自主权，设置整体改革的试验区，开展具有先进性的教育创新试点，使之成为全国教育先行先试的带头地区。而中部、西部和民族地区，应当针对其实际问题和需求分门别类进行规划，确定合理的教育目标和发展战略。

---

① 安德烈亚斯·施莱歇尔：《超越 PISA：如何建构 21 世纪学校体系》，徐瑾劼译，上海教育出版社，2018。

民办教育：观念重建与高质量发展

陈长河　丁秀棠*

摘　要：　2020年，疫情影响下的教育市场变化与政府政策调整等因素，合力形塑着不同领域、不同类型民办教育的发展，使得民办教育在组织层面、整体结构方面都呈现新状况。2021年是我国教育“十四五”规划开局之年，各级各类教育进入“高质量发展”阶段。疫情防控常态化下民办教育如何发展，需要政策制定者与执行者结合新的形势与要求，根据民办教育自身优势与不足，重新审视不同民办教育机构在教育系统中的基本定位与发展观念。同时，对民办学校举办者与办学者来说，既要遵循市场需要，也要依据社会必要，按照高质量发展要求，在制度与政策框架下明确各自发展定位与发展思路。

关键词：　政策调整　观念重建　高质量发展　民办教育

教育发展嵌入整个社会系统之中。2020年，突如其来的新冠肺炎疫情全球大流行，不仅直接对各级各类教育产生巨大冲击与挑战，同时，对经济、政治、社会各领域所产生的影响也以不同方式“折射”到教育领域中。面对疫情所带来的各种影响，一方面，民办学校作为教育组织，同公

* 陈长河，北京均优教育创办人，21世纪教育研究院理事，副研究员，研究方向：民办教育政策与体制，中小学运营管理与集团化办学；丁秀棠，北京教育科学研究院教育发展研究中心副研究员，研究方向：民办教育政策与管理，办学体制改革。

办学校一样，需要在教育教学的形式、内容与方法等诸多层面进行重构；另一方面，由于民办学校很大程度上依赖于教育市场需求状况，依靠学费收入支撑运营，疫情导致线下“停课停学”，使得许多民办学校办学经费大幅度减少，部分学校遭遇严重的财务危机。与此同时，疫情也为民办教育一些领域提供了新的机会，如在线教育的迅速发展。此外，随着民办教育发展所产生的各种外部性，关于民办教育发展的观念在不断演变，2020年各级各类民办教育继续面临制度调整与政策变化。由此，疫情影响下的教育市场变化与政府政策调整等因素，从不同角度合力形塑着不同领域、不同类型民办教育的发展，使得民办教育无论在组织层面还是在整体结构方面都呈现新状况。

2021 年是我国教育“十四五”规划开局之年，各级各类教育进入“高质量发展”阶段。2021 年 5 月，《民办教育促进法实施条例》修订稿正式公布，将于 9 月 1 日开始正式实施。疫情防控常态化下民办教育如何发展，需要政策制定者与执行者结合新的形势与要求，根据民办教育自身优势与不足，重新审视不同民办教育机构在教育系统中的基本定位与发展观念。同时，对民办学校举办者与办学者来说，既要遵循市场需要，也要依据社会必要，按照高质量发展要求，在新的制度与法律政策框架下明确各自发展定位与发展思路。

一　2020年疫情下各级各类民办教育发展状况

（一）民办学前教育机构普遍遭受疫情重大冲击，在此期间，基于发展目标的要求，普惠性民办幼儿园政策加快推进，整个学前教育结构与布局得以重新调整

整体来看，在各级各类民办教育中，学前教育所受疫情影响最大。受按月或按学期收取保教保育费等制度所限，民办幼儿园财务脆弱程度较高。尤其在上半年线下“停课停学”状态下，由于幼儿年龄和幼儿教育活动特点

以及线上学前教育资源短缺等多种因素，幼儿园难以将线下保教保育活动转为线上活动，实际停止提供学前教育服务，办园经费也随之失去来源。但停园期间，大部分幼儿园仍需支付园所场地房租、教职工部分工资与社保等各项费用。在办园经费“有出无进”状态下，普遍缺少经费储备的民办幼儿园面临资金链断裂风险，生存压力巨大。在此过程中，虽然地方政府如北京、山东等地区及时出台各种政府扶持措施，帮助民办幼儿园纾危解困，但毕竟支持力度有限，财政补贴与减免费用等难以弥补主要经费支出。疫情期间，整个学前教育结构与布局受到不同程度的影响。一些民办幼儿园生源、师资流失严重，直接或濒临倒闭；部分民办幼儿园被其他学前教育机构“接手”；有些民办幼儿园则自愿或“被迫”转为普惠性民办幼儿园。某种程度上，疫情加快了普惠园政策的推进过程，使得2020年普惠园覆盖率达到80%的目标得以实现。

根据2018年11月《中共中央　国务院关于学前教育深化改革规范发展的若干意见》的要求，到2020年，全国普惠性幼儿园覆盖率（公办园和普惠性民办园在园幼儿占比）达到80%；公办园在园幼儿占比原则上达到50%。根据教育部统计，2020年，普惠性幼儿园覆盖率实际达到84.74%，超过了80%的目标。普惠性目标的实现，意味着学前教育领域发生了重要的结构性调整，尤其是公办幼儿园与民办幼儿园比例结构、普惠性民办幼儿园与非普惠性民办幼儿园比例结构等，都发生了变化。随着公办园覆盖率的提高，民办幼儿园发展空间相对缩小。同时，按照各地普惠园认定标准，相当一批民办幼儿园转为非营利性、普惠性民办幼儿园，这使得许多民办幼儿园的办学属性随之发生变化，尤其使用小区配套设施的民办幼儿园，有一些非自愿性地选择成为非营利性幼儿园。

（二）不同类型民办义务教育学校受疫情影响情况分化，同时受“公民同招”“摇号入学”等招生政策调整的影响，民办学校办学面临新的制度与资源环境

随着经济发展与社会阶层的不断分化，着眼于服务不同群体多样性、

个性化教育需求的民办中小学，也日益呈现多元与分层特征。根据主要服务对象的所属阶层与所提供的教育机会类型来看，民办义务教育学校大致可分为三类。第一类是由于公办义务教育学位供给难以满足流动人口随迁子女或留守儿童等教育需要而存在的所谓“低端”民办学校，主要提供补充性教育机会；第二类是服务于那些处于非“公办名校”义务教育片区的中等收入家庭接受本土教育需要的“中端”民办学校，主要提供选择性教育机会；第三类是服务于高收入精英阶层子女国际化教育需求的“高端”民办学校，主要提供替代性教育机会。有些民办学校通过设置不同类型课程与多样性活动，同时为中高收入阶层提供选择性或替代性教育服务。疫情期间，许多民办中小学能够及时由线下教学转为线上授课，做到“停课不停教、停课不停学”，但不同类型学校遭受疫情冲击程度不同，体现出了民办学校在办学条件与办学理念以及家庭在经济资本与文化资本等方面的差异性甚至分化性特征。“低端”民办学校主要受制于家庭经济条件与学校线上教育教学资源等限制，无论是学校还是家庭都受疫情冲击较大。“高端”民办学校则由于在线教育教学活动与原本线下丰富多彩的课程、活动体验等服务内容与品质差异巨大，造成线上教育服务与原本学费收取标准极不匹配，引发家长退费要求等问题，“高端”民办学校所受疫情影响也比较大。但由于“高端”民办学校家庭经济资本与文化资本实力较强，许多家庭通过加大校外教育投入，一定程度上弥补了疫情期间学校教育不足对学生学业发展所带来的不良影响。一场疫情，进一步折射出由经济不平等所带来的教育不平等的差距在不断加大。

政策方面，2020 年民办义务教育继续面临更为严格的规范与约束。一方面，延续 2018 年以来从地方开始实行的“公民同招”等政策，2020 年教育部继续“大力推进‘公民同招’改革，全面建立公民办义务教育学校一视同仁、互不享有特权的招生入学机制”，采用“摇号入学”以及“审批地招生管理”等措施，希望“促进公民办学校公平发展，有效缓解择校热和家长焦虑，推动民办学校从‘抢好生源’向‘教好学生’的转变，大力营造良好教育生态"[①]。在上述相关政策推进下，义务教育阶段民办学校的生源结构与生源质量等发生了不同程度的变化。一些民办学校由于地方政府比较严格地执行"审批地招生"原则，"跨区招生"受到限制，生源来源范围大大缩小，以至于招生由原来的"一位难求"陷入"招生不满"状况，学校发展面临严峻挑战。另一方面，针对"公参民"学校（公共资源通过办学主体或办学要素等方式参与举办民办学校）所引发的各种问题，许多地区也进一步加大对"公参民"学校的规范与清理工作。一些公办学校将公共教育资源（如公办教师）逐渐退出民办学校，部分公办学校与社会力量结束合作协议，上海、浙江等地陆续有"公参民"学校转为"公办学校"，长沙规定"暂停公办学校托管民办义务教育学校的审批"。义务教育领域中的"混合"形式、办学属性模糊状态不断减少，"公办"与"民办"之间呈现出边界更为清晰的政策趋势。

（三）民办高等教育领域面临多方位调整，尤其独立学院遭遇"自上而下"更为明确的转设要求，转设学校数量迅速增加，民办高等教育发生结构性变化

相比疫情所带来的各种影响，2020 年各类民办高等教育面临政策调整的力度更大。独立学院作为我国高等教育大众化阶段兴起的"一种新型高等教育组织形式"[②]，起源于 20 世纪 90 年代我国公办高校利用自身体制优势，结合市场机制而举办的各类形式的"公有民办二级学院"，自诞生之日起便备受争议，且始终处于"制度化"困境[③]。作为独立学院制度的正式确认者与建构者，教育部曾多次出台文件试图加以规范，并于 2006 年在《关

① 《教育 2020 收官系列新闻发布会第四场：介绍"十三五"以来基础教育改革发展有关情况》，http：//www. moe. gov. cn/wca. html? wcaUrl = http：//www. moe. gov. cn/fbh/live/2020/52763/，2020 年 12 月 10 日。

② 王富伟：《独立学院的制度化困境——多重逻辑下的政策变迁》，《北京大学教育评论》2012 年第 2 期。

③ 王富伟：《独立学院的制度化困境——多重逻辑下的政策变迁》，《北京大学教育评论》2012 年第 2 期。

于“十一五”期间普通高等学校设置工作的意见》中首次提出“转设”概念，即“‘十一五’期间，独立学院视需要和条件按普通高等学校设置程序可以逐步转设为独立建制的民办普通本科高校”。随后，在2008年、2013年等也曾大力倡导过独立学院转设，但由于转设本身牵扯到复杂的重大利益调整①，并受各种现实政策与资源条件等约束，加上之前政府采取“鼓励转设”而非“必须转设”的政策②，因此，2018年之前独立学院转设积极性不高，转设数量不多。2020年5月15日，教育部办公厅印发《关于加快推进独立学院转设工作的实施方案》（以下简称《转设方案》）的通知，提出“到2020年末，各独立学院全部制定转设工作方案，同时推动一批独立学院实现转设。原则上，中央部门所属高校、部省合建高校举办的独立学院要率先完成转设，其他独立学院要尽早完成转设。”由于此次《转设方案》对独立学院转设要求更明确，转设路径也更多元，如“鼓励各地积极创新，可探索统筹省内高职高专教育资源合并转设”，加上设计了系列激励性和惩罚性措施，由此极大地推动了独立学院转设速度。据统计，2020年有65所独立学院转设获得教育部批准公示，到2020年底时“四分之一的独立学院完成转设”③。一定程度上，独立学院转设将重构中国高等教育类型结构与资源布局，同时，民办高等教育也面临新的制度环境与市场竞争格局。

2020年，民办高等职业教育方面有国家大力发展职业教育、高职扩招的政策利好，虽一定程度上遭遇疫情影响，但仍继续面临新的政策机遇。2019年全国高职院校扩招116万人，2020年全国“两会”《政府工作报告》提出“今明两年高职院校扩招200万人”。在公办高职学院办学条件有限、学位供给能力不足之下，要确保高职扩招任务完成，必须依靠民办高职学

① 阙明坤：《我国独立学院转设现状分析及对策研究》，《教育研究》2016年第3期。

② 丁秀棠：《“校中校”独立学院转设实践、困境与思路》，《浙江树人大学学报》2021年第1期。

③ 陈宝生：《乘势而上　狠抓落实　加快建设高质量教育体系——在2021年全国教育工作会议上的讲话》，http://www.moe.gov.cn/jyb_xwfb/moe_176/202102/t20210203_512420.html，2021年1月7日。

院，这对于近年来普遍面临生源不足的民办高职学院来说，无疑是重要发展机会。在办学层次方面，民办高职教育也迎来了新的政策突破。2019 年国务院印发《国家职业教育改革实施方案》，明确“职业教育与普通教育是两种不同教育类型，具有同等重要地位”，正式确定了职业教育在我国教育体系中是一个单独种类的教育，打破职业教育止步于专科层次的“天花板”。高职教育由层次教育转变为类型教育。截止到 2020 年底，教育部已批准 22 所高职学院开展本科层次职业教育试点，其中主要是民办高职学院，民办高等职业教育面临着新的发展机遇。

（四）校外培训教育呈现线下线上“冰火两重天”状况，线下培训普遍遭遇重创，线上培训在资本与技术加持下得以加速发展，也由此引发治理困境

面对突如其来的疫情，2020 年上半年教育部要求学校“停课不停学”，各级各类学校教育教学活动由线下转为线上。一方面，校外线下教育培训活动终止，那些无法将培训转为线上的线下培训机构面临严重冲击，不少机构资金链断裂，一些机构甚至“跑路”、倒闭，体现出校外培训教育机构的市场脆弱性；另一方面，疫情为在线教育按下“快进键”，在线教育机构获得加速发展的机遇。在公办学校或政府提供的公共在线教育资源难以满足需求时，校外在线教育培训机构提供了更为丰富、多样、个性化的教育资源，从而很大程度上补充甚至替代了公共在线教育资源。在线教育的加速发展，让更多资本看到了逐利空间，各路资本加大了对在线教育领域的投资。众多互联网企业积极布局教育产业，推出在线教育服务，行业竞争更加激烈，机构分化更为严重。据统计，2020 年在线教育领域有 1000 多亿元融资，其中排名前五的头部在线教育机构吸纳了近 80% 的融资。另 2020 年《德勤研报：迈向教育十四五》中的分析显示，K－12 教育一直是资本市场重点关注的细分品类，2020 年融资总额约为 2019 年的 5. 8 倍。

总体来看，疫情期间虽然校外在线教育机构为有效补充教育资源发挥了不可替代的重要作用，但与此同时，一些机构在资本与技术的双重加持下快

速扩张，甚至呈现无序扩张之势。由于资本和技术遵循不同于教育发展的逻辑，出现了“快资本”与“慢教育”之间的矛盾与冲突。资本与技术的进入，对整个教育生态和教育秩序带来新的冲击与挑战，在教育领域中产生了类似熊彼特所言的“创造性破坏”现象。上述现象与问题，进一步加大了2018年以来政府针对校外培训机构治理的难度，引发监管层的种种担忧与社会舆论的各种评论。

二 2020年民办教育政策与管理新特征、新动向

虽然民办教育面向市场教育需求办学，但由于从其设置到运营管理等各个环节都要受制度环境的约束，因此，民办教育政策与管理措施的调整，都会极大地影响其发展甚至存亡。概括来看，2020年民办教育政策与管理主要呈现以下特征。

（一）民办教育政策基调由“鼓励、支持”转为“规范”的趋势更加突出

民办教育政策基调是随着民办教育不同发展阶段及其相应观念而变化调整的。长期以来，由于国家教育财政投入能力有限，提供各类教育机会不足，在教育普及优先、强调教育公平背景下，政府对于能够提供教育机会的民办教育发展多采取鼓励和支持态度。近几年，随着民办教育发展过程中呈现诸多政策规范之外的办学行为，民办教育管理遵循“支持与规范”并行原则。2020年，民办教育政策更加凸显“规范”二字。在1月召开的全国教育工作会议上，教育部明确提出“规范发展民办教育”，不再提“支持”二字。虽然2020年5月全国“两会”《政府工作报告》中再度提出“支持和规范民办教育”，但“支持”主要针对民办幼儿园而言。随着疫情的暴发，规模占比较高的民办幼儿园受到严重冲击，从而可能导致学前教育机会供给减少、学前教育普及目标难以实现。在这样的形势下，政府提出“支持民办教育”，即“发展普惠性学前教育，帮助民办幼儿园纾困”显得

尤为关键。显然，政府对民办教育的支持，更多是基于其机会补充作用的发挥。除此之外，2020 年的其他各级各类民办教育政策更多强调“规范”。2020 年 8 月，教育部等五部门制定了《关于进一步加强和规范教育收费管理的意见》；2020 年 9 月，中央全面深化改革委员会第十五次会议通过了《关于规范民办义务教育发展的实施意见》，一系列政策文件的出台，从不同角度对民办教育不同领域、不同内容进行规范。由支持更多转向规范，也意味着教育行政管理部门在面对民办教育发展时，更多关注其所出现的问题。这也反映出在发展观念上，民办教育主要被定位于公办教育的补充。在这样的观念主导下，随着公共教育财政能力的提高与公办教育的发展，“民办教育退场论”等思想容易产生，或出台限制民办教育发展的政策。

（二）民办教育发展的外部性受到关注，更加强调其公益性、公共性的发挥

在民办教育发展过程中，相关法律法规始终强调其公益性，但更多停留在理念倡导层面，缺乏实质性配套措施的保障，以至于出现“我国民办教育发展的基本特征是投资办学”[①]，许多民办学校“以非营利之名行营利之实”的状况。在一些领域，投资民办教育具有较大的利润空间，引发众多资本纷纷加入。由于主要遵循资本逻辑，强调教育产业属性和商业性，一定程度上破坏了教育公益性，引发诸多外部问题，如提高家庭教育成本，影响家庭生育意愿；破坏教育生态与教育秩序，干扰教育体系正常发展等。2020 年，民办教育政策更加实质性关注民办教育公益性和公共性的发挥，包括继续推进普惠园政策，降低家庭保教保育成本；全面落实义务教育阶段“公民同招”以维护义务教育阶段学校招生秩序，减缓“择校热”带来的各种负担；继续强调对校外培训教育的治理，试图降低“培训热”，缓解家庭教育焦虑等。

---

① 邬大光：《我国民办教育的特殊性与基本特征》，《教育研究》2007 年第 1 期。

（三）将民办教育更多看作一种“所有属性”，强调公办民办教育边界清晰

长期以来，我国教育不同领域形成了公办民办教育混合的形态，如高等教育领域中的独立学院、基础教育领域中的“公参民”学校等。这些混合性质的“民办学校”，一方面利用公办学校的良好品牌声誉资源，另一方面结合“民办学校”机制的灵活性与自主性优势，在办学过程中具有相比普通民办学校的各种有利地位。但由于对该类学校一直采取等同于普通民办学校的政策管理，因此引发教育市场竞争规则不公平等诸多争议。面对这些争议和其中所存在的各种问题，政府基本的治理思路是，明晰公办教育与民办教育边界，非民即公，不允许存在“公民不分”或“公民混合”状态。2020年，教育部加大推进独立学院转设力度，各地方政府针对“公参民”学校采取公共资源退出等方式的清理规范等，一定程度都遵循了上述思路。该思路背后是将“民办教育”作为一种所有属性而非办学或运营模式对待，体现出了“公民对立”思想，更多关注公办民办教育之间的竞争而非合作关系，关注“此消彼长”的关系。

（四）重视教育公平问题，谨防民办教育成为阶层划分与阶层区隔的工具

随着我国经济的快速发展与社会结构转型，经济收入不平等问题日益突出，社会阶层分化更加严重。多种因素导致民办学校不同类型或层次的存在，不同阶层通过支付费用接受教育，导致教育机会与教育质量受到经济逻辑、金钱逻辑的驱动，以至于原本“被期许为维持社会公平安全阀的教育，反而成为社会分层的代理机制”[①]，并通过教育层级的不断迁移，最终进一步导致经济与社会不平等的再生产。尤其在义务教育阶段，主要依靠收取学费办学的民办学校，通过基本的价格机制对不同群体进行了实质意义的

① 刘云杉：《拔尖与创新：精英成长的张力》，《清华大学教育研究》2018年第6期。

阶层划分，也让不同类型的民办学校某种意义上成为阶层区隔的符号与载体。在校外培训教育领域，不同经济水平的家庭通过加大家庭经济投入力度，试图提升或保持各自在教育领域中的优势。为了避免这种由经济不平等产生教育投入差异，因为教育不公平进一步固化或扩大阶层差异的趋势，2020 年民办教育诸多政策调整都试图解决上述问题。事实上，无论是通过加大普惠园建设力度提高学前教育公益性、普惠性，还是压缩民办义务教育所占比例，确保地方政府发展义务教育的主体责任，并规范民办义务教育办学行为，确保其非营利性，对民办义务教育学校“加强收费标准调控，坚决防止过高收费”①，以及加强校外培训教育治理等，都旨在通过各种措施降低家庭接受教育的经济成本，减轻家庭经济负担，以提高教育公平程度。

三　疫情防控常态化下的民办教育发展

党的十九届五中全会规划了到 2035 年建成教育强国的远景目标，明确了“十四五”时期建设高质量教育体系的任务目标，为加快推进教育现代化指明了方向。民办教育改革与发展的宏观环境已发生深刻变化，随着 2021 年 5 月《民办教育促进法实施条例》修订稿的正式公布，民办教育的外部法律制度再次进行重要调整。面临新形势、新阶段、新理念、新格局、新目标、新要求，一方面，政策制定者与执行者应更好地研究理清民办教育本质属性与发展观念；另一方面，民办教育举办者与办学者也要结合民办教育法律政策与管理的新动向，利用自身办学条件与体制机制优势，明确各自办学定位与办学方向，为“十四五”时期建设高质量教育体系做出贡献，也为自身赢得更多发展机会。

① 教育部等五部门印发《关于进一步加强和规范教育收费管理的意见》的通知，http://www.moe.gov.cn/jyb_xwfb/gzdt_gzdt/s5987/202008/t20200831_483682.html，2020 年 8 月 31 日。

（一）重塑“民办教育”观念，将“民办教育”作为办学或运营模式，淡化其所有属性

随着民办教育分类管理制度的推进，政府应当重塑“民办教育”观念，将“民办教育”更多看作一种办学模式或运营模式，淡化其所有属性。在这种观念引导下，教育领域将主要划分为非营利性教育和营利性教育两大类。其中，非营利性教育包含公办教育和非营利性民办教育，二者同属于公共教育组成部分，在政府支持力度等方面应逐渐趋向一致。转变关于民办教育的观念，淡化其所有属性，有利于从办学优势、管理优势等方面来更为平等地看待民办教育，而不是将其作为公办教育的对立或补充。由此，更好地发挥公办与民办各自优势。在顺应世界教育发展趋势、推动构建合理的“公私合作伙伴关系”方面，制定更为公平的发展规则，真正形成公办教育与民办教育共同发展、开放合作的教育发展新格局。相比公办教育，民办教育具有独特的优势，包括教育体系的开放性、灵活性、包容性、便利性更强，对各类教育需求具有更强的“吸附性”，在面对多变的、复杂的教育需求方面，能够提供更具个性化的教育服务。公办教育与民办教育共同发展，提供丰富多样的教育服务，尤其适合当前我国转型社会中人口流动相对较大、阶层划分更为多元的社会结构特征。

（二）教育公平需要落实到“人”的教育公平，需要看见“人”的教育需要

教育作为重要的民生工程，其发展关系到社会的方方面面。教育发展不公平以及家庭教育负担的加重，已经对我国人口结构与人口发展的合理性产生不可忽略的负面影响。因此，推动教育公平不仅关系到教育自身的健康发展，更关系到国家人口战略构想的实施。2020 年，十九届五中全会提出要“推进教育公平，关注弱势人群的教育权益”。关注教育公平，看见“孩子”“家庭”等不同个体的教育需要，真正有效地推进教育公平。然而，现有义务教育阶段“公民同招”、学前教育阶段普惠园建设等政策执行过程中，都

更多关注机构、学校层面，而忽略了对个体教育选择权的保障。尤其普惠园政策执行过程中，一些地区在小区配套园治理过程中的“一刀切”政策，反而让部分小区居民失去就近入园接受便利的学前教育的机会。以学生学习权取代国家教育权，尊重学生学习权，是21世纪的教育主流。因此，真正办人民满意的教育、推进教育公平，需要着眼于人民的教育需求，要尊重、扩大个体教育选择的权利。不能通过限制机构等方式，强制要求个体接受看似公平、均等的教育，而忽视了对个体教育需求的满足。

（三）防止资本和技术在教育领域的“无序扩张”，重构政府与市场关系

资本逐利是其天然属性，技术本身只是手段和工具。“资本和技术遵循着一种对事不对人的普遍主义逻辑”，这种普遍主义逻辑与教育、社会生活逻辑不一致，因此往往会构成紧张和冲突。[①] 在资本与技术进入教育领域而引发各种问题时，简单谴责资本的“无良”与技术的“不道德”无济于事，“因为资本总是会流动到效益最高的地方；而技术总是会找到生产性更强的地方”。于是教育领域出现了“快”资本与“慢”教育的博弈，出现资本、技术与教育之间逻辑的冲突。2020 年以来，在资本加技术的多重加持下，尤其一些具有互联网基因的在线教育机构打起了价格战、广告营销战，进一步加剧校外教育培训热，加重家庭的教育焦虑，引发社会对资本过度介入教育领域的反感与担忧。除了校外培训教育领域之外，资本在学历教育领域的扩张之势也依然明显，尤其一些上市民办高等教育集团继续扩大收购、并购学校力度，一些民办高中学校也寻找各种机会谋求境外上市。2020 年 12 月，中央经济工作会议明确提出“强化反垄断和防止资本无序扩张”。从根本而言，只有缩小资本在教育领域的逐利空间，才能让逐利资本“自发退出”教育领域，使得教育不被资本所“绑架”。而这就需要重构政府与市场的关系，重新制定资本进入教育市场的规则、标准等，让资本在政府监管的

① 刘擎：《年度思想前沿报告》，得到 App，2020。

“笼子”里更好地发挥作用。2021 年的《民办教育促进法实施条例》修订稿通过立法规范的方式，进一步明确民办教育应当坚持教育公益性，同时明确外资不得举办或实际控制义务教育民办学校，任何社会组织和个人不得通过兼并收购、协议控制等方式控制义务教育民办学校和非营利性民办幼儿园，为资本介入上述领域搭建了“防火墙”。

（四）提升民办教育治理现代化水平，遵循教育内生规律和组织自然演变规律

教育发展与组织演变有其自身规律。民办学校面向市场寻找生源，逐渐形成自身的办学模式和办学特色，是一种长期的“自我演变”或称作“自然生长”过程。民办学校的自发变化，反映了一定程度上的自愿决定，同时阐释了不同社会群体的“喜好”，更多遵循着社会一些群体的自由意志，而非严格按照政府的命令或者行政压力发展。许多制度安排与政策出台，反映了政府的良好意图与目标。但受限于官僚科层体制特征，这些自上而下的规划与设计，容易被行政人员按照“好管理”而不是“管理好”的原则执行，从而导致许多制度与政策难以产生预想的理想效果。另外，政策的不稳定会对民办学校的持续发展产生巨大冲击，从而可能引发系列不稳定状况。如义务教育领域“公民同招”“审批地招生管理”等政策、学前教育领域小区配套园治理行动等，一些地区由于政策调整幅度过大，对一些民办学校的发展产生不同程度的负面影响，进而引发系列社会问题。2020 年 9 月，教育部在“十四五”时期民办教育重大问题座谈会上也指出，要解决民办教育政策的稳定性问题，实现公办教育和民办教育协同发展。因此，在新的发展形势下，应着力提升民办教育治理现代化水平，在外部的体制机制、政策环境，内部的准入、治理、质量、财务等方面建立标准，加强对民办教育的科学治理，尽可能保持政策的稳定性、持续性与可预见性。建设人民满意的服务型政府，促进民办教育健康可持续发展，真正推动民办教育为建设我国高质量教育体系做出贡献，以满足人民对不同教育的多样性、个性化需求，让不同群体更具教育获得感、幸福感、安全感，体现社会主义教育体制的优越性。

国际教育的发展现状与未来走向

邹宏宇　杨慧丽博 *

摘　要：本文分析解读了2020年疫情对中国国际教育的影响，包括疫情期间留学目的地国家新发布的系列政策对在读留学生的影响和对国内留学中介行业的影响，对高中毕业学生海外大学申请和就读的影响，以及对国内国际化学校和留学类外语培训机构的影响。综合2020～2021年申请季的相关申请数据和2020年国内国际化学校发展的相关数据，对疫情后国际教育行业的发展做出趋势性分析与预判。整体来说，虽然整个留学和培训行业受到疫情的冲击，但是我们可以看到疫情逐步会得到控制，而中国的国际教育会一如既往地扮演好国内教育辅助者的角色，为学生提供多元升学路径。

关键词：国际教育　留学　新冠肺炎疫情　教育发展

一　国际教育现状

2020 年这场突如其来的疫情，让国际教育行业的从业者第一次遇见了

* 邹宏宇，上海远播教育集团联合创始人，副董事长，远播教育研究院执行院长，远播教育集团国际学校总校校长。上海交通大学核工程及自动化专业学士，上海交通大学工商管理硕士，长期从事教育行业研究，包括传统教育、互联网教育和国际教育以及青少年生涯教育等领域，现任中国教育学会学生发展指导分会理事。杨慧丽博，温哥华公立教育联盟加拿大 BC 省负责人，加拿大维多利亚大学教育学博士，加拿大 BC 省持牌移民顾问，长期从事海外中国青少年留学生涯管理服务。

“黑天鹅”。因为之前无论是留学市场，还是国内的国际教育市场，从2000年之后均是一路高歌猛进的增长，2019年教育部统计我国留学人员总数为70.35万人，较2018年增加4.15万人，增长6.27%。

中国国际教育前10年蓬勃发展的底层原因是随着经济的发展，普通民众对升学的多样化需求也越来越大，催生了国际教育成为国内教育的一个有力补充。

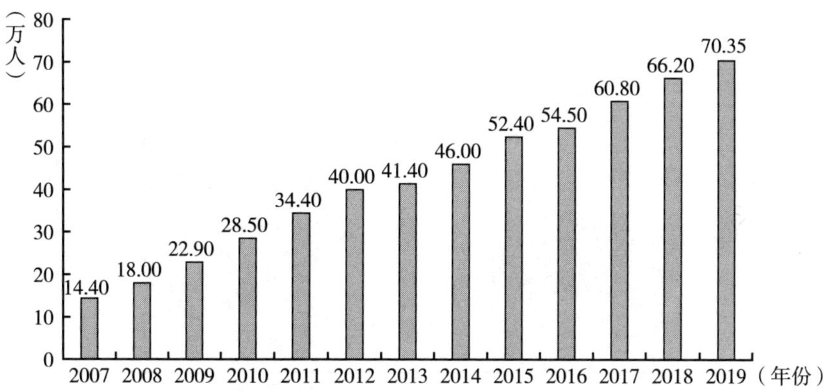

图1 2007~2019年中国出国留学生人数

资料来源：教育部《2019年度出国留学人员情况统计》。

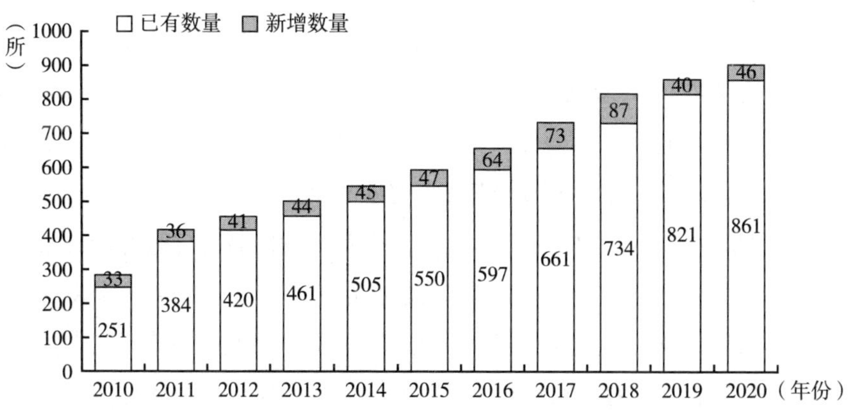

图2 2010~2020年中国国际化学校数量

资料来源：新学说《2019中国国际学校发展报告》。

据统计，截至2019年，中国各类高等教育在校学生人数总规模为4002万人，全国共有普通高等学校2688所（含独立学院257所），比上年增加25所，增长0.94%。其中，本科院校1265所，比上年增加20所；高职（专科）院校1423所，比上年增加5所。全国共有成人高等学校268所，比上年减少9所；研究生培养机构828个，其中，普通高等学校593个，科研机构235个。

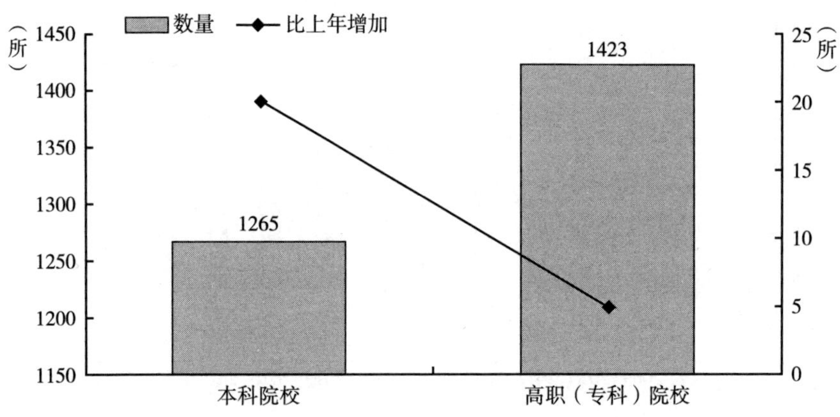

图3　2019年国内普通高等学校情况

资料来源：教育部《2019年全国教育事业发展统计公报》。

在过去10年里，我国大学数量增长非常迅猛，但相比于发达国家，我们目前人均拥有的大学数量还是非常低的，拿日本的数据为例，截止到2017年，日本共有在招生的大学764所，其中国立大学82所，公立大学87所，私立大学为588所，文部科学省管辖外的大学能够取得学士学位的共有7所。其中私立大学占总体的77%。这其中获得我国教育部认可的日本大学为734所，而我们都知道日本的人口约为1.27亿，15岁以下的人口约为1550万，按照人均拥有大学数量做比较，日本是我国的2.5倍多。[①] 如果与目前高等教育最发达的国家美国相比，我们人均大学资源显得更为贫瘠，截

① 日本旺文社教育信息中心，http：//eic. obunsha. co. jp/。

至2019年，美国拥有两年制的高等职校有1685所，四年制大学有3039所，这两类颁发学位证书的学院及大学加起来有4724所。在这4724所院校中，其中1826所是公立学院，1913所是私立非营利性学校，985所是营利性学校，而美国的人口大约是3.27亿人，人均拥有大学数量约是我们的7倍。[①]高等教育体系的发达程度直接决定了其国家的科技实力，这也是美国目前依然是全世界最大的留学生吸纳国的原因。而目前中国学生如仅仅通过高考升学，每年近千万的高考考生本科录取率仅为43%，985大学录取率仅为2%，即使像北京、上海这种高考压力相对较小的城市，其985院校录取率也不到6%。选择就读国际学校或者直接出国留学的学生，是为了避免国内高考的激烈竞争，选择到国外升学。疫情的发生，可能会暂缓某些留学需求，但从长期来看，中国学生对留学的需求是长期存在的。

那么疫情对中国的国际教育到底带来了哪些方面的冲击呢？

二　疫情对留学市场带来的影响

（一）疫情对2020年毕业学生海外大学申请的影响

对于2020年6月毕业的高中学生，总体来说此次疫情对其大学的申请并没有太大的影响，因为绝大部分大学申请都是在2020年1月底之前就已提交，而那个时候国外的疫情并不严重，截止到2020年3月，海外大学的预录取通知书陆续开始公布。但随着海外疫情的加重，尤其是中国学生留学目的地的前四位：美国、英国、澳大利亚和加拿大等国家关闭了高中和大学的线下课程，而直接改为网课形式，加上此时恰遇西方学校的春假（3月中旬~3月底），这些国家也是鼓励海外的留学生利用假期回到自己的国家，所以2020年毕业的这批高中留学生最终用于申请海外大学的12年级的成绩有一部分是网课的成绩，而为了让留学生都能够顺利毕业，加上海外的政府

① 美国教育部官方网站，https：//www2.ed.gov/rschstat/catalog/index.html。

与学校也都是第一次遇到疫情停课这种情况，都没有准备好上网课的很多基础工作，最后的结果就是都给学生一个相对较高的网课分数，这样就整体拉高了学生整个高中的 GPA 分数，这对学生最终的大学申请肯定是有利的。而对在国内申请海外大学的学生来说，因为从 2 月份就关闭了雅思、托福以及 SAT 等考试，很多学生没有办法提供最终的英语标准化考试成绩，这也促使海外大学在这个时候降低了标准化成绩的录取要求，总的来说对于 2020 年毕业的这届学生大学申请是有利的。

此外还有一个数据也反映了 2020 年海外大学申请的利好，疫情影响了全球的经济，的确也导致很多已经拿到录取通知书的学生的家庭经济受到了一些影响，从而不得不推迟或者放弃海外的留学生涯，于是许多海外的大学在降低录取条件的同时还升级了其奖学金政策来维持其留学生的数量。

另外，很多大学直接针对其在校的学生发放疫情期间的生活补贴，以帮助学生能够顺利地修完学业，如加拿大的滑铁卢大学、麦吉尔大学、麦克马斯特大学等都推出了疫情期间针对学生的补贴政策。滑铁卢大学成立了学生紧急助学金项目以帮助此次受疫情影响的学生，这个助学金对加拿大本土学生和国际留学生都适用，最多可以申领 6000 加币。[①]

（二）疫情对2021年中国学生海外大学本科申请的影响

2020 年下半年海外疫情越来越严重，而中国国内疫情逐步得到控制，9 月份之后国内学校基本上正常开学，学生也都恢复了正常的学习生活，2021 年 6 月份毕业并将要去海外读本科的学生会受到哪些影响？

结合 12 月份发布的美国顶级大学早申（Early Application）的数据，可以看到美国名校的申请人数 2021 年比 2020 年有较大的增长。康奈尔大学一共收到 9000 多份早申，相比去年增加了 2370 人，增长率近 36%。杜克大学收到了 5000 多份申请，申请人数与上年同期相比增长约 20%。布朗大学早

① 引自加拿大滑铁卢大学官方网站、加拿大麦吉尔大学官方网站。

申的申请人数增长了16%。另外，佐治亚大学、北卡罗来纳大学教堂山分校的早申人数的涨幅都达到了10%以上。

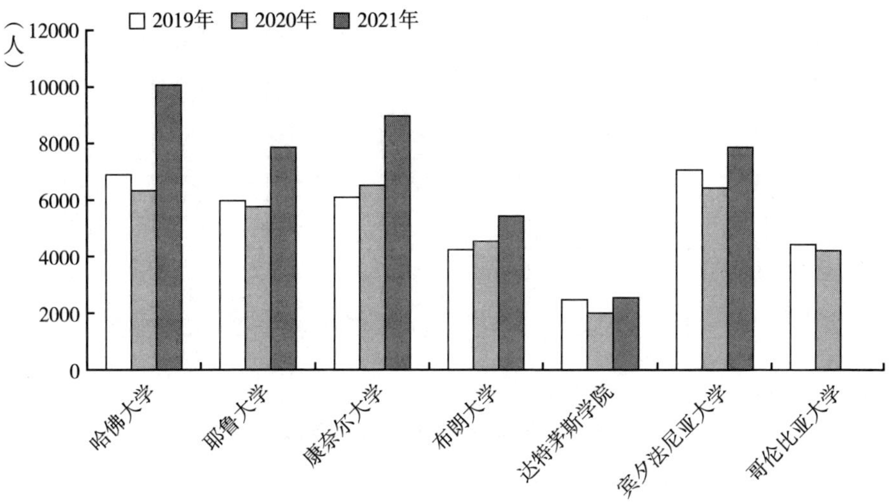

图4　藤校2019～2021年早申人数

资料来源：美国各大学官方网站公布数据。

申请数量的增加，带来的肯定是名校录取率的降低（见图5），其中哈佛大学的录取率只有7.4%，耶鲁的录取率降到10.5%，皆为近三年的最低值。

从此次秋季早申的数据和录取数据可以看出来，美国顶级大学的申请几乎完全没有因为疫情而受到影响，这甚至与之前很多美国教育工作者的预测和担心是相反的——之前他们预测疫情期间美国这些学校的申请数量会下降5%～20%，相应的入学率也会降低。针对目前这个现象，哈佛招生和财政援助处主任 William R. Fitzsimmons 做出解释，他认为有三个主要原因：一是大学为学生提供了史无前例的财政援助计划，非常具有吸引力；二是国际学生网上招生和宣传力度加大；三是这些顶级大学的录取不再要求SAT等标准化考试成绩，而是将之作为可选项，等于直接降低了申请门槛。

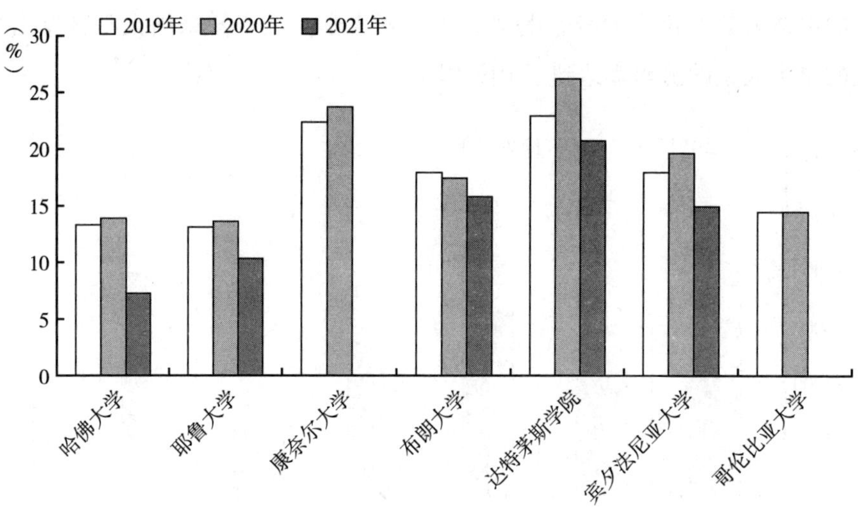

图5　藤校 2019~2021 年早申录取率

资料来源：相应美国大学官方网站公布录取数据。

表1　美国部分顶级大学 2020~2021 年申请录取情况

单位：人

学校名称	2020 年秋早申请	2021 年秋早申请	2021 年国内国际高中	2021 年海外高中
哈佛大学	8	7	4	3
耶鲁大学	13	11	6	5
麻省理工学院	15	9	2	7
斯坦福大学	13	23	9	14
哥伦比亚大学	16	18	3	15
宾夕法尼亚大学	31	24	8	16
加州理工学院	3	4	1	3
约翰斯·霍普金斯大学	39	31	24	7
西北大学	33	21	12	9
达特茅斯学院	11	7	5	2
布朗大学	16	19	15	4
康奈尔大学	96	75	53	22

资料来源：美国大学官方网站公布的录取数据。

此外，我们看到在名校早申录取榜中（见表1），来自国内的国际高中的录取人数约是海外高中录取人数的 1.3 倍，充分证明了近几年国内国际高中的教育质量在稳步提升，以哈佛的录取情况为例，2021 年录取的 4 名国内国际高中生中，有 3 名是中国籍学生，分别来自上海 WLSA、广外 AP 国际班以及深圳中学国际部。

（三）疫情对在读的中国留学生的影响

目前疫情对在读的中国留学生的影响主要体现在：疫情期间回国来的学生，目前绝大部分都只能在国内上网课，时差以及自我学习能力、时间管理等因素，都导致网课的教学质量大打折扣。如加拿大和英国等某些国家的边境在 8 月底的时候已经向留学生进行了开放，于是少部分学生暑期结束之后还是回到了海外继续留学，但是他们目前在海外的上课状态还是以网课为主。这部分学生继续回到留学目的地的原因如下：（1）很多 K－12 或者大学的特殊课程无法网上进行；（2）某些海外留学目的地的疫情基本在可控范围之内，如加拿大；（3）当地政府和学校针对疫情采取了入境后 14 天隔离，以及小班制、固定班级等政策，并且强制学生在校内佩戴口罩。这些措施使得这些学生和家长认为留学依然是相对安全的。

针对目前在加拿大境内的中国留学生群体，远播教育研究院开展了一项名为“疫情之下，加拿大中国留学生学习情况”的抽样问卷调查。参与问卷调查的学生一共 62 人，其中 31 名中学生、31 名大学生。他们当中 41 人在加拿大 BC 省，10 人在安大略省，1 人在阿尔伯塔省，其他 10 人在中国境内通过网课的形式进行加拿大大学课程的学习。远播教育研究院就目前留学生上课的形式和效果进行询问，调查发现如表 2 所示。

表 2 “疫情之下，加拿大中国留学生学习情况”调查结果

单位：人，%

问题	回答人数	百分比
1. 您目前的授课形式		
网课	26	41.9
面授	19	30.6
网课 + 面授	17	27.4

续表

问题	回答人数	百分比
2. 您对目前授课的模式是否满意		
满意	41	66.1
不满意	21	33.9
3. 您上网课，与面授相比，您有什么感觉？		
网课模式变简单了	6	9.7
网课模式变难了	22	35.5
差不多	21	33.9
我是面授	13	21
4. 疫情对您的学习造成了什么影响？（多选）		
压力变大了	38	61.3
与同学关系更远了	32	51.6
课业变难了	29	46.8
课业变简单了	11	17.7

资料来源：远播教育研究院的问卷调查数据。

调查结果显示，目前选择回到加拿大的学校通过面授方式上课的学生占30.6%，其余学生都是采用纯网课或者网课和面授相结合的方式学习。对于疫情之下的多样教学模式的学习效果，学生的满意度是66.1%。在这场疫情的影响下，加拿大的中学和大学的教学模式都发生了重大变化。以BC省的中小学为例，在疾控中心的指挥下，学生采取群（Cohort）分组模式以及保持安全距离的形式，即在教师和学生人数限定的情况下学习小组可以互相接近，但不可以接触该组以外的人员以降低传播概率。在高中阶段，原来的学期制或学年制改为小学期（Quarter）制。以前学期制的学生一个学期可以选四门课，一年是两个学期，而学年制的学生一学年学八门课。现在一年四个小学期，每个小学期上两门课。这样的好处是学生可以更集中时间学习课程，同时减少因走班轮换教室而造成更多师生间的接触。对于毕业班的学生，这种小学期制也可以让学生提早拥有部分12年级学术课程的最终成绩，对于申请大学相对是有利的。但是，在我们的问卷调查里也发现不少中学阶段的学生也觉得现在这种上课的压力更大：两门课需要在10周之内完成，老师授课的强度和密集度大。现在学生如果缺课一天，等于以前缺课三天。在这样的快节奏的教学进度中，学生需要更快掌握所学的知识点。如果想取得好的成绩，学生需要保持高度的专注力，这对学生的学习效率提出了更高的要求。目前高中阶段小学期的体系制度，是在疫情之下的特殊方案，为的是在保证学生（特别是10～12年级高中学生）学习不受疫情影响和保证老师、学生健康安全之间找到一个平衡点。

大学的课程除了要使用实验室等有特殊需求的专业外，一般都是以网课为主，甚至有的加拿大大学宣布网课形式将持续到2021年9月。问卷调查结果显示，网课实施过程中最困扰海外学生的是时差问题。部分在中国的学生由于时差，经常需要黑白颠倒、熬夜上课。对于在加拿大境内通过网课学习的大学阶段留学生来说，网课的学习效率相对较低，因为对学生的自我管理和时间规划能力要求更高。同时，由于脱离学校环境、脱离同学群体，缺乏与老师同学的交流，很多学生感到孤独以及学业压力大。这不只是国际学生所面临的挑战，连加拿大本地的学生也有诸多此类问题。

从疫情暴发以来，据不完全统计，有近20%的中国留学生（包括部分低龄的学生）一直未回国，而是选择继续留在了海外，一方面是因为中国的“五个一”政策导致通航的航班非常少，机票很难买到，另一方面国家要求乘机人必须提供48小时的核酸和血清检测也是一个门槛，于是很多学生就干脆选择继续留在国外。对于这部分同学，在海外疫情暴发之后，中国驻海外的领馆也给他们提供了一系列的支持和帮助，加上9月份之后海外的学校也都逐步恢复了教学工作，他们目前的学习与生活都算正常。

疫情暴发初期，大量海外留学生积极帮助国内抗击疫情，在海外募集医疗物资送回国内，在海外疫情暴发之后，他们又继续在海外抗击疫情，真是非常不容易，这也充分体现了中国留学生的家国情怀和社会责任担当。随着国外疫情和中美关系的变化，美国特朗普政府出台了一系列的政策限制美国大学一些专业对中国学生的录取，并禁止发放相关人员签证和驱逐了部分中国政府公派的留学人员。《美国国家安全战略纲要》指出：“要通过限制STEM专业（Science科学、Technology技术、Engineering工程和Mathematics

数学）留学生签证来保护美国的知识产权和高科技不外流，不被盗取。”①这一纲要的确会导致少部分学习人工智能、航空航天制造、核能源等敏感专业学生的留学签证更难获得。但是从目前美国本科专业申请的数据来看，这个纲要并没有对申请本科的学生产生影响，其主要针对的还是研究生（PHD）层级。但是依然值得申请美国的学生注意，如果打算申请美国大学的一些敏感专业，还是要提前做好两手准备。如在2020年8月26日，美国北得克萨斯州大学（UNT）突然宣布终止与获得CSC（国家留学基金委）奖学金的中国访问学者的合作关系，并要求他们在一个月内离开美国。目前虽然只有这样一例相关的报告，但已经是一个明确的信号，美国会对目前在其大学的中国政府公派留学生进行更加严格的审查。

（四）疫情对留学中介的影响

疫情对留学中介机构的影响，用一句话总结就是：从年初的“黑天鹅”变为整整一年甚至更长时间的“灰犀牛”，由于海外疫情的逐步加重，虽然在大学录取上没有太大的影响，但是由于边境关闭或者是国外领馆签证服务关闭都导致很多新的留学生无法出境，这对整个留学行业的服务来说大大增加了不确定性，导致其服务成本的上升。此外，许多家长和学生就2021年9月是否出去读书也依然持观望态度，虽然现在正加快疫苗普及但是疫情的变异走势还是一个未知数，在不确定性面前，很多家庭无法做出一个坚持留学路径的决策，这也直接导致了留学服务市场的萎缩。目前能够得出的结论是，留学市场的需求依然存在，但是留学中介服务机构的生存处境异常艰难。总结导致留学行业进入至暗时刻的因素如下：

——无法准确预测全球疫情结束、正常生活恢复的时间；

——主流留学国家控制疫情的措施不给力，针对国际学生的政策及排华的舆论导致留学恐慌；

——全球经济下行，留学的巨大支出会影响更多普通家庭的教育投资决策；

① 《美国留学选专业注意：签证中最常被check的14个专业!》，留学监理网，2021年5月7日。

——各类语言考试取消或延后、签证中心关闭等门槛类条件致使大量意向学生选择延后或放弃；

——国内国际学校以及大学的国际项目扩大招生规模对留学也是一大冲击；

——中国抗击疫情的实效让国民更有民族自信，很多家庭不再盲目追求国外的教育与生活，长期来说对留学市场带来负向影响。

（五）主流留学目的地国家疫情当下的留学相关政策影响

1. 对美国留学生签证以及入境方面的影响

在 2020 年中国疫情出现之后，美国驻中国的各个领馆在 2 月初相继关闭了中国留学生的赴美签证申请。2020 年 6 月 16 日，美国驻上海领馆、北京领馆和广州领馆的网站上开始开放接受留学生签证申请预约，成都和沈阳领馆的签证中心依旧关闭。2020 年 9 月新入读美国大学的留学生，都可以选择延期入学或者在国内上网课的形式。

截至收稿前，美国边境对中国依然处在关闭状态，疫情期间回国的学生绝大部分依然是在以网课的形式继续着大学学业。

2. 对加拿大留学学生签证及入境方面的影响

2020 年 9 月 15 日前递交的境外学签申请分为两个阶段审核模式（2 Stage Processing），学生可获得学签预批信在境外上学。如果申请人因新冠肺炎疫情影响而无法提交学习签证申请所需的文件（除了录取通知书），加拿大移民局 IRCC 将不会因此拒绝申请，但申请人需要写解释信，一旦获得文件需要上传给移民局。同时，加拿大方取消原来必须在 90 天内提出恢复身份申请（Restoration of Status）的限制，延长到 2020 年 12 月 31 日，并对目前在加拿大境内的临时签证申请人（学签、工签、小签、相关延期）豁免生物信息采集。

2020 年 10 月 20 日起，加拿大对国际学生采取了无限制入境政策，只要其入读的学校符合防疫规定、其学校在移民局公布的名单上即可入境。温哥华机场联合加拿大海关也针对首次入境温哥华的国际新生有新的便利措施，可节省学生第一次入境加拿大在海关领取学签文件的时间。国际学生的父母可以免除国际旅行禁令限制，和子女一同过海关入境加拿大；如果父母之后来探望在加拿大学习的子女，需要先申请豁免支持信，之后即可持旅游签入境加拿大。

3. 对英国留学学生签证以及入境的影响

随着 2020 年 1 月 31 日英国的正式脱欧，英国大学对于原欧盟国家的学生来说都变成了“国际学校”，从这点来说无疑会增加中国留学生申请英国大学的难度（与欧盟国家学生一起参与申请竞争），当然另外一个方面就是原来选择英国大学作为目标的欧盟学生会因为英国大学高昂的学费而转向申请欧盟内其他国家的大学，如法国、德国、意大利等。总的来说，英国政府对留学经济一直看得比较重，加上疫情也对英国的经济产生了较大的负面影响，于是英国政府和大学也推出了一系列针对国际留学生的利好政策，UCAS 的数据显示，截至 2020 年 10 月 15 日，有 4340 名中国学生递交了英国大学申请，比去年同期的 3310 名学生增长了 31%。疫情期间申请人数不减反增，说明下列英国针对留学生的积极政策起到了很大的作用：

①针对国际学生降低录取的英语标准化语言成绩要求，并降低相应的学费，如卡迪夫大学、贝德福特大学等；

②因为国内英国签证中心 6 月份才重新开放，为了让学生能够正常获取签证到英国，很多英国的大学推迟了开学的时间，如邓迪大学等；

③对疫情期间滞留英国的留学生，尤其原来只持有 3 个月短期签证的学生可以在英国直接申请长期的 T4 学习签证；

④已经拿到英国大学录取通知的学生，可以不用着急去英国，或者申请 T4 学习签证，而是根据英国大学要求在国内选择上网课的方式学习即可获得学分；

⑤疫情期间针对持有 T4 学习签证的国际留学生，没有入境限制的要求，部分地区要求提供核酸检测结果，但要求入境之后自我隔离 14 天，这是所有英语系国家里面最宽松的入境政策；

⑥更新了 PSW 签证政策（Post Study Work）[①]，对诸多英国大学在读的留学生来说十分利好，远程学习即将毕业的学生也可以获得 PSW 工作签证，即在英国留学的 2020/2021 届留学生在 2021 年 9 月 27 日前抵达英国并在英国完成最后一学期的学业，他们仍然有资格进入研究生移民通道。

4. 对澳大利亚留学生签证以及入境的影响

在国内疫情暴发初期，澳大利亚政府就宣布了禁止外国公民入境的政策，这无疑把 2020 年 2 月份准备入境留学的国际学生排斥在外，但是好在澳大利亚的大学也随即宣布学生可以选择延期入学以及上网课的方式进行学习，截至目前澳大利亚的边境对于国际留学生来说还是关闭的，中国留学生依然无法入境。但是澳大利亚政府在疫情期间也有一些针对国际学生的比较人性化的政策：

①对于因受疫情影响而无法按时完成课程的国际学生，提交签证续签的时候可免交签证费；

②学生在澳大利亚境外上网课的学习时间也可以算在澳大利亚境内学习时间，不影响他们毕业后申请 PSW485 工作签证；

③被困在海外的毕业生可以在境外申请 PSW485 工作签证。

三　疫情对国内国际学校和留学类外语培训市场的影响

（一）疫情对国内国际化学校的影响

从图 2 可以看出，2019 年全国获得国际课程或管理认证的国际学校增量为 40 所，创近年新低，其增长率为 4.87%；而 2020 年，在疫情之下新增获认证国际学校 46 所，增幅为 5%。说明疫情虽然带来了留学服务市场的

---

① PSW 是英国政府针对国际留学生移民的一个重要政策，旨在让拥有毕业文凭的国际留学生在毕业后有五年时间在英国找工作或者开展商业活动，后续学生的 PSW 签证可续签 T1 中的任何签证，比如高技术移民（HSMP）。

低迷，但是没有减退国内国际教育的市场热度。这从家长的心态也可以理解，在海外疫情不确定的情况之下，最妥善的解决方案就是选择国内的国际学校。所以整体来说，国内疫情得到很好的控制，对国内的国际化学校是一个利好的发展机遇。

从教学的角度来说，疫情对国内国际化学校带来很多的挑战和机遇。

①疫情期间只能开网课，但是无论是教师还是学生，对网课这个其实并不新鲜的事物都没有经验。教师在做直播的时候对网络教学课件的制作不熟悉，对直播中的学生在线学习管理没有经验，对新的在线教育系统的使用也不熟练，与传统的课堂教学相比，学习的效率大大降低了。由于没有课堂的学习氛围，学生在家上网课注意力往往不集中，经常用电脑或者 Pad 上课时也在浏览别的网站。

②大量外教的流失。2021 年初寒假期间，很多外教回国了，没能够赶在中国对外国公民关闭边境之前回来，只能滞留在了国外，导致国内的国际学校外教紧缺，而不得不更多地使用双语教师（包括海归留学生教师），这给教学质量带来了一些不稳定性和不确定性。一些国际化学校为了防止外教的流动，也出台了更好的针对外教的薪酬福利政策（薪酬增幅超10%），以便稳定住他们，根据远播教育研究院对上海的 3 所国际学校的负责人的访谈，学校的外教 2021 年寒假之后都有超过 30% 的流失，但是由于国内在 3 月份迅速控制住了疫情，国内外教离开的数量也随之减少，加上学校 6 月份才开学，也给了国际学校足够的时间进行外教的补充招聘。此外，因为疫情期间有较多的语言培训机构倒闭，而这些机构中一些没有回自己国家的外教也需要重新找工作，这对于国际学校的外教招聘来说也算是解了燃眉之急。疫情期间，中国政府对居住在中国的外国公民也加强了管理，相关的一些限制性跨境旅游出行的政策可能会影响到其居住的体验，但是中国当下成为全世界最安全的居住环境恰好也是一个吸引更多外教来中国的原因，本文推测，一旦中国的签证和边境放开，一定会有更多优秀的外教会选择到中国来工作，这对很多国际学校来说也是一个好的发展机遇。

③疫情带给中国的国际化学校走出中国的机遇，中国在“一带一路”沿线国家的影响力越来越大，中国在抗疫中取得的成绩全世界有目共睹，随着中国影响力在全球的提升，融合了汉语和中国文化的国际课程是未来国际课程发展的新方向。

④市场招生方面，由于2021年上半年截至6月份，国际学校无法正常开学，也无法正常组织招生说明会以及访校等活动，大部分国际化学校的招生在前期受到了一些影响。但由于9月份很多低龄留学生无法直接出国，要么选择在家上网课，要么选择国内国际学校，这又给了国际学校生源补充，总的来说9月份秋季的招生不会受到大的影响，且目前国际教育的长期市场对国内的国际学校是利好的。

（二）疫情对留学外语类培训机构的影响

基本上来说，疫情对留学的语培机构有着非常大的负面影响，无论是头部的新东方还是一些中小型的语培机构，由于疫情期间无法正常开学，都面临着大量的退费情况。据不完全统计，全国因为疫情而倒闭的中小培训机构有几千家，仅上海就超过1000家；核心原因之一就是线下教培行业是疫情期间最晚复工的行业，加上这期间高昂的房租成本（培训机构至少要求300平方米以上的面积），直接导致很多培训机构资金链断裂。比较典型的有上海芝麻街英语、迪士尼英语、优胜教育等机构。2020年中，新媒体“校长邦”对全国各地2000余位中小教培机构投资人及校长进行了一次调研后，发现疫情对全国教培机构的营收影响是巨大的，91%的投资人及校长皆表示疫情对学校运营带来了较大影响，其中暂停经营的占了35.6%，面临倒闭的占了31%，还有26.4%的机构处于勉强维持的状态。截止到2020年9月30日，全国范围内吊销注销的教育培训机构数量近10万家，60%的教培机构处于入不敷出的状态，20%的机构挣扎在生死线上，只有10%的机构收入成本能够持平或略有盈利。

此外，之前有很多语培机构还开设有游学业务，出于疫情的原因2020年这个板块的业务也基本上是颗粒无收，据远播教育对一些传统培训机构的采访，发现其特定的商业模式在疫情面前几乎没有抗打击的能力，一些机构想要转线上教育，发现其实也并不容易，遇到的最大问题是很多家长对在线培训的效果不认可，认为在线课堂不大适合学生学习，尤其是在线的班课中，老师与学生的互动性太弱，学生由于没有课堂学习氛围，上课也不专心，加上很多家庭的网络速度与稳定性都不高，常常在上课过程中出现画面停顿、听不清教师讲课的情况。对传统的线下培训机构来说都很难完成线上教育模式转型，加上线上教育2020年竞争激励（头部企业学而思、作业帮、猿辅导、跟谁学业务已经非常成熟），客户流量的获取成本巨大，让很多培训机构对转型望而生畏。

四　对国际教育未来发展的展望

在2020年12月7日开幕的国际人工智能与教育会议上，教育部部长陈宝生表示疫情终将过去，但世界已回不到过去，教育也不会是原来的教育。中国认为教育必须面向世界，与各国共同发展，将始终坚持教育对外开放不动摇，打造“一带一路”教育行动升级版，着力鼓励出国留学，完善留学中国的政策与服务，积极引进优质教育资源。

相信未来中国的国际教育会蓬勃发展。2021年1月12日英国牛津大学发布录取榜单，一共发了3500多份本科录取通知书，其中134名中国学校的学生被录取，而在1月25日的剑桥大学录取榜单中，录取了4701名本科生，其中有130名中国学生被录取。此外，美国大学基本上都延长了2021年秋季入学申请的时间和录取榜发布时间，2020~2021年申请季美国大学申请数量高达5583753人，比2019~2020年申请季增长了10%，而国际学生整体的申请数量增长了9%，相信2021年国际学生的整体录取人数一定会再创新高。目前中国学生喜爱的排名第三的留学目的地加拿大同样如此，除了加拿大排名前十的大学申请量依然巨大外，加拿大的研究生项目以及一些专科Diploma项目也开始受到更多国内已就业人群的关注，影响这个趋势的主要原因是疫情期间加拿大留学生移民政策的更多利好和诸多大学对中国留学生的开放与热情。据渥太华官方新闻报道，加拿大政府总共预定了4000万剂疫苗，将于2021年9月之前完成交付。国际留学生只要符合疫苗接种的年龄要求，可以跟本地加拿大人一样免费接种，这对于在海外的留学生来说无疑是一个好消息。

此外，在抗击疫情方面，中西方国家对待疫情一些行为也让很多国人更深刻地认识到了西方价值观的劣势和社会主义核心价值观的优势，这也导致很多中国人不再盲目迷信西方的所谓自由民主的社会体系，也让他们对国际教育的选择更加谨慎，尤其是低龄的留学生（12年级以下）。教育部在2021年1月6~7日的工作会议上，也针对低龄留学的现象表明了态度，原文指出“要全面推进教育开放提质增效，深化国家公派出国留学体制机制改革，建立不鼓励、不提倡低龄出国学习的制度政策，加大中外合作办学改革力度，加强外籍教师聘任与管理”。低龄留学的现象这些年在中国非常普遍，核心的一个原因还是国内普通高中对招生人数和普职比存在限制。在这种情况之下，一些家庭就选择了体制外的升学路径，要么在国内读国际化课程学校，要么就是直接到海外留学读高中甚至是初中。但是在西方发达国家的疫情出现后，低龄留学生在当地的学习和生活都面临巨大的挑战，网课对于低龄留学生的自律性要求更高，寄宿家庭也不愿意继续接受留学生，加上回国一票难求，产生了诸多让中国学生和家庭焦虑的问题，所以教育部在2021年年初会议上表明了不鼓励和不提倡低龄留学的态度。本文推测，后续会出台一系列基础教育阶段管理政策，让低龄留学降温。但是与此同时，留学作为中国学生升学路径的一个重要选择，更多的决策权依然是在家庭及个人这端，要彻底地解决低龄留学问题，核心在于我国自身教育的提质。

疫情之后，中国与西方大国的竞争会进一步提升，核心依然会围绕科技领域，最终体现在高科技人才的竞争上。在此现状下，中国势必会进一步提升基础教育的质量，加大对基础学科理论研究的力度，加强教师队伍建设，进一步促进大学中外合作办学项目的发展，在原有强调教育公平的战略中增加提升教育质量战略，以使中国教育培养出更多具有国际竞争力的人才。美国的教育战略从奥巴马时期的“不让一个孩子掉队”到“下一代科学标准”，都毫不保留地把对学生的科学素质教育放到了其教育战略的首要位置，加上其公布的系列科技产权保护的相关政策，也充分地体现了其一直想要掌握全球科技霸权的国家意志，从这点来说，中国教育必须继续保持开放，要“引进来与走出去”两条腿走路，“教育强国”的目标才能实现，西方的教育理念、办学模式和人才培养模式还是有很多值得我们借鉴学习的，让很多学生能够走出去、与不同国家不同地区的学生进行交流、增进学生对不同民族文化价值观的理解也是培养国际化人才的必要途径。教育部在2020年6月发布的《关于加快和扩大新时代教育对外开放的意见》中非常明确地阐述了这一思想，该意见明确指出中国目前已经是全世界教育最为开放的国家，目前经教育部批准和备案的各层次中外合作办学机构和项目近2300个，其中本科以上机构和项目近1200个，在引进优质和多样化的教育资源方面，中国已经取得令人瞩目的成绩，但是依然要继续为加快和扩大教育对外开放制定和完善系列保驾护航的政策。同时，围绕“一带一路”建设，“走出去”办学也成为我国教育对外开放的重要内容。目前，中国的高校在近50个国家举办了100多个不同类型和层次的境外办学机构和项目，积极推进建立中国特色国际课程的合作平台，疫情后中国也进一步完善了海外留学生来华留学的系列政策，如留学生来华留学学历认证、中国政府奖学金工作管理办法等，同时建立52个来华留学生示范基地，积极打造“中国留学”的品牌，中国目前也成为全世界第四大留学生进口国（仅次于美国、澳大利亚和加拿大）。从这些信息和取得的成绩来看，国际教育在中国的发展刚刚起步，正在迈入一个高速发展期。

学前教育发展方向与生态变革*

张守礼　冉 甜**

摘　要：本文系统回顾了2010年来政府重建学前教育公共服务体系的努力，反思了疫情中学前教育困境、应对策略及不足，当以此为契机，进一步推动学前教育深层改革，提出“20年代”学前教育发展方向：基于学前教育快速发展、人口出生率变化和人口流动趋势，调整学前教育规划布局；打破学前教育所有制背景下的“双轨制”，建立学前教育公共服务体系2.0——建立真正普惠、公平的学前教育；着重提升学前教育质量，解决幼儿教师待遇、专业化成长、课程建设、评价体系等问题。最后，本文对学前教育行业一些热点问题进行分析与展望。

关键词：疫情　“20 年代”　学前教育公共服务体系　双轨制　质量提升

2020 年对于学前教育而言，是一个有着特殊“代际”含义的年份，2020 年是自 2010 年以来轰轰烈烈的学前教育 10 年改革与发展的收官之年，回顾总结 10 年改革与发展的总得失是一个重要的时代课题；2020 年本身亦是一个非常之年——疫情对学前教育产生重大影响，疫情之后，当有对学前

---

* 本文写作得到新公民计划魏佳羽、三槐堂教育王剑、蓝象资本宁柏宇老师的帮助和支持。

** 张守礼，奕阳教育董事长，21 世纪教育研究院理事长；冉甜，奕阳教育《学前教育公共政策观察》主编。

教育困境的体制性因素的反思；2020 年亦是“20 年代”的开端之年，改革开放以来曲折反复的学前教育发展，在“10 年代”大发展成就基础上，下一个 10 年又会走向何方？

一　2010年以来重建学前教育公共服务体系的努力

2010 年，国务院相继颁布《中国教育改革与发展规划纲要（2010～2020 年）》（以下简称《规划纲要》）和《国务院关于当前发展学前教育的若干意见》（以下简称“国十条”），这两个纲领性文件对中国学前教育新发展目标、方向、学前教育的性质定位、学前教育发展机制做了全新的表述和规划部署。面对学前教育的“短缺和薄弱”，在发展目标上提出：“基本普及学前教育”“重点发展农村学前教育”。针对前一阶段的“市场化”，在学前教育的性质、定位上，明确学前教育“是终身学习的开端，是国民教育体系的重要组成部分，是重要的社会公益事业”，“坚持公益性和普惠性，努力构建覆盖城乡、布局合理的学前教育公共服务体系”，面对政府投入与管理的长期缺位，提出“坚持政府主导，社会参与，公办民办并举”。由此中国学前教育发展出现了新的拐点，学前教育公共政策的取向发生了重大转折——重建学前教育公共服务体系成为学前教育发展的主旋律，学前教育也因此进入了全新的发展阶段。“国十条”中亦明确要求各省（区、市）以县为单位编制实施学前教育三年行动计划。政府全面部署和逐步推进三年行动计划是“重建学前教育公共服务体系”的主要工作模式。

回顾学前教育近 10 年发展，以顶层政策驱动为标志，其间经历了两个大发展阶段——2010 年启动的以总量扩张、普及化为主要目标的发展，和 2018 年开始的以确定学前教育的公办主导、回归公益性属性为目标的发展。经过这两个阶段的改革与发展努力，中国学前教育普及率得到大幅提升，“入园难”“入园贵”问题基本得到解决，而学前教育的属性也从市场化主导转变为公益性、普惠性学前教育体系主导。学前教育经费的公共分担比例也从 2010 年的 33.56% 提高到 2016 年的 47.30%，政府财政投入分担了近一半的学前教育成本。2020 年，全国学前教育总体上达到 85.2% 的普及率和 84.74% 的普惠覆盖率目标。学前教育毛入园率已经超越中高收入国家平均水平，普惠幼儿园的比例也已经超过 2018 年《中共中央　国务院关于学前教育深化改革规范发展的若干意见》（以下简称《意见》）界定的 80%。与之相应，学前教育质量得到了明显改善。

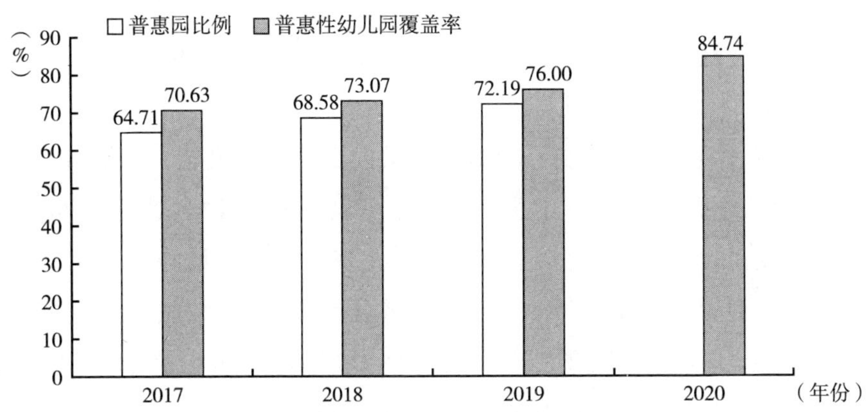

图 1　2017～2020 年普惠园比例及普惠性幼儿园覆盖率

资料来源：教育部官网，教育部 2021 年 3 月公布的数据尚未包含普惠园比例。

反思近 10 年来中国学前教育发展，以解决“短缺和普及”为重点，以“重建学前教育公共服务体系”为目标，以“政府主导、增加投入”为基础，弥补过往的缺位，经过多年的努力，在普及和普惠上取得了举世瞩目的成就。但学前教育系统性制度建设与学前教育发展并不匹配，基本制度体系和快速发展之间有着明显的断裂——基础制度建设的短板与学前教育部分领域仍然发展不足，已成为中国学前教育确保可持续长远发展所面临的更为迫切、更为关键的问题。而这些矛盾在疫情期间集中爆发和体现。

二　疫情中学前教育困境反思——学前教育“双轨制”下的所有制鸿沟

2020 年春季，疫情导致的大范围、长时间停学，对中国教育的所有学段都产生了巨大影响，对学前教育的影响更加明显。学前教育不同于国民教育的其他学段，民办比例高，到2019年民办园数量仍然占61.59%。民办园收入主要依赖保教费收入，加之民办幼儿园在2018年以来的普惠化加速浪潮下，生存空间已经被压缩，由于幼儿年龄的特点，亦不能线上开学。在春季未能如期开学的情况下，民办园普遍面临生存压力。

根据中教投研撰写的报告，截至2020年4月17日，在参与调查的385份来自全国各地、由民办幼儿园投资人和园长填写的问卷中，高达65.7%的受访者表示“目前账面现金已无法维持正常运转”，另有超过20%的受访者表示，账面现金难以维持一个月。在被问到“面对困难，您如何应对”时，31.8%的受访者选择给员工减薪，12.8%的受访者选择裁员，而17.2%的受访者选择了“主要管理层不发工资”。[①] 在疫情的重压下，民办园一方面向政府“呼救”，另一方面只能控制支出——采取减薪、裁员来缓解压力，甚至有的幼儿园及其教师通过卖烧烤、卖包子等副食自救。学前教育已经是防疫期间教育行业受损程度仅次于校外教培的领域。

2020年4月15日，教育部办公厅就各地做好疫情防控期间民办幼儿园扶持工作发出通知。通知明确要求，“各地要把为民办幼儿园纾困解难作为当前一项紧迫任务，聚焦民办幼儿园在疫情防控期间面临的突出问题，区别不同类型民办幼儿园，采取有效措施支持化解民办幼儿园面临的实际困难”。一些地方政府陆续出台了民办园的救助办法，个别地区力度不小，也有预见性。但从全国已经出台措施的地区来看，对幼儿园支持覆盖面小，各地基本沿用了正常时期对民办普惠园的支持办法，如资金补贴、房租减免、延期/减免纳税、社保减免、职工培训补贴等，对解决特殊时期民办园所面临的困难针对性不强。2020年5月份以后，各地陆续开园，南方大部分省份维持了两个月的小学期，虽然入园率比往年同期下降，但还是大大缓解了民办幼儿园的压力，北方省份中的北京、河北等地则一直到秋季

① 中教投研：《疫情下民办幼儿园经营状况调查报告》，https：//mp.weixin.qq.com/s/4xP0L1IDcDA5AFZwzxlN－Q，2020年4月26日。

才开园。

2020年疫情中民办幼儿园的艰难处境、各种刺激社会神经的自救、对政府救助的期待与及时性和覆盖面的不足，可谓对过去10多年学前教育发展中深层问题的集中暴露——学前教育公共服务体系中公办园和民办普惠园的投入双轨制，是学前教育公共服务体系中的新矛盾点，疫情中政府的救助不足事实上进一步削弱了民办园的力量。

当以疫情期间学前教育回顾反思为契机，进一步推动学前教育深层改革，以深入推进学前教育公共服务建设。

三　疫情防控常态化下学前教育发展展望

随着近10年学前教育加速发展和出生人口快速下降，学前教育将面临新的历史拐点——总供求关系平衡开始逆转，从总量扩张到结构均衡，21世纪“20年代”的学前教育发展和布局因应社会变迁，要尽早调整规划和布局。

（一）学前教育即将进入后普及时代，规划布局将面临重大调整

1. 新生人口快速下降、学前教育即将进入后普及时代

我国出生人口数量已经连续数年下降。自2015年全面放开“二孩”政策，2016年和2017年出现新生人口小高峰，新生儿数量分别为1786万、1723万，但“二孩”政策只是短期减缓了下跌趋势，2018年新生儿数量又降至1523万，2019年则下降到1465万。第七次人口普查数据显示，2020年我国出生人口为1200万人，我国育龄妇女总和生育率为1.3，已处于较低水平。据研究预测，“十四五”期间出生人口数量下降速度加快，有更多的城市将进入人口负增长时期。①

① 李月、张许颖：《我国“十四五”时期及中长期人口发展态势分析》，《人口与健康》2020年第8期。

结合学前教育发展相关数据来看，2020 年全国在园人数达到历史峰值，预计后面几年，幼儿园在园人数将逐步下降。2021～2023 年，学前教育将迎来总供求平衡的拐点，正式进入后普及时代。2023～2025 年，即使以 90% 的普及率估算，在园人数也将下降至 4000 万；2025～2030 年间，即使毛入园率为 100%，在园人数也将可能下降至 3000 万，学前教育的总量规模将进入一个剧烈收缩期。2020 年全国幼儿园总数 29. 17 万所，基于目前园所规模来静态测算，未来 10 年间，在园人数对应的园所总数量将缩减 15%～40%。

表 1　出生人口与学前教育发展情况

年份	出生人口（万人）	幼儿园数（万所）	全国幼儿园入园人数(万人)	全国幼儿园在园人数(万人)	全国毛入园率（%）
1991	2250	16. 45	—	2209. 29	28. 00
1992	2113	17. 25	1627. 55	2428. 21	31. 50
1993	2120	16. 52	1748. 79	2552. 54	36. 10
1994	2098	17. 47	—	2630. 27	41. 00
1995	2052	18. 04	1972. 35	2711. 23	41. 00
1996	2057	18. 73	1951. 65	2666. 33	41. 00
1997	2028	18. 25	1824. 37	2518. 96	40. 50
1998	1934	18. 14	1719. 96	2403. 03	39. 40
1999	1827	18. 11	1617. 54	2326. 26	38. 40
2000	1765	17. 58	1531. 11	2244. 18	37. 70
2001	1696	11. 17	1398. 22	2021. 84	36. 00
2002	1641	11. 18	1373. 61	2036. 02	36. 80
2003	1594	11. 64	1316. 79	2003. 91	37. 40
2004	1588	11. 79	1350. 30	2089. 40	40. 80
2005	1612	12. 44	1356. 24	2179. 03	41. 40
2006	1581	13. 05	1391. 25	2263. 85	42. 50
2007	1591	12. 91	1433. 61	2348. 83	44. 60
2008	1604	13. 37	1482. 71	2474. 96	47. 30
2009	1587	13. 82	1546. 86	2657. 81	50. 90
2010	1588	15. 04	1700. 39	2976. 67	56. 60
2011	1600	16. 68	1827. 31	3424. 45	62. 30
2012	1635	18. 13	1911. 92	3685. 76	64. 50

续表

年份	出生人口（万人）	幼儿园数（万所）	全国幼儿园入园人数(万人)	全国幼儿园在园人数(万人)	全国毛入园率（%）
2013	1640	19.86	1970.03	3894.69	67.50
2014	1687	20.99	1987.78	4050.71	70.50
2015	1655	22.37	2008.85	4264.83	75.00
2016	1786	23.98	1922.09	4413.86	77.40
2017	1723	25.50	1937.95	4600.14	79.60
2018	1523	26.67	1863.91	4656.42	81.70
2019	1465	28.12	1688.23	4713.88	83.40
2020	1200	29.17	1791.40	4818.26	85.20

资料来源：全国人口普查数据，教育部每年发布的《全国教育事业发展统计公报》。

2. 人口流动趋势与学前教育空间布局

影响学前教育发展的另一个人口趋势是持续的人口迁移流动。“改革开放以来，中国人口迁移经历了从‘孔雀东南飞’到2010年后的回流中西部，再到近年的粤浙人口再集聚和回流中西部并存。从城市层面看，近年向粤浙集聚的人口主要在大都市圈，而回流中西部的人口也主要是向大城市集聚。”[①] 中国已经进入都市圈、城市群时代。2019年，义务教育阶段“进城务工人员随迁子女”人数已超过“农村留守儿童”的数量。[②]

伴随着农村人口持续向城市迁移流动，尤其是向大城市和城市群迁移流动，学前教育的空间布局也需要被重点关注。2015～2019年，无论是城区、镇区还是乡村，幼儿园数量都在持续、快速增长；但是在园幼儿数方面，城区、镇区和乡村在园幼儿数却在分化，城区在园幼儿数大幅增加，镇区在园幼儿数只有小幅增加，乡村在园幼儿数却在下降。

反映在不同区域每所幼儿园在园幼儿数方面，城区每所幼儿园在园幼儿数基本持平在210人左右；镇区每所幼儿园在园幼儿数小幅下降，从2015

① 任泽平、熊柴：《中国人口大迁移的新趋势》，https：//mp. weixin. qq. com/s/YzCS－2RGfQ－YFq7DtkSTVA，2020年12月3日。

② 任泽平、熊柴：《中国人口大迁移的新趋势》，https：//mp. weixin. qq. com/s/YzCS－2RGfQ－YFq7DtkSTVA，2020年12月3日。

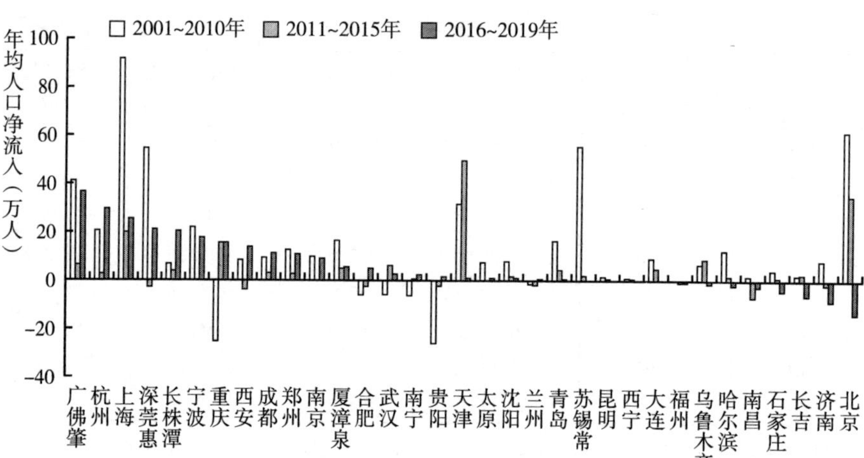

图 2　33 个都市圈近年人口年均净流入情况[1]

资料来源：各地统计局，“泽平宏观”。

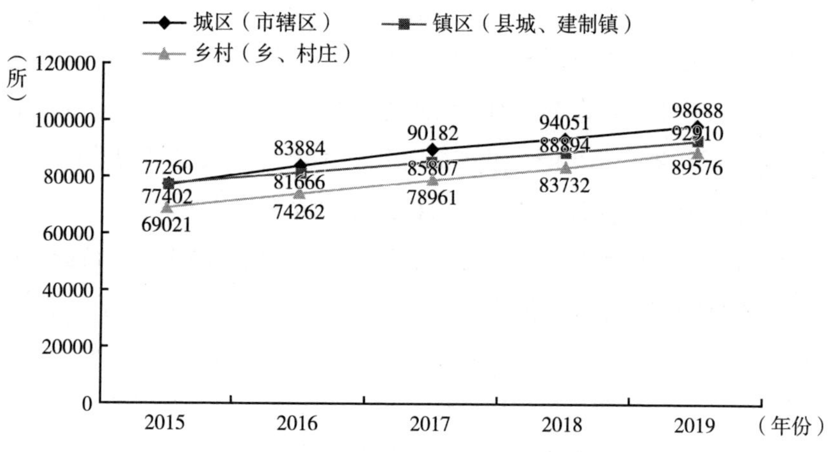

图 3　2015～2019 年城区、镇区、乡村幼儿园数量

年的 199 人下降到 2019 年的 177 人；乡村每所幼儿园在园幼儿数大幅下降，从 2015 年的 160 人下降到 2019 年的 121 人。

① 任泽平、熊柴：《中国人口大迁移的新趋势》，https：//mp. weixin. qq. com/s/YzCS－2RGfQ－YFq7DtkSTVA，2020 年 12 月 3 日。

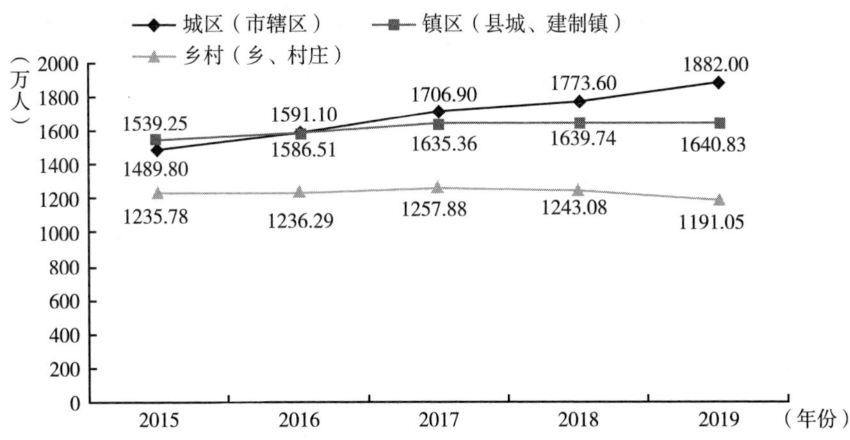

图 4　2015～2019 年城区、镇区、乡村幼儿园在园幼儿数

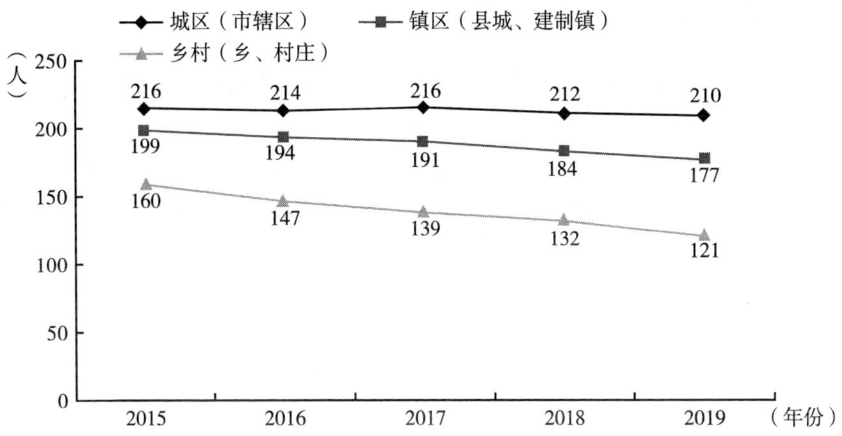

图 5　2015～2019 年城区、镇区、乡村平均每所幼儿园在园幼儿数

截至 2019 年，全国有 9478 个乡、251 万个自然村，在乡村幼儿园数量不断增长但每所幼儿园在园幼儿数却快速下降的情况下，政府需要更加谨慎考虑乡村幼儿园的布局。

2020 年 4 月，国家发改委印发《2020 年新型城镇化建设和城乡融合发展重点任务》的通知，提出要“督促城区常住人口 300 万以下城市全面取消落户限制、推动城区常住人口 300 万以上城市基本取消重点人群（进城就业生活 5 年以上和举家迁徙的农业转移人口、在城镇稳定就业生活的新生代农民工、农村学生升学和参军进城的人口）落户限制”。

数据来源：《关于构建更加完善的要素市场化配置体制机制的意见》，2020年4月；《2020年新型城镇化建设和城乡融合发展重点任务》，2020年4月。

图 6　2019～2020 年全面放开、放宽落户限制（个别超大城市除外）

这些新举措将进一步促进人口流动迁移，也将进一步加速学前儿童从乡村向城市，特别是向城市圈迁移的脚步。学前教育的发展和布局应充分考虑人口在空间结构方面的变化。

3. 后普及时代学前教育发展规划、管理

在学前教育的后普及时代，学前教育发展应该从“短缺和普及”为主线转向以“解决结构性失衡和重点发展质量”为主线的阶段。在 2010 年前后，义务教育已进入供求关系逆转阶段，近 10 余年的发展有不少经验和教训值得学前教育反思借鉴，以提前做好相应准备。

第一，从学前教育的城乡结构上，头部城市、城市群、大中城市将是入园难的焦点地区，尤其是在“积极抢人才”的一线城市更应该把学前教育这一公共服务的规划布局考虑在内，多举措持续增加学前教育供给，以更低的门槛和准入要求，保证流动人口的子女教育在流入地解决。这既检验城市管理者吸纳人口的诚心，也考验其管理和布局能力。在城市用地紧张、土地昂贵的现状下，城市应该大幅放宽幼儿园的场地、规模限制，给小微幼儿园发展空间。

第二，建立农村学前教育发展的弹性机制，在人口下降和农村人口持续流出的形势下，很多农村幼儿园面临着建完即“吃不饱”的状况，既要保证农村学前教育的兜底和扫尾工作，也应因地制宜发展农村学前教育，如山村幼儿园和非正规学前教育，避免过快地撤并幼儿园，让农村的孩子刚有入园机会又面临入园远、入园贵问题，也应避免资源错配，在农村建设标准幼儿园，甚至豪华、超标、超大幼儿园。

第三，在供求关系逆转的形势下，更有条件也更应该重在提升质量、因势利导，尤其要以“小园小班”、更好的师生比作为新的幼儿园标准和规范，作为改善质量的主要举措，避免像义务教育一样出现大班额、超级学校等问题。

第四，对于有余力的幼儿园，将学前教育向前延伸，可考虑纳入 0 ~ 3 岁早期教育，向托育一体化发展。

（二）学前教育公共服务体系2.0——建立真正普惠、公平的学前教育仍需改革攻坚

1. 学前教育发展的矛盾转换

建设普惠性学前教育体系是体现学前教育公益性的主要方式，也是解决“入园贵”的关键举措，2010 年、2011 年初步提出“普惠性民办园”“普惠性幼儿园”这一概念，2017 年第三期学前教育行动计划明确提出 80% 的普惠目标，2018 年《意见》中对公办、普惠比提出硬性要求，2020 年《县域学前教育普及普惠督导评估办法》对 80% 普惠目标明确问责督导，推动普惠性学前教育体系成为学前教育公共服务体系中的主导体系，解决“入园贵”问题是 2010 年以来的学前教育改革与发展中的一条主线。

从 2018 年《意见》出台后，2019 年 1 月《国务院办公厅关于开展城镇小区配套幼儿园治理工作的通知》要求小区配套园由当地教育行政部门办成公办园或委托办成普惠性民办园，不得办成营利性幼儿园；部署在全国范围内开展城镇小区配套幼儿园摸底排查和清理整治工作，并针对各项问题的

整改任务提出明确的时间表。在其后短短的两年时间内，民办园迎来了暴风骤雨般的普惠化改造与被动转型。2020 年普惠园覆盖率达到 84. 74%，由于民办幼儿园租赁的物业绝大多数（业界估计在 95% 以上）为小区配套，普惠率已经超过《意见》中的 80% 要求，再有两年，这个比例将有可能达到 90% 以上的高比例，这意味着，为学前教育多元化供给发展预留的 20% 市场化办园、多元化供给的空间将所剩无几。

表 2　普惠性学前教育体系的结构

单位：%

年份	普惠园在园人数比例（普惠园覆盖率）	普惠园比例	公办园比例	民办普惠园比例	民办非普惠比例	民办园比例	民办普惠园占民办园整体比例
2010	—	—	32. 00	—	—	68. 00	
2011	—	—	30. 79	—	—	69. 21	
2012	—	—	31. 27	—	—	68. 72	
2013	—	—	32. 79	—	—	67. 21	
2014	—	—	33. 64	—	—	66. 36	
2015	—	—	34. 56	—	—	65. 44	
2016	—	—	35. 70	—	—	64. 30	
2017	70. 63	64. 71	37. 10	27. 61	35. 29	62. 90	43. 89
2018	73. 07	68. 58	37. 83	30. 75	31. 42	62. 17	49. 46
2019	76. 00	72. 19	38. 41	33. 78	27. 81	61. 59	54. 85
2020	84. 74	—	—				

资料来源：教育部发布的《全国教育事业发展统计公报》。

目前的普惠制度安排（包含公办园和普惠性民办园）只是一种入园收费的价格统一，即对民办园限价、对标公办园收费，政府对民办园予以补贴。财政投入公办、民办普惠两类学前教育机构适用不同的方式。公办园的财政投入是分项预算，按照编制数和教师的职称等级以及不在编的教师的聘任合同，拨付教师工资。幼儿园的设施配备和资产配备，按照教育部门的配备标准购买，公用经费基于幼儿园的注册幼儿数按生均拨付。而民办普惠制幼儿园收入主要来自保教收费，政府对幼儿园实施限价补贴，按照学生数或者班级数补贴。理论上，补贴与收费限制之间应该存在联动关系，但在实际执行过程中，并没有清晰的补贴确定标准和程序。[①] 执行的补贴标准过低，使得大多数幼儿园在成本线以下运营。

表 3　部分省市普惠园补助标准

单位：元

	山东	安徽	厦门	北京	中山	重庆	甘肃	海南	河南	江西
标准（年生均）	710（青岛：2400）	300（市本级）200（县级）	7200（一级）4800（二级）3600（三级）2400（合格级）	12000（不分等级）	500	900（一级）800（二级）700（三级）区县补助600～1000	1000	1200	200	200

资料来源：储朝晖《从“普及”到“普惠”，仍需改革攻坚》，载《当代学前教育：多元而具创造力的教育生态》，尚未正式出版。

在 2010～2020 年学前教育重建公共服务体系 1.0 阶段，面临的主要问题是入园难、入园贵，其后面是政府投入不足、市场化主导学前教育格局，主要矛盾是市场化与公益化、普惠化，短缺与普及。而在 2020 年以后的后普及时代的学前公共服务建设 2.0 阶段，主要矛盾已经转换为普惠性学前教育体系中财政投入双轨制下公办园与民办普惠园之间福利差过大，矛盾之下普惠园生存艰难，与公办园之间的质量差距拉大，进而会影响社会公众对学前教育公平感知。

2. 解决学前教育所有制背景下的“双轨制”，仍需改革攻坚

学前教育的进一步发展，真正实现从“普及”到“普惠”，仍需回到学

① 曾晓东、刘莉：《学前教育投入公办、民办“双轨制”及其可能的演进结果》，《教育经济评论》2019 年第 3 期。

前教育基本制度建设层面，推动顶层设计和改革攻坚。

第一，进一步的学前教育改革需确立“非营利机制”作为基础制度体系。

“非营利性”学前教育是一个“主体”和“治理”概念，有效的非营利机制既弱化资本的逐利属性，使得劳动报酬更多地向经营者、劳动者倾斜，加入理事会管理，又有助于幼儿园管理的开放和透明，是社会治理现代化的必然。对于学前教育供给体系的结构性调整来说，非营利性从幼儿园端打通了财政资金进入学前教育机构的渠道。塑造一个非营利性学前教育占主体的学前教育供给体系，是中国学前教育发展的关键性解决方案。

相对于“主体和治理”，“普惠性”学前教育体现的是“价格与功能”概念，目前急速推进的普惠性学前教育，事实上具有阶段性和过渡性的特征。学前教育的长远发展不应仅因为解决“入园贵”而简单粗暴地推进普惠化，而应聚焦在长远发展的制度建设上来发展“非营利”。非营利机制作为一种底层机制，需要一整套的法律、财税、治理体系的支撑，更需要系统完整的改革设计与推动。

第二，改革与完善财政投入体制，弥合教育部门和财政部门之间的政策导向差异。

目前《预算法》本身远未完善，不可能为学前教育财政支出提供具体的指导，因此，需要根据学前教育的特征进一步改革完善相关细则。

教育部门采用过去的体制规划和安排未来学前教育事业的发展轨道；财政部门推行“一般财政管理框架”，强调预算约束、绩效和规范、指标化，财政支出管理制度。教育部门希望沿用分散预算放松预算约束，用质量督导替代财政支出绩效评估，自然主张不断扩大公办园比例、管理队伍和教师编制；财政部门则希望强化预算约束，在业务部门质量监管外，增加财政支出绩效考核，打通政府资金进入非公机构的通道。这些不同部门政策导向的差异和纠缠需要在未来学前教育的改革中予以协调和弥合。①

① 曾晓东、刘莉：《学前教育投入公办、民办“双轨制”及其可能的演进结果》，《教育经济评论》2019 年第 3 期。

在针对学前教育的财政投入制度没有完善之前，当务之急是地方政府明确补贴民办普惠幼儿园的可操作性办法，亦可借鉴财政部出台的政府和社会资本合作（PPP）的管理规范和操作指引关于公开、申请、规范和评估的原则和操作办法。最终公平的财政投入制度改革则需落实到覆盖包括公办园和民办普惠园的生均拨款制度上。

第三，学前教育的长远健康发展需以公平为标尺。

在学前教育实现基本普及目标，回归公益性、普惠性后，学前教育更高水平的发展需要将公平确定为比公益性、普惠性、规范化更上位的目标。

明确政府是实现学前教育公平的第一责任主体，在解决城乡儿童有园上的基础上，逐步消除阻碍学前教育公平的体制、机制、政策。保证最底层家庭的孩子享受到最基本的公共学前教育服务，确保学前教育公共服务兜底的功能，尤其是让身处农村贫困地区的20%的儿童有就近入园的机会。回应社会流动趋势，在流入地规划学位，尽可能降低户籍门槛，接纳流动儿童入园。

在民办普惠园承担了相当公共责任比例的格局下，淡化所有制界限，促进非营利性机制发展，把民办学前教育也纳入国民教育体系的整体规划，均衡公平地配置财政投入，统一投入标准，统一质量标准，促进教育质量均衡发展。

（三）学前教育质量提升

1. 学前教育的“堰塞湖”——教师问题何解

学前教育教师是学前质量提升的核心。随着学前教育的快速发展，学前教师队伍也在快速扩张，但学前教育的长期政府缺位和前期市场化主导的格局所导致的历史欠账，使幼儿园教师待遇低、流动性大，幼儿园难以吸收优秀人才进入，而长期困扰学前教育的编制问题叠加公民办幼儿园的“双轨制”，已然成为学前教育发展路上的“堰塞湖”，教师问题亦成为学前培养质量提升的显著短板。

表 4　幼儿园教师队伍增长状况（2010～2019 年）

单位：万人，%

年份	专任教师数	民办教育专任教师数	教师年增长率	女专任教师占比	教职工数	园长教师专技职务数	未定职级数	专科以上占比	农村专科以上占比	学前专业占比	生师比
2019	276.31	169.30	7.04	97.79	491.37	306.68	229.33	82.7	77.2	71.3	15.9∶1
2018	258.14	160.89	6.1	97.84	453.15	287.35	214.36	81.0	75.3	70.9	16.6∶1
2017	243.20	151.03	9.0	97.79	419.29	271.21	200.76	79.1	73.4	69.3	17.2∶1
2016	223.20	139.35	8.8	97.88	381.78	249.88	182.27	76.5	71.0	67.6	17.6∶1
2015	205.10	127.12	11.2	97.92	349.58	230.31	166.44	73.8	68.3	65.7	18.1∶1
2014	184.40	113.18	10.9	97.94	314.22	208.03	148.04	70.9	64.6	64.5	18.7∶1
2013	166.30	102.02	12.5	98.00	282.68	188.51	132.74	68.1	61.0	63.9	19.4∶1
2012	147.90	91.34	12.4	97.97	259.00	167.75	115.27	65.1	57.4	62.7	20.2∶1
2011	131.56	80.78	—	97.56	220.43	149.60	99.84	—	—	—	—
2010	114.42	—	—	112.08	184.93	130.53	83.87	—	—	—	—

资料来源：教育部 2012～2019 年中国教育概况；2010～2019 年教育统计数据；2010～2018 年教育事业发展统计公报。

在普惠性幼儿园体系占学前教育供给主要构成部分的格局下，教师问题尤其是编制问题的解决应有公共事业思维，而不应在行业逻辑内，更不能以部门逻辑去解决。在目前的基础上扩编既与政府事业改革的大方向不符，编制数量的不足，也会形成公办园内部对人员管理的双轨制，而公办幼儿园和民办幼儿园之间的双轨制、福利差更加扩大。幼儿教师工资待遇保障政策应主要对标“教师”而不是“编制”，教师待遇的解决应在政府加大投入的前提下，把力量放在推进教师“同工同酬”上。同时，应建构起包括师德建设、资格与任用、教师培养、专业发展与领导力建设、教师待遇、工作晋升、专业标准与评估等核心方面的教师管理体系，吸引优秀人才从教，依法保障幼儿园教师地位；加强专业发展体系的综合性与实践性，提升农村地区教师职业的专业化水平；调整结构和配置，加强幼儿园教师激励机制；拓展儿童早期发展的服务群体，加速托幼一体化的专业人才培养。

2. 幼儿园课程革新趋势

课程是幼儿园教育改革的核心与突破口，是撬动幼儿发展、教师发展、幼儿园发展的杠杆，是回应学前教育质量发展的重要指标。《幼儿园教育指导纲要（试行）》和《3～6 岁儿童学习与发展指南》仍将是未来课程建设的重要指导文件，更加强化“以幼儿为中心”的课程改革基本立场。在安吉游戏成为中国学前教育改革旗帜、江苏省课程游戏化的探索基础上，课程“游戏化”将被进一步推广。以文化为中心的课程整合、课程“生活化”亦将成为下一步课程建设的重要理念支撑。受国家政策影响，劳动教育课程、运动游戏、美育课程或将成为园本课程的新热点。

随着对课程建设的重视，与前期园本课程的野蛮生长不同，管理部门未来将会对园本课程的发展进行规范和指导，更强调科学适宜地发展。省编课程或省级以上教材委员会审定课程，将成为新一轮课程改革保质量的基础。同时课程改革以来涌现出的优秀范本将会以国家的力量进行成果推广和运用，必将带动一批幼儿园的发展与成长。

3. 学前教育质量评价体系

2018 年《意见》要求：国家制定幼儿园保教质量评估指南，各省（自治区、直辖市）完善幼儿园质量评估标准，健全分级分类评估体系，建立一支立足实践、熟悉业务的专业化质量评估队伍，将各类幼儿园全部纳入质量评估范畴，定期向社会公布评估结果。2020 年中共中央、国务院印发了《深化新时代教育评价改革总体方案》，方案中提出：“完善幼儿园评价。重点评价幼儿园科学保教、规范办园、安全卫生、队伍建设、克服小学化倾向等情况。国家制定幼儿园保教质量评估指南，各省（自治区、直辖市）完善幼儿园质量评估标准，将各类幼儿园纳入质量评估范畴，定期向社会公布评估结果。在相关政策的推动下，地方教育管理部门将逐步建立幼儿园质量评价系统，单园的评价，区域性的评价和全国统一的质量评价体系将逐步形成。”

中国幼儿园种类多、所有制分类复杂、地区发展水平差距大，要求“评估监测工作更加专业化、精确化，更具有反馈性和指导功能”。大数据技术的广泛应用则对质量评价起到技术平台支持作用。大数据技术、学前教育质量评价体系、地方学前教育治理三者整合应用，从而为区域学前教育发展助力将成为一种趋势。

（四）学前教育行业若干发展热点问题分析

1. 民办幼儿园将面临进一步转型的压力

自1998年经济体制改革导致的国企、事业单位办园大面积关停并转，随着中国家长对学前教育的日益重视，民办幼儿园进入了一个高速发展的黄金时期，全国民办幼儿园数量占全国幼儿园数量的比例1998年为16.99%；2011年达到顶峰，占比69.21%。在2010年以来的学前新的改革与发展周期中，虽然民办园占比在下降，但总量仍高速增长，并在2015年前后形成一轮资本热潮。2018年《意见》出台，其中对学前教育公益属性的强调和相应的公办比例以及总体普惠率的划线要求，标志着民办幼儿园市场化发展黄金期的终结，2019年民办园中54.85%已经转普，2020年这一比例接近70%。2020年疫情导致的大面积、长时间的闭园也对民办园打击沉重，导致部分民办园退出。

疫情后民办幼儿园的发展仍然面临四重压力：（1）转普惠化，随着“去市场化”的持续，目前转普政策的主要方式为小区配套园治理，90%以上的民办园都将转为普惠民办园；（2）普惠幼儿园制度不完善——补贴过低带来生存压力大；（3）普惠幼儿园非营利制度的落实与监管，将进一步压缩民办幼儿园的经营空间；（4）学前教育总供求关系逆转，入园儿童数量下降将导致民办园招生愈发困难。

民办幼儿园未来的发展既需要政府能够提供“去市场化”后的制度救济，自身亦应告别过往，寻求“去市场化”时代的发展之道。

2. 教育焦虑与内卷前移，课外培训低幼化与幼小衔接的困局待解

当下全民教育焦虑下的“鸡娃”“内卷”向前蔓延，在幼儿园领域，防止“小学化”是管理部门这些年力倡并严加监管的。提前教育在幼儿园去“小学化”的教育倡导中难以立足，但幼小衔接的不畅给家长的压力叠加社会焦虑和校外培训机构助推，使得幼儿园阶段的儿童园外报班呈燎原之势。

在幼小衔接领域，据艾瑞咨询2019年调查，中国69.1%的家长对幼小衔接感到焦虑，39.4%认为非常有必要报相关班，已经报读的比例为35.4%，一线城市报读率中，上海报读率为46.2%、北京37.4%、广州32.9%、深圳30.4%。[①] 据财新周刊报道，辽宁省在扩增学前学位的同时，摸查出有6万多公办园学位空余，主因是大班幼儿退学后转向幼小衔接机构。

另一个明显的趋势是，在原来的各类早教中心之外，之前集中在小学阶段的大型学科类培训机构纷纷向前延伸，且线上教育机构在这一轮处于抢跑位置，疫情则更加剧了这一趋势。传统的早教中心课程更多围绕儿童知识学习之外的兴趣教育和儿童身心发展，新的机构则多在科目学习上发力，如英语、数学思维等，且AI等新课程技术使用广泛。

在线产品是否适合学前儿童，学科学习是否得当？家长的焦虑如何缓解？园外培训机构的违规治理折射出的这些学前教育系统问题，已经成为学前教育发展要面对和解决的管理难题。

3. 学前教育信息化在教师培训和教研领域找到新的突破点

在学前阶段，学前教育信息化应用有三个主要场景：园务管理、家园联系、教学。园务管理在通用软硬件基础上和社会机构运用基本同步，而家园联系在前些年的互联网浪潮中出现了很多创业企业，但一直没有形成持续有效的商业模式，而腾讯的企业微信、阿里巴巴的钉钉这些大型互联网平台开始进入这个领域，则对前期的小平台形成了更猛烈的替代效应。在幼儿园教学领域，因幼儿园阶段儿童的身心发育有其特点，除了一些辅助性课件应用外，数字化的课程作为主要的内容和形式一直广受争议。

疫情期间，线上模式在疫情防控、家园共育、幼儿园的主题研讨、资源共享、学习培训等领域成为一种主要的模式。幼儿园的信息化平台在这种应急状态下的日常工作中起到了重要支撑作用。疫情给学前教育带来的挑战，促使学前教育信息化在教师培训、教研领域找到新的应用突破点，“云教

① 《2019年中国幼小衔接行业趋势白皮书》，《北京商报》2019年10月27日。

研”“云培训”将是疫情后学前教育实践中普遍采用的方式，这在未来幼儿园的实践中更将产生深远的影响。

4. 托育进入快速发展期

在人口出生率下降的形势下，为促进生育意愿释放，从国家到地方层面都开始探索建立0~3岁托育服务体系。疫情后，随着社会服务机构的全面恢复运营，托育也将迎来快速发展阶段。“十四五”规划提出将发展托育服务体系，“十四五”期间，每千人口拥有3岁以下婴幼儿托位数由目前的1.8个提高到4.5个。

与幼儿园的发展轨迹不一样，托育从启动开始就明确了“普惠优先”的基本原则，托育天然带有福利性质，从而在一定时期内，从“0~6岁早期教育”二元发展的基本形态，最终向“托幼一体化”过渡。政府更应鼓励多种所有制形式参与托育事业发展，尤其是提供就近的社区托育服务，满足不同家庭的个性化需求。随着城市幼儿园普惠化的推进，以及城市幼儿园“入园难”问题的逐步解决，一、二、三线城市里的公办幼儿园会普遍下沉到0~3岁领域，最大可能招收低至1.5岁的婴儿入托，加速形成托幼一体化的办园格局。以社区托育为支撑，逐步向家庭端渗透，初步形成从“孕前”到“学前”的家庭育儿支援体系。“特需儿童”的融合托育逐渐提上议事日程，以地级市为单位，均设置示范引领性的、以“托育+康复”为主要办园目标的融合托育机构。

托育需求与实践，倒逼儿童学基础研究。随着“幼有所托”逐步实现，“幼有优托”成为各方核心关切。政策扶持也从数量优先转向内涵发展优先，基于婴幼儿早期发展的基础学科的跨学科研究提上议事日程。托育行业发展最核心的“师资难”问题则有赖于职前教育，专科教育、本科教育渐成主流，职后系统性的职业认证和后续教育基本完善。

义务教育阶段推进“双减”工作的前瞻分析

熊丙奇*

摘　要：教育部2021年工作要点提出，要加大力度治理整顿校外培训机构。这是对之前已经启动的整顿校外培训机构工作的延续，也是对2020年出现的校外培训乱象的回应。本文对2021年开展的减轻义务教育阶段学生作业负担和校外培训负担（“双减”）工作进行了一定的分析，指出实施“双减”的关键是建立一系列保障机制；在推进“双减”工作时，要创新对校外培训机构的监管体系；并着力于构建破除“唯分数”“唯升学”的多元教育评价体系。

关键词：校外培训　监管体系　教育评价

校外培训机构将何去何从？大力整顿校外培训机构真能减轻学生负担和家长的焦虑吗？进入2021年，校外培训行业的不确定性“风险”陡增。社会舆论普遍关注两大问题：一是校外培训乱象究竟能否得到治理，对于校外培训机构的治理，将打出怎样的组合拳；二是治理了校外培训问题后，我国中小学生的学业负担能否真的降下来。

一　从“校内减负，校外增负”到“双减”

分析过去20年我国教育部门发布的中小学生减负措施，存在一个带有

* 熊丙奇，21世纪教育研究院院长，博士，研究方向：教育制度、教育公平。

普遍性的问题是，片面强调校内减负，包括规定学生放学后必须离校、减少作业量、减少考试、不公布分数排名、不得违规组织补课等，却不考虑如何整体减轻学生的负担。这带来的就是“校内减负，校外增负”、校外培训机构越来越火爆的“减负效果”：学生的学业负担非但没有减轻，反而还增加了校外培训负担以及家庭的教育支出。

不同机构对我国中小学校外学科教育培训的调查结果有所不同，但都显示，校外培训市场快速增长。中国教育学会数据显示，2016 年我国中小学课外辅导行业市场规模超过 8000 亿元，参加学生规模超过 1. 37 亿人次。①北京大学中国教育财政科学研究所以 2017 年中国教育财政家庭调查数据为基础，发现我国中小学阶段学生的校外培训总体参与率为 48. 3%（参加学科补习或兴趣扩展类培训），根据各层级在校生的规模估计，全国校外培训行业总体规模达到 4900 多亿元。②

（一）减负思路的调整

继续沿着之前的减负思路推进减负，可以预料的结果，就是校外培训市场规模进一步增大。这也是资本看好校外培训的重要原因。2020 年以来，针对校外培训行业的分析报告，都乐观地预测我国会诞生更多 1000 亿元市值的校外培训头部企业。当然，与之对应的就是学生和家庭的培训压力持续增大。

“双减”概念进入公众视野，源自网传的一份内部文件，这份文件称，我国部分地区将开展减轻义务教育阶段学生作业负担和校外培训负担的“双减”试点工作。教育部对此回应称，规范校外培训及减轻学生过重课外负担是常态工作（国家和地方出台政策以官方渠道发布内容为准，谨防误传形成不确切信息）。这被舆论解读为传递出规范治理校外教

① 《今年中国中小学辅导机构市场规模超 8000 亿元》，http：//www. edu. cn/edu/ji_ chu/ji_ jiao_ news/201612/t20161228_ 1479797. shtml，2016 年 12 月 28 日。

② 《全国近半数中小学学生参与校外培训总规模达到 4900 多亿元》，《经济日报》2018 年 7 月 10 日。

育培训机构的重要信息，即不再片面强调校外减负，而是着力于为学生整体减负。

传言中的“双减”措施，对校外培训机构影响最大的，并不是加强对校外培训机构的监管，诸如不再审批新的校外培训机构，限制校外培训机构的广告投放，建立专门账户监管校外教育培训机构的资金，而是要求学校履行更多的教育职责，通过开展全覆盖的课后服务、上晚自习，甚至在周末开展周末服务，把学生留在校园里，满足学生和家长的需求，从而不再去校外培训机构。这被认为是对校外培训机构釜底抽薪。

从治理逻辑看，这一治理是行得通的，也是更接地气和务实的减负措施。追求的不是表面上的减负，而是给学生整体减负，即相比之前的负担能真正“有所”减轻。这一治理逻辑，也直面我国基础教育存在“唯分数”“唯升学”的现实，考虑在教育评价体系没有全面改革的背景下，如何满足家长想让孩子接受更高质量教育的需求。

2021 年 5 月 21 日，中央全面深化改革委员会第十九次会议通过了《关于进一步减轻义务教育阶段学生作业负担和校外负担的意见》，提出根本之策在于全面提高学校教学质量，做到应教尽教，强化学校教育的主阵地作用。

（二）推进“双减”面临新挑战

但是，要让学校承担更多的教育职责，推进课后服务全覆盖、初中上晚自习、提供周末服务等，这并非易事。面临经费保障、教师权利保障、活动课程质量保障以及安全管理保障等一系列问题。

在经费保障方面，开展课后服务、周末服务的经费，可有两种方式解决。一是纳入财政预算，由财政全额保障，即政府购买课后服务模式；二是财政给予一定补贴，向选择服务的学生家长收一定的费用，即财政补贴、成本分摊模式。纳入财政预算的经费保障方式，要看财政保障是否充足，如果保障力度不够，教师的加班费很低，那校内教师将缺乏参与课后服务的积极性，学校和教育部门也难用这些经费去聘校外教师，课后服务以及周末服务的质量将很难满足家长的需求，也就很难长期推进。深圳市从 2021 年起，决定延长课后服务时间，并把课后服务的生均经费提高到1000 元，率先做出推进课后服务全覆盖的探索。

向学生家长收取一定费用的经费分摊方式，除了在现实中可能发生强制学生选择的乱收费问题外，还会发生家长认为学校提供的服务质量不高，而普遍不愿意选择的问题，如一些办学质量本来就比较薄弱的小学、初中，开展课后服务或者周末服务，并向家长收费，会有多少家长愿意让孩子参加呢？而如果选择参加课后服务的学生少，所收费用就无法支付教师的加班费，随之，课后服务就会流于形式。就算由财政买单，无须家长支付课后服务费用，薄弱学校开展的课后服务以及周末服务，也对家长缺乏吸引力，有的家长还会把孩子送去他们认为质量更高的校外培训机构。当然，学校也可利用财政拨款，购买第三方服务，开展课后服务以及周末服务，但是，课后服务与周末服务能否满足家长的需要，需要经受检验。

概而言之，当前基础教育本身的不均衡发展，导致部分家长有让孩子上校外培训班的需求，不解决均衡发展问题，通过开展课后服务、周末服务，把孩子留在校园里的初衷很好，但家长还是会“以脚投票”。因此，要提高学校课后服务对家长的吸引力，就必须切实推进基础教育均衡优质发展，这是艰巨的任务。

另外，学校履行更多教育职责，也就要求教师投入更多精力和时间，如果不提高教师待遇，却要求教师承担更多任务，尤其是双休日也参与提供周末教学服务，那么，教师的权利怎么保障？有多少教师会愿意长期加班？一种意见认为，学校提供课后服务、周末服务后，教师到校外进行有偿补课将会大幅减少。这需要进一步理性分析。首先，教师参加课后服务、周末服务，不能成为强制任务，毕竟这不属于教师职责所规定必须完成的工作，应该尊重教师的意愿，由教师自主选择是否参与，如果把这作为教师工作量考核，那要和教师的正常工作结合起来。其次，要提高教师参与课后服务、周末服务的积极性，需要考虑教师的切身利益，如果参加课后服务耗时费神，且没有什么额外收入，教师是不可能认真投入的，其结果必然是，课后服务以照看学生完成作业为主，很难吸引更多学生参加、做到全覆盖。

综合各种因素，“双减”能否得到推进，需要观察。

二　对校外培训机构该怎么监管？

2018年，国务院办公厅发布《关于规范校外培训机构发展的意见》，开启了对校外培训机构的大规模整顿和治理。但是，从2020年校外教育培训业的诸多乱象看，整顿和治理的效果不尽如人意。2021年2月，教育部发布了《教育部党组书记、部长陈宝生在2021年全国教育工作会议上的讲话》和《教育部2021年工作要点》，对大力度治理整顿校外培训机构作出部署。2021年“两会”上，还有全国政协委员提出“彻底取缔校外培训机构”的建议。2021年3月31日，国新办就贯彻“十四五”规划，加快建设高质量教育体系有关情况举行发布会。针对“双减”问题，教育部基础教育司司长吕玉刚回应称，“今年教育部把这项工作列入重点工作任务，将会同有关部门按照系统治理、标本兼治的工作思路，采取更加有效的措施，进一步加大校外培训机构治理力度。”

（一）校外培训机构不可能彻底取缔

政协委员提到的“彻底取缔校外培训机构”的建议，可以说是对校外培训机构最严厉的治理措施了。但是，彻底取缔校外培训机构是完全不现实的。归根到底，校外培训机构是市场需求的产物，只要有需求在，校外培训就不会消亡，取缔了合法的校外培训机构，只会让培训转到地下经营，会产生更多的乱象，如没有资质的家教盛行、隐藏在小区的“小作坊式”培训盛行。我国当前的校外培训机构，是从20世纪90年代的大学生家教逐渐发展过来的，那时，缺乏统一规范的家教，质量参差不齐，学生的权利很难得到有效保护。取缔校外培训机构，将校外培训机构非法化，那将是治理的严重倒退。

（二）创新监管体系，健全教育备案审查制

对校外培训机构的监管，应该有新的监管思路。当前提高准入门槛的监管思路，存在两方面问题。一是让不少不能获得合法资质的机构，转到地下经营。从培训价格和离家近等因素考虑，不少维权意识不强的家长并不在意机构有无合法资质。虽然监管部门反复强调，家长在选择培训机构时，要看培训机构有无合法的资质，但还是有家长置之不理，比如有的家长主动选择学校老师私下进行的培训（教师开设的培训，有强迫学生参加的情况，也有家长主动送孩子去的情况），这肯定没有合法的资质。这些机构游离在监管之外，再严的监管措施都管不住，也是出问题最多的机构，在爆发问题后，监管部门才启动调查，而调查结果是“机构没有合法资质”，这些没有合法资质的机构也让合法的校外培训机构“背锅”，影响整个行业的生态。

二是有合法资质的校外培训机构经营成本增加，还要应对没有资质的机构扰乱市场，于是涨价，同时也不遵守培训规则，如没有资质的机构搞提前教学、超前教学，没人监管，有合法资质的机构，也就打提前教学、超前教学的擦边球。也就是说，我国当前的校外培训机构监管体系，存在市场失灵和监管失灵的双重问题。

有效监管校外培训机构，应该把所有培训机构都纳入监管。对于实行预付款经营模式的校外培训机构，应实行教育备案审查制，即所有校外培训机构都应该向监管部门备案培训项目、课程、师资、收费等。实施教育备案审查，需要更大的监管力量投入。目前的监管体系，除了强调前置审批（提高准入门槛外）外，就主要依靠消费者举报、投诉进行查处，而这种监管体系并不完全适合教育培训业。如禁止校外培训机构进行提前教育、超前教学，可有的家长就希望自己的孩子早学、多学，他们会主动举报机构吗？再如，规定一次性只能收 3 个月的学费，可部分家长却主动配合机构，一次性

缴一年甚至多年的费用，原因是家长对校外培训的需求不是短期的，而是长期的。在机构没有出问题之前，家长都信任机构，而只有在出问题之后，才想到维权。因此，只有尊重培训市场的规律，建立与之适应的监管体系，才能有效发挥监管对规范培训机构合法经营的作用。

2019 年，教育部等六部门印发的《关于规范校外线上培训的实施意见》提出，要结合线上培训扁平化、覆盖广、规模大、变化快等特点，认真开展备案工作。省级教育行政部门要结合本地实际，根据“减证便民”的原则，明确备案内容和要求，重点是对培训机构、培训内容和培训人员等进行备案。这就是建立教育备案审查制，但是，由于教育备案审查，需要更多监管力量核查备案的内容，而现实中监管力量不足，导致虽然明确了要建立教育备案审查制，有的在线教育平台还是进行虚假宣传、包装名师，有的教师并没有合法的教师资质，包括外教。

（三）依法监管，尊重合法校外培训机构的合法经营权

对校外培训机构的监管，需要强调依法治教，要尊重合法培训机构的合法经营权。据媒体报道，2021 年 4 月 2 日，微信公众号“犍为教育”发布名为《犍为丨全县 81 家“校外培训机构”从 4 月 2 日起“全面停业整顿”》的推文，宣布犍为县所有培训机构（含文化、艺术、体育及其他涉及中小学培训的所有机构）从 4 月 2 日起全面停业整顿，停业整顿到 5 月 2 日。对所有校外培训机构进行为期一月的全面停业整顿，也得到当地教育局的确认。[①] 虽然这一整顿措施，得到部分家长和社会舆论的支持，但是，不区分合法经营和违规经营的校外培训机构，不根据机构本身的经营情况进行整顿，这种整顿治理，涉嫌侵犯合法机构的合法经营权。而如果监管都不能坚持依法依规，怎么要求培训机构合法经营呢？监管部门不能以行业存在无证办学、虚假宣传、违规收费、合同纠纷等问题为由，就要求所有机构都停业

---

① 《全部培训机构停业整顿一个月！四川犍为率先铁腕出手》，http：//news. chengdu. cn/2021/0408/2189955. shtml，2021 年 4 月 8 日。

整顿。

近年来的教育问题治理，存在“舆情治理”的趋势，即对于引发舆论关切的教育问题，地方政府教育部门快速反应，尽快做出行政处理，而舆论也不追究地方教育部门的处理是否依法依规，能否起到治理的实际效果。平息舆论而不是全面解决问题，让对教育问题的治理成为“一阵风”。

在内容监管上，针对当前校外教育培训机构存在的提前教学、超前教学问题，我国有必要制定《禁止超前教育法》，将其纳入法制轨道进行治理。禁止超前教育，应包括禁止幼儿园小学化，禁止面向 6 岁以下的幼儿进行学科知识教育，禁止义务教育阶段的所有教育培训机构进行提前教学。目前，我国虽然有禁止超前教育的文件，但这均属于行政规章，落实效果并不理想。如教育部于 2018 年发布专项治理通知，明确禁止幼儿园提前教授汉语拼音、识字、计算、英语等小学课程内容；社会培训机构也不得以学前班、幼小衔接等名义提前教授小学内容。但这之后，仍存在幼儿园和社会培训机构对幼儿进行小学化知识教育的问题。2021 年 4 月初，教育部印发《关于大力推进幼儿园与小学科学衔接的指导意见》，又明确校外培训机构不得对学前儿童违规进行培训，对违规的校外培训机构，将严肃查处并列入黑名单，纳入全国信用信息共享平台，实施联合惩戒。

三　校外培训机构的发展走向

对于国家将加大对校外培训机构的整顿力度，所有校外培训机构都已经有心理准备，对于校外培训机构的未来，有的依旧乐观，而有的则比较悲观。

（一）整顿对合法“做教育”的校外培训机构是利好

乐观者认为，不管怎么治理，在当前的教育环境下，家长对校外培训的需求仍旧存在。只要机构有合法的资质，坚持合法经营，为学生提供高质量的校外培训服务，那么，校外培训机构照样有生存发展的空间。说到底，不管学校教育怎么提高质量，都无法满足所有受教育者的差异化、个性化教育需求。

这部分校外培训机构，并不强调规模和体量，而一直比较重视课程质量，也清晰地认识到自己的地位和作为，是学校教育的补充，而不是要替代学校教育。事实上，我国社会舆论对校外培训机构的意见，主要集中在“违规经营”“做生意而不做教育”“制造教育焦虑”“力图打造另一个教育体系”上。因此，只要合法经营、认真做教育、立足于满足受教育者的差异化选择，这样的校外培训机构仍旧是需要的。这也是国家治理校外培训机构所要达到的目的。

（二）“烧钱营销”模式在校外培训业没有未来

客观而言，新一轮可以预期的对校外培训机构的大力整顿，是校外培训行业为做大规模和体量进行恶性竞争、过度营销、焦虑营销所必然面对的后果。因为这些营销行为，既严重破坏教育生态，又危及行业自身的健康发展。大力整顿也为让校外培训机构冷静下来进行理性的发展规划。

2020 年，是头部校外培训机构进行疯狂“烧钱”营销的一年，这就是按互联网思维炒作发展校外培训，尤其是在线教育。据报道，2021 年 3 月 5 日，“跟谁学”公布的 2020 年财报显示：其 2020 年全年销售和营销费用超过 58 亿元，而研发费用仅 7.3 亿元，营销投入是研发的约 8 倍。“烧钱营销”不但让培训广告满天飞，而且，也直接抬高校外培训机构的营销成本、获客成本，很多校外培训机构都陷入亏损困境。如 2020 年全年“跟谁学”由盈转亏，净亏损达 13.929 亿元。头部校外培训机构，把融资大量用于营销，而不是课程建设、师资建设，导致消费者对服务质量不满，这也让机构经营存在巨大风险，一旦融资出问题，自身盈利能力有限，就可能发生资金链断裂，甚至导致机构破产关门。2020 年，就有多家知名校外培训机构倒闭，引发舆论广泛关注。

这也是一些悲观者对校外培训机构的未来看衰的原因。如果校外培训机构不转变经营理念，还想着快速扩大规模，重视营销超过重视课程质量建设，严重同质化，那在强化监管的背景下，等待这些校外培训机构的，很可能是由于市场需求减少，资本对这一行业不再看好，校外培训机构获得融资更难，从而陷入经营困境。

另外，当校外培训业的经营成为破坏教育生态的重要因素时，那整个行业的危机就不可避免。这也要求校外培训业发挥行业协会的作用，制定行业规范，遏制校外培训机构间的恶性竞争，倡导行业从业者坚守教育底线和教育伦理。不能为逐利做违背教育规律的反教育培训，如面向6岁以下幼儿的学科教育培训以及在线培训，就存在违反教育规律，增加家长、幼儿学业负担，影响幼儿健康成长的问题。此外，我国教育培训业的头部企业，大多渴求成为超大规模的旗舰企业，占据培训市场的大部分份额，这是无视教育自身的属性的。校外培训机构满足的是受教育者的差异化需求，这也就要求教育产品、服务个性化，而追求规模、体量发展，就和教育服务的个性化有所冲突。

四　全面给学生减负，必须推进教育评价改革

整顿校外培训机构，还必须把校外培训乱象与培训热区分开来。治理校外培训乱象，是进行供给侧治理，而治理培训热，则应进行需求侧治理。

（一）治理培训需求，关键在改革中、高考制度

虽然我国校外培训机构的快速发展，加上机构推行的焦虑营销，一定程度刺激了家长的培训需求，但从根本上说，家长对校外培训的需求，主要来自基础教育的竞技化和应试化。这一问题不解决，培训热就很难降温，而即便通过课后服务、周末服务缓减了部分家长对校外培训的需求，学生的学业负担也并不会全面降下来。

这是因为我国的中、高考均主要根据学生的考试科目总分排序进行录取，一个地区（中考）的学生，与一个省（高考）的学生，要按中、高考

成绩排出在本地区、本省的名次，并按名次高低结合学生志愿配置教育资源。这一评价、选拔学生的升学制度，加上地方政府以升学率评价学校办学与教师教育教学，就带来基础教育的唯分数论与唯升学论。

（二）减负措施要与教育评价体系一致

需要注意的是，我国教育部门之前提出的中小学生减负措施，与升学考试制度本就存在难以调和的矛盾，如要求义务教育阶段学校不得公布学生的分数、排名，对学生的评价要实行等第制，可家长并不认可。很多家长质疑，为何中考要按名次录取，却不让初中、小学公布排名？学校不公布分数、排名，可能制造新的校外培训需求。有的培训机构就向家长提供校外测试服务，家长希望通过测试了解孩子的水平、层次。对此，教育部门、部分专家呼吁家长要理性对待孩子的分数，并指出发达国家的义务教育阶段都不公布学生的分数、排名，可是，这样的呼吁基本无效，而且，也回避了最关键的问题。在不公布学生分数、排名的发达国家，大学招生实行自主招生、多元评价，并不会对学生进行全地区、全州的排名，按排名进行录取。我国正在推进的中、高考改革，提出的改革目标，是破除唯分数论，构建多元评价体系，但从已经落地的中、高考改革看，中、高考录取主要还是看分数。在我国，“不输在起跑线”“提高一分干掉千人”这些违背教育伦理的“教育口号”深入人心，就源于单一的分数评价。

再如，减少作业量、降低教学和考试难度，也是减负的重要措施，然而，这也和名次评价的导向“背离”。降低考试难度，貌似可让学生学得轻松，提高学生的分数，可中考、高考最终还要按名次录取，这带来的是严重的教育焦虑，以及更繁重的作业训练。在考题更简单后，为获得更高名次，学生们就得反复刷题，提高准确度。很多家长的焦虑在于，孩子已经考了 95 分，可在班级里还排在倒数的位置。如果不能把考试的功能从选拔转向评价，基础教育学校就会围绕考试进行教学，就必然会是“考什么才教什么，教什么才学什么”，很难扭转“只育分不育人”

的基础教育生态。这是根据减负 20 年的实际效果我们应该得到的基本认知。

当前给学生减负，应该基于教育评价体系的现实问题，切中家长和学生的现实诉求，不能只空喊减负的口号，出现南辕北辙的减负效果，越减负，学生的负担却越重。从长远看，我国必须切实推进破除唯分数、唯升学的教育评价改革，只有建立科学的多元评价体系，才能把学生和家长从繁重的学业负担中解放出来。

后普及阶段高中教育发展战略与变革策略

张宝歌*

摘　要：　后普及阶段高中教育全面改革日益深入，普通高中多样化特色化发展不断推进，中等职业教育发展受到更多关注，在国家大力推进高中育人方式改革的任务要求下，高中教育发展战略面临转型。基于国内外高中发展战略变革的梳理及对后普及阶段高中教育发展面临的现实困境的时代反思，探索了高中教育的目标定位重构、高中教育的分类发展理路、高中教育管理机制改革、高中教育考试制度改革、高中校长评价机制变革等高中发展战略与变革策略。

关键词：　后普及阶段　高中教育发展战略　变革策略

高中教育在整个国民教育体系中处于承上启下的重要阶段。根据教育部数据，截至2020年我国高中阶段毛入学率已达91.2%，这意味着高中阶段教育继义务教育和高等教育之后实现了"普及化"，迈向了"后普及时代"。自此，高中阶段教育也开始由"数量普及"向"质量普及"，由"总体普及"向"全面普及"转变，而此背景下的高中阶段教育发展的困境和变革策略日益成为国家、民众和教育研究者所关注的时代主题。

---

* 张宝歌，宁波大学人文社科处处长，教授，博士，研究方向：教育学原理、高等教育、教师教育。

一　后普及阶段高中教育发展机遇和挑战

后普及阶段的高中教育面临着发展变革与战略重构。2019 年，国务院在《关于新时代推进普通高中育人方式改革的指导意见》中提出“统筹推进普通高中新课程改革和高考综合改革，全面提高普通高中教育质量”的要求；2020 年党的十九届五中全会提出“建设高质量教育体系”及“鼓励高中阶段学校多样化发展”的目标，高中教育发展面临前所未有的机遇和挑战。

（一）高中教育全面改革日益深入

后普及阶段，高中教育高质量发展要求高中一面完成高质量“升学”职责，另一面要实现高质量“均衡”发展职责，同时也要积极推进高质量“普及”任务。面对高中教育的多重任务，高中教育需要调整发展方向，变革管理机制，改革考评体制，推动高中教育全面改革走向深入。现有的制度框架和政策下，高中全面深化改革宏观层面面临着普通高中多样化特色化发展、职普融通等问题，中观层面面临着考试制度改革、育人方式转变等问题，微观层面面临着教学内容改革、教学模式改革及管理机制改革等问题。因此，高中全面深入改革一方面受到国家政策的支持和引导，获得了机遇和保障，另一方面受到高中已有制度运行惯性及教学样态影响，遇到了改革的困境和阻力。

（二）普通高中多样化、特色化发展不断推进

后普及时代，普通高中多样化发展成为趋势，在国家政策层面，大力推进普通高中多样化是当前及今后一段时间内最重要的任务之一。但是，目前普通高中多样化、特色化发展在机制上仍然面临众多困境。一方面，存在普通高中多样化发展如何保障，以及职业高中多样化是否需要推进等问题；另一方面，以“升学”为主要职责的高中（普通高中），以“就业”为主要

职责的高中（职业高中），兼顾“升学”和“就业”双重职责的“综合高中”如何实现各自定位和统筹协调发展。从现有的政策及制度看，普通高中多样化还有许多困境需要突破，还有许多体制机制阻力需要克服，还有许多管理制度需要理顺。

（三）中等职业教育发展受到更多关注

后普及时代，中等职业教育同样肩负发展重任，一方面高中多样化需求引导高中学生分流，一部分必然选择中等职业教育；另一方面普通高中多样化不是一蹴而就的，需要一定的时间和空间，因此，继续发展高质量中等职业教育是较长一段时间内高中发展的重要战略和任务。但是，就当前中等职业教育发展状况而言，改革与建设的任务仍繁重。2019 年，《国家职业教育改革实施方案》的通知中指出“要保持高中阶段职业教育与普通高中教育比例大体相当，使绝大多数城乡新增劳动力都能接受高中阶段教育，要将发展中等职业教育作为普及高中阶段教育和建设中国特色职业教育体系的重要基础”。在国家政策引导下，中等职业教育面临重要发展机遇，同时，也面临“需求端”认可度不高、中等职业教育特色不足、总体办学水平不高、普通高中与中等职业教育融通机制不协调等现实问题，中等职业教育高质量发展面临诸多困境。

二　后普及阶段国内外高中发展战略的变迁

20 世纪 80 年代，美国、英国和日本等国家基本进入教育普及化阶段。一方面，这些国家教育普及化起步较早；另一方面，在高中教育阶段形成了较为完善的改革发展经验。抛开国家教育体制的差异，仅从普及化阶段高中教育改革的视角看，这些国家可为我国高中发展提供有益的借鉴。另外，我国高中教育战略的历史变迁也为当前的高中教育战略转型提供了重要实践参考。

（一）国外普及化阶段高中发展战略的变革

1. 美国高中发展战略

美国“高中特色发展”的战略定位是在崇尚多元、差异、自由的高中教育价值观基础上，形成的美国高中特色发展样态，不仅促进了美国高中追求优质与创新的教育，而且满足了高中学生的个性发展需求。① 其高中战略发展呈现以下特点：第一，1989 年，美国制定了 20 世纪 90 年代教育发展的六项目标，其中包括提高美国中学生的升学率和毕业率等。② 第二，1991 年，美国颁布了《美国 2000：教育战略》。依据要求，政府将企业的运营机制注入学校，重整学校的办学模式，实现学校重组，特别是开展对于贫困地区低效能学校的改革与改造，确保所有美国学生可以完成世界级标准的学术课程。第三，2003 年，美国联邦教育部启动了一项全国性的高中倡议计划，建议在全美开设各种有特色的高中教育项目，为培养美国未来优质的创新人才做准备。第四，2010 年，美国联邦教育部发布了《改革蓝图——对〈初等与中等教育法案〉重新授权》，旨在完善美国的学校制度，消除学业差距，提高学生学业成绩，转变那些教育失败的、低效能的学校。2013 年，奥巴马提出：“高中学校必须更多地从事、参与、满足为学生升学和就业做准备的工作。鼓励高中学校与大学和企业建立伙伴关系，培养科学、技术等方面人才，为高科技与经济发展储备优秀毕业生。”③

2. 日本高中发展战略

日本的中等教育普及程度高、发展速度快为世界公认。1975 年，日本中等教育入学率达 91.9%，实现了高度普及化。2010 年，日本中等教育被看作“国民性中等教育机构”，凸显了其基础性与全民性。其高中战略发展

① 李莎、程晋宽：《创新视野下美国高中特色发展经验探究》，《外国教育研究》2020 年第 2 期。

② 杨孔炽、徐宜安：《美国公立中学发展研究》，湖北人民出版社，1996。

③ 李莎、程晋宽：《美国“重新设计高中”改革计划评析》，《比较教育研究》2016 年第 10 期。

呈现以下特点：第一，尊重学生个性发展。1991 年日本第十四届中央教育审议会发表的咨询报告《关于应对新时代的教育诸制度的改革》直接指出了日本后期中等教育阶段的学校教育内容和方法过于单一，学生个性得不到充分发展，并在此基础上明确了 90 年代以后的中等教育改革要实现由重量到重质、由形式公平到实质公平、由偏重偏差值转向尊重个性和人性的“三个转向”。[①] 第二，注重高中与大学衔接的发展战略。1997 年、1999 年日本先后发表了《关于展望 21 世纪我国教育的应有状态》《关于初等、中等教育与高等教育相衔接的改善》两项咨询报告。报告要求改善高中及大学的入学选拔方式，适当地导入初高中一贯制教育，此外还要求加强高中与大学的衔接。第三，学分制高中不断发展。1989 年导入学分制高中，定时制与函授制的修业年限弹性化，由 4 年以上变为 3 年以上。1993 年学分制高中扩大到全日制高中学校间协作、校外所修学分的认定，1994 年导入综合学科（综合地对普通教育与专门教育进行选择性学习的学科），1998 年扩大校外所修学分的认定对象范围。1999 年导入初高中一贯制教育制度，2005 年继续扩大在校外所修学分数的认定范围，2010 年扩大外国高中所修学分数的认定范围。[②]

（二）新中国成立以来我国高中发展战略变迁

1. 1949～1976年高中发展战略

1949 年后，强调“中学和大学要有计划、有步骤地为工农青年打开大门，一起培养工农出身的知识分子，成为国家建设中新的坚强骨干。”[③] 1954 年，

---

① 〔日〕中央教育審議会：《新しい時代に対応する教育の諸制度の改革について（答申）》，http：//www. mext. go. jp/b _ menu/shingi/old _ chukyo/old _ chukyo/_ index/toushin/1309574. htm，1991 年 4 月 19 日/2011 年 7 月 15 日。

② 〔日〕文部科学省：《高等学校教育の改革に関する推進状況について（平成 22 年度版）》，http：//www. mext. go. jp/b_ menu/houdou/22/11/1298797. htm，2010 年 11 月 5 日/2011 年 7 月 15 日。

③ 马叙伦：《第一次教育工作会议上的开幕词》，载何东昌主编《中华人民共和国重要教育文献（1949～1975）》，海南出版社，1998。

政务院在《关于改进和发展中学教育的指示》中指出，“学生的政治觉悟和文化水平都不高”。① 要建设工农速成中学，但由于专业基础薄弱，又过于注重政治诉求，工农速成中学在1955年停办。而“文革”期间的高中教育政策则形同虚设，表现为教师参加劳动、学生和工农兵上讲台。

2. 改革开放初期的高中发展战略

改革开放初期，国家的普通高中教育政策呈现以下特点：一是优先发展“重点、示范”学校。1978年颁布的政策指出，要从目标、任务和规划等具体方面着手建设重点校。1980年，《关于分期分批办好重点中学》中指出，由于我国人口众多，经济基础薄弱，地区间发展不平衡以及教育资源有限，很难实现所有中学平均发展的目标，因此要优先发展重点、示范学校。二是调整高中阶段教育结构。1985年，《关于教育体制改革的决定》《关于进一步提高普通中学教育质量的几点意见》中指出，由于高中教育发展受阻，一方面，普通高中学校数量逐年下降，1978～1992年，从49215所下降至14850所；另一方面，普通高中招生人数逐年下降，1978～1992年，从692.9万人下降至234.7万人，均创十几年的最低值②，因此，此阶段教育发展的重点为“双基”。

3. 普及义务教育后高中教育战略

在此期间，高中教育政策主要体现在以下方面：一是开始重视和发展普通高中教育。从1993年《中国教育改革和发展纲要》到之后的政策文本可见，随着普通高中发展限制的放宽，入学人数也逐年增加（见图1）。二是明确了普通高中教育的性质。在2001年、2003年的政策中均界定了普通高中教育性质“是处于基础教育的高级阶段，是面向大众的教育，是进一步提高国民素质，为学生的终身发展奠定基础”。三是重视农村普通高中。在此期间，经历了从“根据需要适量发展”到“注重城市和经济发达地区的

① 政务院：《关于改进和发展中学教育的指示》，载何东昌主编《中华人民共和国重要教育文献（1976～1990）》，海南出版社，1998。

② 祁占勇、陈慧慧：《改革开放40年我国普通高中教育政策的演变逻辑与未来选择》，《基础教育》2018年第6期。

高中教育发展”再到“重视农村地区高中教育发展”的过程。[①] 四是关注高中课程改革。2001 年，政策指出我国基础教育课程改革目标主要涉及课程功能、结构、内容、实施、评价、管理等六个方面。[②] 2005 年，政策又从工作机制的建立、教师培训、考试招生制度以及工作督导等方面进行了新课程的规定。五是加速普及高中教育。2010 年后，普通高中教育政策，如《国家中长期教育改革和发展规划纲要（2010～2020 年）》《关于进一步推进高中阶段学校考试招生制度改革的指导意见》《高中阶段教育普及攻坚计划（2017～2020 年）》等侧重点都是加速普及，并提出“推动多样化发展”的目标，并将高中教育性质定为：“在学生个性形成和自主发展的过程中起关键作用，对人才素质的提高、创新人才的培养具有特殊意义。”[③] 这也是国家首次在政策中明确了高中阶段的教育意义。六是规范发展普通高中教育。一方面，从人才培养模式和方式等方面提出了规范发展的要求；另一方面，从管理体制、经费、考试科目和招生制度等方面作出管理规定。同时，对于乱收费现象，在政策文件中也有相关的治理意见。

4. 高中教育普及化后的发展战略

高中教育的普及发展目标和功能发生了转变，一方面由精英教育转为大众教育，另一方面由简单筛选转为培养“全人”，着重开展培养基本公民素质和精神的教育[④]。教育政策更加重视普通高中教育阶段学生的全面发展。2017 年，在《高中阶段教育攻坚计划（2017～2020 年）》中重点关注了教育基础薄弱地区和特殊群体接受教育的机会。2019 年，国务院在《关于新时代推进普通高中育人方式改革的指导意见》《中国教育现代化 2035》中提

① 祁占勇、陈慧慧：《改革开放 40 年我国普通高中教育政策的演变逻辑与未来选择》，《基础教育》2018 年第 6 期。

② 祁占勇、陈慧慧：《改革开放 40 年我国普通高中教育政策的演变逻辑与未来选择》，《基础教育》2018 年第 6 期。

③ 廖军和、李志勇：《从精英到大众：我国普通高中教育定位之思考》，《教育科学研究》2011 年第 2 期。

④ 刘复兴、刘丽群：《明确定位、多样发展、体制创新——我国普通高中教育发展的战略选择》，《教育科学研究》2013 年第 4 期。

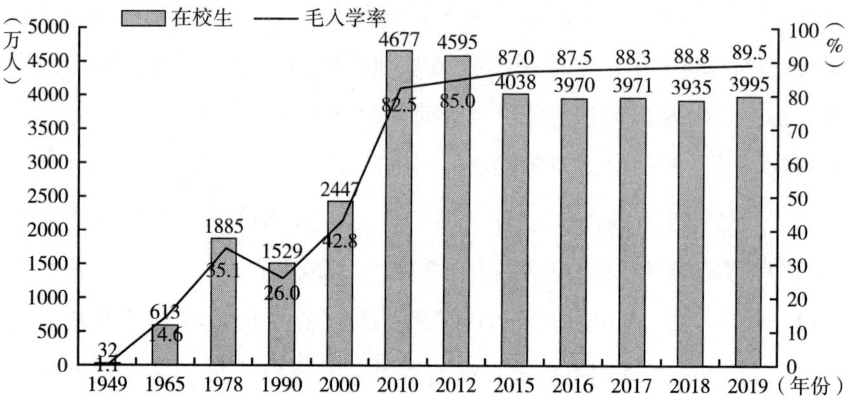

图 1　新中国成立以来普通高中招生数量统计

教育部：《2019 年全国教育事业发展统计公报》，http：//www. moe. gov. cn/jyb_ sjzl/sjzl_ fztjgb/202005/t20200520_ 456751. html，2020 年 5 月 20 日。

出“到 2022 年，普通高中多样化有特色发展的目标”，以及“提升高中阶段教育普及水平，鼓励普通高中多样化有特色发展”。2020 年，国务院在《深化新时代教育评价改革总体方案》中提出“普通高中主要评价学生全面发展的培养情况。国家制定普通高中办学质量评价标准，突出实施优化教学资源配置、开展学生发展指导、有序推进选课走班、学生综合素质评价、规范招生办学行为等内容”。

三　后普及阶段我国高中教育发展现实困境

（一）普通高中多样化发展困境

我国高中阶段教育包括普通高中、成人高中和中等职业教育（职业高中、普通中专、成人中专、技工学校）三种类型。从学校结构看（2019 年的统计），普通高中 1.40 万所，成人高中 333 所，中等职业教育学校 1.01 万所（见表 1）。就目前的普通高中多样化发展而言，存在以下理论和实践的困境。

表1　我国高中分类情况统计[①]

类型	学校数量(万所)	招生人数(万人)
普通高中教育	1.40	839.49
中等职业教育	1.01	600.37
成人高中教育	0.0333	4.12

教育部:《2019 年全国教育事业发展统计公报》, http: //www. moe. gov. cn/jyb_ sjzl/sjzl_ fztjgb/202005/t20200520_ 456751. html, 2020 年 5 月 20 日。

第一，普通高中多样化与高中多样化的内涵与差别未厘清。高中阶段教育并不等同于普通高中教育，包括了普通高中、成人高中和中等职业教育等。然而，一些研究却将二者进行了混用或偷换；在国家政策层面，也未针对普通高中的多样化发展提出具体的政策导向及发展方向；而在实践层面又缺乏成功的实践案例，直接搬用国外经验显然不合适。

第二，普通高中与职业高中的多样化发展未协同。目前，无论从理论层面还是政策层面上看，都未清楚说明普通高中与职业高中二者应该如何协同发展。再加上我国现行的教育管理体制下，普高和职高分属基础教育和职业教育两类，其管理机构、管理目标都各不相同，因此，在实践中，二者的发展无法形成协同机制。

第三，普及化背景下的普通高中自身发展未均衡。普及高中阶段教育首要任务是实现高中阶段教育规模的扩大。然而，规模扩张与质量提升之间存在此消彼长的关系。在此过程中，出现了一系列问题，如区域间教育资源差距大、部分地区存在高中“择校”和“大班额”现象等。在重视普通高中多样化的同时，更应关注高中教育均衡化的问题，并厘清这二者之间的内在逻辑关系。

第四，普通高中同质化严重，特色未形成。当前，普通高中同质化问题严重，而解决问题的关键在于形成特色化发展，缩小高中学校之间的差异，加大特色优质教育资源的辐射力度，使得更多的高中学校和高中学生受益。特色化是在多样化的基础上实现高中的差异化发展，通过办学体制多样化、考试评价机制多样化、管理机制多样化、课程机制多样化等方式推动办学类型、教学模式多样化和教学内容多样化，这是实现普通高中多样化的关键。

（二）高中分科设置课程发展困境

中华人民共和国成立以来，高中分科教育经历了1949～1966年探索建立统一的国家课程，1977～1989年增设选修课程，1990～2002年地方和学校多级多类课程，2003～2019年统一要求基础上的多类多层课程等四个发展阶段。[①] 分析高中分科教育的反复讨论及“钟摆”现象，可以发现高中分科设置课程理论和实践研究的分歧。

长期以来，知识传递的思想根深蒂固，反映在课程结构上，表现出以下基本特征：第一从科目设置来看，以学术性科目为主；第二从课程类型来看，主要是分科课程；第三从课程强制性来看，以必修课程为主；第四从课程比例设置来看，更偏重语文、数学、外语等“主科”或物理、化学、生物等自然科学科目，学生的个别需要在课程结构中难觅踪影。随着对课程整体结构和课程不同类型的深入研究，逐渐认识到传统学科中心的课程结构已经无法满足现代教育的需要。

分科教育是以知识体系为核心的课程理念，而高中课程多样化是以学生个性化需求为核心的课程理念。当前世界各国普通高中的课程改革都增加了生活化的课程内容，注重国际意识和民族精神的培养。[②] 国家在政策引导上也明确强调实现此培养目标，但分科教育仍然成为制约高中学生个性化需求的重要因素。一方面，分科教育的课程框架强调学科知识体系，导致多样化课程设置很难实现；另一方面，分科教育指向的升学考试效果明显，分科教育—高考—升学的路径和机制与多样化课程设置产生了明显冲突，因此，分科教育机制的破除与考试制度改革具有直接相关性，解决分科教育问题首先要改革招生考试制度。

---

① 郭华、王琳琳：《中国普通高中课程结构改革的70年探索》，《中国教育学刊》2019年第10期。

② 霍益萍等：《多样、开放、灵活：普通高中教育体系的构建》，《教育发展研究》2009年第18期。

（三）高中分流教育的问题

我国高中分流教育问题始于20世纪90年代初期，[①] 目的在于做好升学和就业的两种准备。我国高中分流教育主要有以下模式。

一是，普高与职高相对独立，实行普职课程渗透探索。上海交通大学附属中学在上海信息技术学校建立了“学生实训基地”。[②] 北京朝阳区普通高中技能基础课程类由职业高中教师到校授课，而技能实操课程则组织学生到职高学校实训基地上课。[③] 浙江省温州市普高学生到职业学校上选修课，职业学校教师到普高教选修课，普高学生去职业学校的实训工厂进行技能操练等。[④] 安徽省芜湖市以职业教育为主的“多时空入学、多平台毕业、多资格就业”办学模式，实行学分制，分设两年制职高、三年制职业中专、四年制职业中专、普通高中和高等职教等5个毕业平台。[⑤]

二是，普高与职高相对独立，实行普职学制融通。如四川省成都市青白江区，组建普职融通实验班，学生进校时统一注册为职高学籍，一年后，学生根据自己的学习情况自愿选择就读职高或普高。而在南京市高淳区开展的“普职融通”探索中，就读于普通高中的学生可以在第一学年结束后，根据本人意愿转入职高学习。

三是，在普高、职高的基础上，建立一定数量综合高中。我国在一些地区进行了综合高中探索。继四川阆中中学[⑥]以及湖南株洲先锋高级中学[⑦]试

① 黄逸：《高中分流教育的实践与思考》，《课程·教材·教法》1991年第10期。

② 张明、齐云：《普职渗透——实现双赢的实践与研究》，《中国职业技术教育》2013年第6期。

③ 王春松、王超群：《北京朝阳区职高向普高“送课”》，《中国教育报》2011年7月31日。

④ 《温州普高生到职高上选修课，学校迎普职融通课程》，http：//news. sohu. com/20111130/n327359614. shtml，2011年11月30日。

⑤ 田家英等：《区域高中多样化发展中质量提升的基本路径与实践经验》，《基础教育研究》2014年第20期

⑥ 赵书远：《“普职融通”办学模式的实践与思考》，《教育导报》2011年4月14日。

⑦ 《株洲先锋高级中学普职融通，名动全国》，《株洲晚报》2011年12月25日。

点综合高中后，重庆市有 22 所学校试点设立综合高中。①

后普及阶段高中教育分流面临的发展困境表现为：一是普职融通背景下，高中教育是否有必要继续分流，保持普通高中和职业高中的分类方式是否还有必要；二是普通高中多样化背景下，普通高中和职业高中内部分流，是否产生了一种新型综合高中；三是后普及阶段高中教育分类是否更多元化。

四　后普及阶段我国高中发展战略变革策略

后普及阶段，理清高中教育目标定位，推动高中分类发展机制、高中考试制度、高中管理机制及高中校长评价制度等改革，对于构建新时代高中发展战略意义重大。

（一）高中教育的目标定位重构

尽管我国高中在培养目标方面有不同的观点，但其根本都着眼于人的发展去向，即升学或就业。后普及阶段高中教育一方面巩固普及成果，另一方面实现升学或就业功能，高中教育正向着高质量内涵式发展迈进。基于此，高中教育战略也将发生变革，这其中，关键是要解决一些现实发展的困境和制约机制问题。

1. 普职融合发展机制

普通高中、职业高中融合机制问题将成为新时代必须解决的战略问题。这不仅是普通高中多样化的需要，更是实现高中阶段多重培养目标的需要，主要实现途径如下：一是已有制度框架下，普职融合就是将培养目标和课程体系对接，以基础课程融通为切入点，推动普职实质性融合；二是基于新时期高中教育发展目标，重新进行分类，打破当前高中分类（普通高中、职业高中和成人高中），分类实现普职融合；三是基于当前的高中分类体系，

① 李志峰、白灵：《重庆市教委：22 所中学试点开设综合高中》，《重庆日报》2012 年 9 月 28 日。

建立新型综合高中，在同一所高中实现普职融合。

2. 将高中纳入义务教育发展，条件尚不成熟

当前世界各国的高中教育都已基本进入普及时代，然而是否将高中阶段教育纳入义务教育认识还不统一。发展高中义务教育除了一定的经济支撑外，还需要社会需求的支撑。我国区域差异大，总体经济发展不均衡，九年义务教育还处于“保控”状态，推进十二年义务教育时机并不成熟。另外，我国高中阶段教育总体还不足，目前，普通高中“大班额”情况比较严重，中等职业教育吸引力明显不足，将高中纳入义务教育会极大地增加普通高中压力。因此，发展高中义务教育，将有两种发展路径：一是高中由“总体普及”转向“全面普及”，消除区域差异“欠账”，高中多样化、特色化格局基本形成，逐步推进高中义务教育；二是增加普通高中数量，扩大普通高中容纳量，办好特色职业高中，扩大个性化需求，逐步推进高中义务教育。总体来说，将高中纳入义务教育需要强大的经济投入支撑，我国当前由“教育大国”向“教育强国”转型过程中，面临的最大压力就是教育经费投入问题，同时，加强高质量教育体系建设需要更多的教育投入作为保障，因此，将高中纳入义务教育还需要较长的发展过程。

3. 高中学制改革

世界各国高中的学制一般为 3 年，但各国情况也存在一定差异。日本有独立高中学校（一般为 3 年制）和初高中一贯制学校（一般为 6 年制）。[①] 芬兰将高中 3 年制改为伸缩学制，一般 2 ~ 4 年，每个学年分为 5 ~ 6 个学段，实现学年制向学段制的转化。[②] 巴西高中分普通面向升学的学制（3 年普通高中）和面向就业的学制（2 ~ 4 年职业技术高中）。[③] 从我国高中阶段学制发展看，普通高中曾经实行 2 年制，中等职业学校实行3 ~ 4年制，之后统一改为 3 年制。后普及阶段，随着高中分类发展，不同类型高中实行不同学制也将成为发展趋势。一是普通高中统一为 3 年制，普通高中 2 + 1（前 2

① 李其龙、张德伟：《普通高中教育发展国际比较研究》，教育科学出版社，2008。
② 卢枫、任新军：《芬兰高中教育体制改革调研》，《基础教育参考》2003 年第 6 期。
③ 郑莹：《巴西高中教育的问题及对策初探》，《世界教育信息》2005 年第 11 期。

年高中基础课程，后1年学科分流课程)，职业高中实行2～4年弹性学制(前2年高中基础课程，可视职业需求设置1～2年职业课程)；二是普通高中和职业高中统一实行2+1学制（前2年普通高中、职业高中课程打通，后1年特色课程、职业课程分流)，从而满足多样化、个性化需求。

4. 高中课程改革

1963年和1981年，我国两度提出在普通高中设置选修课，然而出于种种原因，高中课程设置整齐划一、僵硬有余的局面并没有改变。比较主要发达国家的课程改革后发现，当前国际上关于高中课程结构的改革主要围绕知识构成、形态结构以及课时比例来进行。因此，对于我国高中课程改革主要从以下几个方面推进：一是打破“考什么，学什么”局面，普通高中增设一定比例的选修课程，特别是增设一定比例的大学先修课程；二是构建重基础、多样化、有层次、综合性的课程体系，推进基于学习领域和模块的课程设置方式；三是增设音乐、体育、美术及劳动教育类课程，建构高中学生全面发展育人体系。

（二）高中教育的分类发展

1. 普通高中多样化

高中多样化与特色化发展的关键就是普通高中多样化。国家政策导向是明确的，重要的是理清如何实现多样化发展，目前，急需梳理多样化发展的思路。基于已有的政策和体制框架，发展路径有以下几个：一是改造已有的部分公立普通高中，从普通高中课程、管理机制及教学模式多样化入手，逐步推进普通高中多样化；二是大力发展民办普通高中，实行“民办公助”等方式，推动民办普通高中多样化；三是建设部分“综合高中”，实行“综合高中”内部融通，推动普通高中多样化。但无论何种路径均需要相关政策的保障推进，特别是考试制度改革、评价机制改革及管理机制改革等，实现横向“普职协同”、纵向“基础教育”一体化推进的理念。

2. 中高职业纵向衔接

一直以来，中等职业教育吸引力不足是制约中等职业教育发展的“瓶颈”，一方面高等教育普及化推动了高等教育招生规模的扩张、就业后移，致使中等职业教育缺乏吸引力，另一方面普及高中教育推动了普通高中招生人数的增加，中等职业教育缺乏办学特色，办学水平不高，吸引力不足。中高职业纵向衔接：一是打通中等职业教育—高等职业教育（专科、本科）发展路径，通过推荐、综合评价等方式直接进入高等职业教育院校，也可以通过考试进入普通高校或职业院校；二是实现中高等职业教育培养目标、专业设置及课程体系的衔接，实现高质量、专业化、技能型人才纵深培养；三是加快“应用技术型大学”转型发展，新建或转设学院尽量以建设“应用技术型大学”为主，实现后普及时代大学分类、特色化建设，为中高职业教育衔接奠定基础。

3. 普高、职高横向融合

在普通高中多样化发展的同时，普高与职高的协同发展是必须要解决的问题。普通高中多样化不是普通高中“职高化”发展，这就需要处理好普高与职高横向融通的问题。一是培养目标融通。不是普高培养基础理论人才，职高培养职业技能人才，也不能简单地认为普高培养的是“升学”，职高培养的是“就业”，从培养目标看，普高和职高同样肩负“升学”和“就业”职能，只是侧重点不同。二是课程体系融通。从课程学习要求看，无论是普高还是职高，都需要完成高中阶段最基本的知识理论学习，不是普高学习高中“基础课程”，职高学习高中“技能课程”，普高与职高都同样要达到高中阶段学业基本要求。三是发展通道融通。从升学视角看，可以考虑中高职教育衔接，但并不是中等职业教育只能面向高等职业技术类院校，而普通高中也不只是面向普通高校，两者的发展通道是相同的。

4. 综合高中发展

在普通高中和职业高中的基础上建设综合高中。分析综合高中建设的制约机制，可以发现：一是普通高中和职业高中“壁垒”没有打破的前提下，建设综合高中的时机不成熟，社会的认可度和学校本身的吸引力也不会高。二是普通高中多样化没有推进时，根植于群众心中的读高中就是为升学的认识，直接影响对综合高中的不信任，高考导向的普通高中地位不可动摇。三是在缺乏整体改革制度的保障时，综合高中要么是普通高中的翻版，要么是职业高中的改造，并非真正意义的综合高中。但我国人口多、教育体量大、社会需求大，综合高中是一种发展趋势。

（三）高中教育管理机制改革

1. 高中教育立法

当前，我国已初步形成以学前教育、义务教育、职业教育、高等教育、民办教育等构成的教育法律体系，然而，高中教育尚缺乏法律的保障。由于缺少《高中教育法》等法律的约束，政府职能在高中教育办学和发展的过程中容易错位、失位。① 因此，高中教育立法是高中高质量发展的重要保障：一是打通义务教育法，推出“基础教育法”，将高中、初中、小学甚至学前教育阶段一并纳入“基础教育法”，一体化设计；二是基于现有的法律框架体系，增设《普通高中教育法》；三是将普通高中、职业高中一并考虑，设立《高中教育法》。②

2. 建立以市（地区）为主的高中管理体制

当前，我国高中教育的管理体制和义务教育领域相同，均以“县（区）为主”。然而，由于高中阶段教育，尤其是高中阶段的职业教育需要搭建学校与当地企业的合作平台，充分调动当地企业的教育、实训资源，而“以县（区）为主”的体制下，许多县（区）缺乏此类资源，难以形成政府 - 学校 - 企业相互支持、配合的良性体系。因此，尝试建立

① 陈恩伦、梁剑：《高中教育办学体制改革中的政府悖论及消解》，《教育科学》2017 年第 3 期。

② 张宝歌、韩嵩、焦岚：《后普及时代普通高中多样化制约机制及对策思考》，《教育研究》2021 年第 1 期。

“以市（地）为主”的管理体系或许有利于破解此类问题，并推动高中教育政策的推进和落实。

3. 高中 – 大学衔接高中课程机制

高中的发展离不开大学的影响，因而，高中教育体制改革还应当关注高中和大学课程衔接方面的问题。以美国为例，美国高等学校强调建立符合社会职业需求和学科未来发展趋势的专业，[①] 故其高中的课程甚至考试评价中都强调“专业分化”，使学生在进入大学学习之前，就对专业设置和专业发展有所了解。

（四）高中教育考试制度改革

高中教育考试制度主要涉及“中考”和“高考”两类考试的制度改革问题。

1. 提高高中招生自主权

近年来，我国对高中招生考试制度进行了积极的探索和改革，取得了一定成效。从这些改革和探索的经验来看，是在不突破已有制度的限制下，提高高中学校的“招生自主权”，是招生考试制度改革的重要突破口。有研究指出，在“管办评分离”的教育治理现代化背景下，应建立由社会及专业机构对学生进行评价，学校拥有招生的决定权，政府起到监督、管理作用的招生评价机制[②]。然而从现实情况来看，相关政策尚未真正落地，招生自主权还没有真正下放到学校。从学校层面来说，一方面，普通高中应根据自身的办学能力和教育资源水平，合理制定招生计划；另一方面，各校可在招生层面制定有学校自身特色的规则，打破“千校一面”的招生录取形式，依据自身特色招收符合本校需求的生源。

2. 提高大学招生自主权

在高考招生考试改革领域，全国许多学校进行了相关探索，我国政府也

① 德里克·博克：《走出象牙塔——现代大学的社会责任》，徐小洲、陈军译，浙江教育出版社，2001。

② 吴刚平、朱志平：《中考招生改革的深化问题探讨》，《全球教育展望》2010 年第 2 期。

在政策层面提出了指导性意见。但总体来说，当前高考仍是大多数大学招生的主要依据，自主招生、强基计划等政策尚未得到全面推行，招生权仍未被赋予大学学校。因而，许多学者基于高考本身的改革提出了诸多建议，例如分区域调整高校录取配额，调整高考考试科目，调整高考考试次数等。然而，这些研究结果并未脱离当前高考的招生考试制度的窠臼。从美国和其他发达国家的高考制度改革经验上看，将“招生”和“考试评价”两个阶段进行分离是共有趋势，因此，将招生权部分甚至完全交给大学是后普及阶段高考改革的关键所在，这也可增强高校的积极性，并促进高中课程向“专业分化”的方向转变。

（五）高中评价机制改革

高中发展改革最重要的部分是评价机制的改革，这对高中战略发展会起到引导和调控的作用。长期以来，以升学为导向的普通高中评价机制，不仅制约了普通高中改革的进程，同时也对职业高中发展产生了很大影响。2020年9月，教育部在《关于进一步激发中小学办学活力的若干意见》中明确提出，“要树立正确的政绩观和科学的教育质量观，不得以中高考成绩或升学率片面评价学校、校长和教师”。2020年10月，国务院在《深化新时代教育评价改革总体方案》中明确提出“普通高中主要评价学生全面发展的培养情况。国家制定普通高中办学质量评价标准，突出实施学生综合素质评价”。同时提出“完善与职业教育发展相适应的学位授予标准和评价机制。加大职业培训、服务区域和行业的评价权重”。在此背景下，高中教育评价机制改革势在必行。

1. 改革普通高中“多样化”评价标准

“唯分数”成为普通高中评价的核心要素，在新时期，以破“五唯”为导向，构建普通高中多样化评价标准，突出学生综合素质评价成为重要改革任务。一是以学生发展为核心，构建学生综合素质发展的评价机制。目前，高考还只是“考什么”和“怎么考”的改革，深层次涉及学生综合素质“如何评价”和“评价什么”的机制尚未真正形成。因此，深入研究学生综合素质内涵，推动“高考改革”和“中考改革”，构建有针对性的评价标准是关键。二是以高中办学质量为核心，构建普通高中办学质量评价机制。以“升学率”为导向的普通高中办学质量评价，必然形成“唯分数”的评价机制，多样化办学只能成为“口号”。三是以普通高中多样化为核心，构建普通高中特色化评价标准。普通高中特色化发展，必须建立特色化的评价标准，否则，特色化建设将陷入“盲目”和“混乱”，因此，特色化的评价导向是普通高中特色化有序发展的重要保障。

2. 改革职业高中“职业化”评价标准

职业高中的发展必须突出其“职业性”特征，一直以来，企业、行业评价的缺位，导致职业高中职业化评价不明确。一方面，职业高中也肩负着升学的职能，不可避免地参与到“升学”竞争中，“唯分数”也同样制约着职业高中的评价。另一方面，职业高中培养目标缺乏针对性，加之行业、企业评价标准没有真正建立，职业高中办学质量缺乏有效的评价标准为引导，职业高中核心的“职业性”缺乏评价保障机制。因此，新时期，推动职业教育“应用型大学招生制度改革”和“职业高中招生制度改革”，构建职业高中办学质量的“职业化”评价标准，加大职业培训、服务区域和行业的评价权重，形成高质量职业高中“职业化”评价标准，是保障职业高中高质量、特色化发展的重要举措。

3. 高中校长评价标准“多元化”

教育的制度改革中，“人”的改革是核心，普通高中多样化发展，对高中校长评价的多样化是关键一环。2015 年，教育部颁布的《普通高中校长专业标准》明确提出了普通高中教育多样化发展的制度保障要求，包括完善普通高中校长选拔任用制度、推进校长职级制发展，以及建立校长培养培训质量保障体系等。因此，一方面，应当制定高中校长培训质量的评价细则，从教育目标、教育理念、教育实践等多方面对普通高中学校校长进行培训和考评，推动其专业发展；另一方面，应当结合《普通高中校长专业标准》的校长专业发展要求对校长工作进行多元评价，其中，可引入其所在学校多样化、特色化发展水平作为评价指标。同时，还应放权校长，增加校长对学校人财物的管理支配权，使其能结合学校自身的资源优势和发展需求，助推学校的多样化、特色化发展。[①]

① 张宝歌、韩嵩、焦岚：《普通高中多样化制约机制及对策思考》，《教育研究》2021 年第 1 期。

新时代教育评价改革的若干思考

21世纪教育研究院课题组

摘　要：深化新时代教育评价改革，对于加快推进教育现代化、建设教育强国、办好人民满意的教育具有重大意义。为此，本文提出新时代教育评价改革的五点思考：一是要科学认识和整体推进“四个评价”；二是抓住破除“五唯”实质，建立多元评价体系，建立健全第三方教育评价机制；三是放权地方，在非关键的评价领域实行分级分类评价；四是实质性推进增值评价，落实和扩大学校办学自主权；五是构建教育评价相关的监督和问责机制，营造整个社会的良性教育生态。

关键词：教育评价　多元评价体系　教育生态

教育评价为教育活动和教育对象提供价值判断和事实判断，是我国教育发展的重要“指挥棒”。然而，由于长期以来的高竞争、强选拔和功利主义的导向，教育评价逐渐发生异化，“分数至上”“应试教育”“生源抢夺”“内卷焦虑”……这些愈发严重的问题，均指向了不科学的教育评价导向所带来的教育生态的恶化，严重损害了师生长远发展，脱离了教育的本真追求，也阻碍了公平而有质量的教育的实现，亟须扭转教育评价的异化现象及其所带来的负向效应。2020年6月30日，中央全面深化改革委员会第十四次会议审议通过《深化新时代教育评价改革总体方案》（以下简称《评价方案》），提出“改进结果评价，强化过程评价，探索增值评价，健全综合评价”（以下简称“四个评价”），这是我国教育变革的一个重要转向，是破除

“唯分数、唯升学、唯文凭、唯论文、唯帽子”的关键，对于建立科学的、符合新时代的教育评价制度和机制意义重大。

一　科学认识和整体推进“四个评价”

落实“四个评价”，首先需要重新审视和定位教育评价的价值取向、导向功能、方式方法、评价标准以及评价结果的运用。尊重教育的基本规律，遵循育人的基本价值逻辑。其次，注意结果评价、过程评价、增值评价和综合评价并非单独割裂的存在，而是一个有机的整体。教育工作者根据教育实践的复杂需要，往往会在不同阶段、不同对象群体中灵活选取，或同时使用多种评价方式，以达到相互支持、相互补充的目的。

（一）改进结果评价

结果评价主要是对评价对象达成目标的程度、最终的成果进行判定，从而判别优劣。结果起源于目标取向的评价模式，主要采用标准化测试的方式和量化计分的方法，由于其简明易懂、说服力强，加之可操作性强、省时省力，因此成为教育实践中运用得最广泛的一种评价方式。但结果评价也存在明显的弊病：在教育实践中，结果评价往往侧重知识考查，遵循“知识本位”和效率至上，学生大量的时间用于背诵、记忆和练习，甚至死记硬背标准答案。“应试教育”“题海战术”就是标准化考试下的产物，不利于培养学生主动探索的精神和解决实际问题的能力。学生在学习过程中的思维、态度、情感等难以外显的内容被排除在结果评价之外，易导致“只见分数不见人”现象。

改进结果评价，并不是要摒弃结果评价，而是要解决将考试结果作为唯一评价依据的问题。标准化考试主要考查学生在某一特定阶段的整体水平，而学习过程中的测评，重在考查学生的动态成长和发展潜能，两者结合势必成为考试评价改革的发展趋势。另外，需要拓宽评价功能，通过对评价结果的精准诊断和分析，帮助学生提升综合素质，更多发挥评价的育人功能，给予学生温暖的、进取的力量，而不仅仅是作为冷冰冰的分数、竞争选拔的工具存在。阿尔贝·雅卡尔等在《没有权威和惩罚的教育?》中指出："学校应增加那些旨在让每个人都能了解他自己学习进展状况的考核，而完全取消那些依据个人之间的差异制定的竞争性考试，因为这种考试仅仅鼓励了一种单一面向的差异，从而背离了人类交往、沟通与合作的本性。"①

（二）强化过程评价

过程评价，遵循目标与过程并重的取向，对评价对象的过程表现、学习情况、学习成果以及相关非智力因素进行动态和全面的评价，方便了解进程、发现问题和作出反馈调节。过程评价要求在学习过程中收集反映学习质量的资料，采用表现性评价、成长档案袋、量表等形式，使评价与学习过程有机融合在一起，成为促进学生发展的途径。过程评价对破解"一考定终身"有着重要意义，近年来备受关注。

强化过程评价，需要强化过程评价促进发展、突出教育评价的激励功能，促进学生对学习过程进行积极的反思，通过不断地调整和优化，激励学生实现进步，提升学习的信心。同时，意味着更加关注学习过程中学生的动态表现，包括认知加工、思维方式、学习策略、知识运用和问题解决，全面关注学生个性和能力的发展，彰显评价对"完整的人"的关怀。由于评价周期和技术要求，过程评价需要耗费巨大的人力、物力和时间，操作难度较大，有些过程评价难免具有较强的主观性，在大范围内广泛推行存在一定的难度。

（三）探索增值评价

与传统评价相比，增值评价主要体现在"增加值"上，即联系学生的先前基础和最终结果来分析学生成绩的变化情况，同时，也体现在"净效

---

① 阿尔贝·雅卡尔等:《没有权威和惩罚的教育?》，张伦译，中国人民大学出版社，2005。

应”上，即除去教育过程中学校、教师和学生无法改变的因素外，只评价其在能够作出改变的方面付出的努力。①

增值评价的明显优势在于克服横向比较的缺陷，但也存在不足：增值评价多用于测量学生成绩的进步幅度，但分数只是学生学习成绩变化的一个衡量指标，仅靠增值评价或许并不能如实、全面地反映个体的能力全貌，另外，如何排除学生状态、考试环境等偶然因素导致的偏差，也需要考虑。增值评价在我国目前尚处于起步阶段，当前还受到诸多限制，例如测验内容、测验等值等问题。亟须提升教育评价人才的专业水平，加强基础性研究，吸收国外理论和技术，对各类测验设计、模型和参数进行本土化改良，最大限度发挥纵向评价的优势、规避其劣势，通过结合其他类型的评价综合地对受教育者的能力进行较为完整、准确的评价。

（四）健全综合评价

教育评价从单一评价学生的学力逐步发展到对教育活动进行全方位的评价，评价内容多元化，不仅关注学生的智识水平、学业成绩，而且注重身体素质、心理素质、道德水平等综合素养。在评价功能上，逐渐侧重以评价诊断教育问题、改进教育方法以创造适合儿童的教育的多种功能。近年来，基础教育领域已有多地开展了中小学教育质量综合评价的实践和探索，譬如上海市中小学生学业质量绿色指标综合评价，取得了不俗的成效。与此同时，综合评价也面临诸多困境，表现为多种评价体系并存之下的重叠与冲突给地方和学校带来了不小的评价负担；另外，综合评价指标虽广泛，但可操作性和可监测性不强。

综上，“四个评价”相互之间并不是单向度的割裂关系，而是相辅相成、互相补充的。新时期，构建“四个评价”为一体的教育评价新体系，是一个复杂的系统性工程，需要对各个评价的目标、主体、对象、功能有着清晰的认识。另外，教育评价改革涉及面非常广泛，面临着价值标准、利益

---

① 辛涛：《探索增值评价的几个关键问题》，《中小学管理》2020 年第 10 期。

关系的冲突和巨大挑战，需要充分把握和平衡“四个评价”在实施中可能存在的矛盾，以防出现新的负面评价效应。

二　破“五唯”建立多元评价体系

“唯分数、唯升学、唯文凭、唯论文、唯帽子”（简称“五唯”）由来已久，是教育领域的“老大难”问题。破除“五唯”，首先要认清它的本质。我们认为，这一问题的关键在“唯”，“唯”才是导致各种问题积累的根源，“唯”才是需要破的对象。

（一）“五唯”产生的原因

具体而言，“唯”产生的关键原因有二：一是非专业判定，不能做出符合实际的专业判定，只能用并非专业也不全面完整的分数、升学、文凭、论文、帽子作为参照依据或中介。“唯”在横向上忽视各学科门类的多样性，在纵向上忽视甚至无视学术发展的过程性。二是评价主体过于单一，评价权力过于集中，只有一个权力集中的主体说了算才会出现“唯”。与“唯”相对的是“多”，多主体评价，有不同的专业团队依据专业程序确定具体所评对象的权重就不可能出现“唯”的现象。任何一个评价主体、任何一种评价依据都不可能获得“唯”的地位。

“五唯”的核心症结在评价权力的集中，难以找到专业的标准，便不得不使用单一的评价标准，以及维护“唯”的思想观念、利益关系和组织体系。若仍是保持单一的评价主体，即使把“分数、升学、文凭、论文、帽子”拉下“唯”的神坛，也很难保证被推上去的其他对象不成为新的“唯”的对象。因此，如果不从根本上解决滋生评价权力集中的土壤及深层次问题，“五唯”问题将以变换的新面目循环往复、不断出现。各评价主体拥有自主开展评价活动的空间，自然会依据具体的评价对象特征考虑并设计权重合理、依据可信的评价体系和机制。

（二）破除“五唯”，关键在于建立多元评价体系

系统解决“五唯”问题，需要在思想观念、评价管理、运行机制等方面都走出“唯”的死胡同。化解“唯”造成的各种不良后果，有效途径应当是真正引入专业评价，建立第一方、第二方、第三方同时发挥作用的多主体专业评价体系，多方相关印证和监督，整体形成良性的评价生态，从而系统、可持续地彻底解决“唯”的问题。

多元评价体系建立后，各评价主体从建立自身信度和维持生存出发，自然需要不断优化标准和程序，设计个性化的标准和技术，有针对性地解决数量与质量、简单重复与创新、短期与长期、基础与应用等多种关系的平衡、等值问题。这些极为复杂的个性化问题靠单一评价主体和统一口径的要求是无法解决的。同时，还需要有一定专业资质的人进行专业判定，不能仅仅依靠或指望非专业的人员使用同一个政策文本就能解决所有问题。归根结底，建立多主体参与的多元专业评价体系并让它真正发挥作用，评价内容本身就是个性化、多样态的，不同质化就不会走向“唯”的死胡同，“唯”自然会退出历史舞台。

（三）建立健全第三方评价机制

建立合适而有效的评价机制是教育质量提升的迫切需要与关键，满足人民对教育高质量和多样性的需求依赖整个社会的良性教育生态，能够营造良性教育生态的关键因素之一是有健全的第三方教育评价机制。

第三方教育评价独立性、专业性、权威性等特征对于政府教育行政部门的工作推进具有重要价值：政府对公开透明、客观公正的评价的需求，政府应对管理日益专业化和复杂性的需求，都需要从第三方获取专业的教育评价，从而支持政府制定精准、有效的教育政策，促进教育改革和发展的不断深化。因此，第三方评价是政府转变职能、建设服务型政府的重要突破口，是评估、监测教育工作结果，完善教育政策和制度，提高教育工作绩效的重要路径。

这些年，第三方教育评价在有所发展的同时，也出现了反复、障碍、抑制和迟滞。健全的第三方教育评价需要一个发展的过程，不可能一开始就很完善。未来有效发挥第三方评价在教育发展中的作用，一是，需要营造支持成长的环境，不能因为初期存在缺陷就将它堵在门外，而是接纳它的稚嫩和不完善，对其包容、认可、监督，创造政策和发展空间，扶上马，送一程，逐渐形成政府、学校、学生等多方对第三方教育评价的需求常态。二是，第三方教育评价机构，要努力跨过门槛，不断提升自身专业性，依据自身的信誉获得生存和发展的空间。

三　放权地方，在非关键评价领域开展分级分类评价

在评价权力高度集中的情况下，新的评价理论与评价技术的利用会受到较大局限。因此，适度放权地方，使得各类不同教育主体参与教育评价，在适度竞争的氛围中，推动教育评价专业水平快速提升，要放权地方在非关键的评价领域实行分级分类评价。

在目前情况下，全国教育主管部门做好高考工作，省级教育主管部门做好中考工作，关于其他的教育评价，教育部门不发文、不干预、不提要求。在短期内政府做好高考与中考工作的前提下，要完整赋予地方和学校进行分级分类评价的权力。让教育评价的专业基础能够在社会上形成。分级分类评价本身与地方和学校的政绩、经费、项目、资源等分配的相关程度低，评价结果功利化取向动力小，导致地方政府和学校投机行为、弄虚作假、过度投入的可能性小，放权不会产生多大问题，即使出现问题也可通过规范和使用方选择很容易得到解决。分级分类评价的具体措施，可以从以下方面着手。

一是，从解决教育评价权力过度集中、评价标准过于单一的突出问题出发，认可教师、学校、县级以上教育主管部门在一定程度和范围上享有并使用教育评价权，不同类型的教育机构可以自主选择不同类的评价，通过评价市场将各方联系起来，通过不同主体间的相互检验、认可与选择使各方不得不规范自己的评价行为，提高自身评价的信度和效度。比如高中招生时可以

参考学生的初中成绩记录或考试结果，或对其通过一个合理的加权系数进行转换后加以使用。对教师的学生成绩记录或推荐可采取同样的方式，政府事实上能做且需要做的是下放给各校这样的权力，不再反复发文提示太多的“不得”“禁止”“严禁”。

二是，注意施行分级评价与分类评价的原则：首先，行政权与教育评价权二者之间要划清边界，使评价权力相对独立运行。其次，要进一步为第三方教育评价发展创造条件，积极培育多元评价主体，增强教育评价的专业性、独立性和权威性，使第一方、第二方、第三方评价发挥各自独特的作用，形成良性教育评价生态。最后，要理顺政府、学校、考试机构、评价机构等机构设置和职能配置、责权关系，各自有权选择运用先进的教育评价理论与技术开展评价实践，确定招生标准、录取方式、评价内容。扭转以升学率作为评价学校办学水平、以考分排名作为评价老师教学水平的不良导向，开展灵活开放、及时反馈、满足个性需求的教育评价和服务，如此才能建立起尊重学生好奇心、热情、自信、同理心、创新性、个性化差异、智力多样性的评价，而非简单以考试成绩论英雄。

四　鼓励各地依据当地情况开展增值评价

施行增值评价具有多重效应与价值，关系到学校教育理念、教育过程和学生学习状态。增值评价意味着不再仅仅以一次升学考试的成绩作为评价学生的标准，而是更加看重学生在受教育过程中发展的“增量”，从高二引导学校和教师教育观念和工作的转向：从注重生源遴选转向注重生源培养，从注重结果转向注重过程，从注重升学率转向注重学生真实的进步与发展。增值评价的运用促进每一个学生和每一所学校的可持续发展。

不过，增值评价的使用是有学生数量与时空范围限制的，当学生样本的数量增加，异质性增大，学生所处的学习与生活环境差异增加的时候，计算增值所需要纳入的因素随之增加，不只是增加了运算的复杂性，也会导致评价结果的误差增大，可解释性降低。正因如此，不能在全国范围内按照同一个要求使用增值评价，适当和有效的方式是放权让各地在县级区域范围内使用增值评价，上级行政管理部门不设指标，不做强制，由各地依据自身的条件和需要自主决定是否使用增值评价，如何使用增值评价，在专业团队的支持下自主设计评价方案和实施程序。

事实上，我国目前已经有一些地方探索实施增值评价，其中存在一些不合理之处，比如仅仅将不同次的考试分数作为增值的依据。然而，即便这样过于简单粗糙的使用，增值评价也显现出明显优于原有的仅仅看一次考试分数的评价方式方法，总体上显现出教育评价的改进效果。这一现状表明以地方为主开展增值评价不只是符合增值评价本身的特征，也是适合当前中国实际的选择，各地在实行增值评价的过程中需要相互学习，不断在比较中优化指标体系，合理设置评价指标，健全综合评价，走出只进行考试分数增值评价的误区。

增值评价以及引发增值评价的科尔曼报告是以教育公平为出发点的，区别于以绝对的评价结果衡量公平、看似操作简易实则专业性脆弱的结果评价，增值评价从起点和过程视角出发，有效体现了过程公平，确保评价更为客观、完整、公正、具有公信力，但这些不是靠一个中心的集中模式实现的，而是需要通过多个主体的相互比较和鉴别实现，这对于评价能力和操作有着较高要求。加强学校教育评价专业团队建设，提升专业评价水平，是有效地施行增值评价的关键所在。

推进增值评价，需要进一步落实和扩大学校办学自主权，加强评价专业建设，在构建政府、学校、社会等多元参与的评价体系过程中，建立健全教育督导、教育评估监测机制，发挥专业机构和社会组织的作用。

五　对教育生态问题突出、造成严重社会影响的地区进行问责

《评价方案》针对政府、学校、教师、学生和社会五类不同主体，重点设计改革任务，其中，最大亮点是首次提出改革党委和政府教育工作评价，

推进科学履行职责，坚决纠正片面追求升学率倾向。

当前，现实中仍有很多地区呈现评价模式单一、片面追求升学率的典型现象，尤其是一些省份“超级中学”对区域内教育资源分配产生了严重影响。这些学校通过违规跨区招生垄断优质生源，以“掐尖模式”为基础，在教学方式上强调军事化、高强度的应试训练，通过对高分数段学生、高考升学率等量化数据评估的宣传，强化了对教育评价的片面认识，一定程度上破坏了区域内教育均衡发展。

当前片面化、功利化评价导向不利于教育评价的改革，为落实新时代发展更加公平更高质量教育的要求、完善立德树人机制、克服“五唯”顽瘴痼疾，应建立教育生态评估监测体系与地方政府教育政绩考核指标体系。一是，把区域教育质量、教育优先发展、教育公平等指标纳入区域教育生态评估监测体系。根据监测体系，对各地进行教育生态评估监测。二是，建立教育问责督导机制，对教育生态问题突出、造成严重社会影响的地区进行依法问责追责，推动对教育生态监测评估不合格、教育生态问题严重的地区进行整改，以问责督导机制加强地方政府对教育发展规律的认识，引导地方摒弃以升学率、分数衡量教育质量的教育观，解决教育生态失衡问题，促进区域内教育均衡、可持续发展。

专 题 篇

Special Reports

结构型质量：县域教育质量评价的制度创新

马海燕　李 强　张 丰*

摘　要：当下，县域教育质量评价存在概念内涵不清楚、评价重点不凸显、方法操作有偏差等问题，其主要原因是县域教育质量评价并没有从提升办学水平、促进内涵发展转到优化教育生态。本研究认为当下县域教育评价的核心应该是优化教育生态，并提出结构型质量的概念，通过教育生态的公平、均衡和优质三个维度，整体体现学校办学的过程型质量、体现学生发展的结果型质量，评价县域教育质量，优化县域教育生态。实践证明，重视提升结构型质量，能有效促进县域教育质量朝着优质、均衡和公平的方向发展。

* 马海燕，教育硕士，浙江省教育厅教研室教研员，中学高级教师，研究方向：教育评价；李强，教育学硕士，浙江省平湖市教师进修学校科研员，高级讲师，研究方向：教育评价；张丰，教育硕士，浙江省教育厅教研室副主任，研究员，研究方向：课程教学与评价。

关键词： 县域教育质量评价 结构型质量 优化教育生态

2020 年 10 月 13 日，中共中央和国务院正式印发《深化新时代教育评价改革总体方案》（以下简称《方案》）。这份纲领性文件的重要突破在于，从仅仅关注教育系统内部的评价，发展为对教育系统内、外部评价的整体考虑，积极回应了政府和社会对教育的重要关切。《方案》增加了对党委和政府教育工作的评价、对社会用人评价的关注，抓住了“五唯”顽瘴痼疾的要害，牵住了破解教育评价问题的牛鼻子。

基础教育阶段，唯分数、唯升学的症结有学校育人观、不科学的教学观的影响，也有操作技术层面的局限，但更主要的在于区域层面“学业成绩政绩化”的潜移默化，在于“经济模式”教育质量管理机制的简单移植。在不少地区，政府将学校升学率或者学生考试成绩等同为“教育质量”，直接作为对学校或教师的考核指标，加剧了教育的功利化倾向，成为应试教育的重要推手。要扭转教育评价导向，打好深化新时代教育评价改革这一“龙头之战”的“关键一役”，必须从改变县域教育质量评价入手，改革各级党委和政府对教育质量评价的技术和方法，端正教育质量观，引领全社会形成健康的教育生态。

一 当前县域教育质量评价存在的主要问题

教育质量评价是当前我国基础教育发展面临的重要难题。理论界对教育质量的概念、内涵的理解一直存在分歧。2019 年 6 月《关于深化教育教学改革全面提高义务教育质量的意见》[①] 颁发后，统一了县域义务教育质量、学校办学质量和学生发展质量这三个教育质量的核心概念，明晰了三个教育

① 《中共中央、国务院关于深化教育教学改革全面提高义务教育质量的意见》，http：//www. gov. cn/zhengce/2019 -07/08/content_ 5407361. htm，2019 年 7 月 8 日。

质量各自的评价主体和评价重点。2021 年 3 月教育部等六部门印发《义务教育评价指南》，指出义务教育质量评价指标体系包括县域、学校、学生三个层面。研究教育质量的关键表现、注重优化评价方式方法，能不断提高评价工作的科学性、针对性、有效性，从而指导各层面切实改进教育教学、提高教育质量。这其中，县域教育质量的评价最为困难，主要体现在三个方面。

（一）对县域教育质量的内涵理解不清晰

很多地方未能理解县域教育质量、学校办学质量与学生发展质量评价等三个层面教育质量的内涵所指，直接将狭义的学生发展质量等同于区域教育质量，将学校升学率、学生期末考试成绩等同于县域教育质量的指标，甚至将升学率等同于“清北率”。有些地方片面理解党委与政府在县域教育质量中的责任，只重视地方党委和政府对教育教学改革的组织领导和条件保障，忽略了对地方党委和政府的教育评价应重点考察其“对教育教学改革的价值导向、组织领导、条件保障和义务教育均衡发展情况等”。《方案》所提出的“三不得一严禁”的做法，在不少地方领导的认识中，并非违反相关制度文件的负面行为，而是理所应当的“正确”措施。

（二）县域教育质量评价的重点不突出

县域教育质量的评价涵盖价值导向、组织领导、条件保障以及反映县域生态的均衡情况等指标。这些指标指向不同、差异较大，需深入系统研究指标间的逻辑、层级、权重和采集方法，而不是简单组合。当前，县域教育质量评价多以工作考核的方式开展，对照工作要求检查达标情况，或采用综合性的指标体系进行考核排名。达标考核只适用于保底工作的评价，并不适合创新工作的评价；综合指标分值相加会因为指标过于全面而掩盖了某些重要性指标。对照现实反思不难发现，当前县域教育质量评价因为重点指标不突出，奖励先进、激励后进的目的难以实现，应有的价值导向没能体现，应起的维护和优化教育生态的作用没能发挥，评分转化中的误差在结论概括的过程中悄悄被放大。

（三）县域教育质量评价的方法操作有偏差

当前县域教育质量评价中，即使有正确的教育质量观，在操作中采用简单、粗暴的评价方法，最后也会导致评价结果有偏差，比如一味采用学生平均分、总分排名进行学校间的横向比较，忽略了原始分因未经等值处理而不具可比性，平均分会因为极端值产生较大偏差等。这些评价方法，非但不会引导学校和教师走向科学的教育改进，还会产生过度的不必要的压力传导，甚至可能诱导不计成本、不择手段达成指标的短视行为与功利化倾向。缺乏对质量形成过程与机制的透视的教育评价，难以形成区域教育可持续发展的力量。

县域教育质量评价的社会影响力大，利益相关者多，但理论研究者不多，实践研究者更少，这客观上使得县域教育质量评价的理论创新、制度设计和实践操作存在一定的困难。但破解教育现实问题的迫切性、教育评价工作者的责任、社会价值导向引领的使命，使得县域教育质量评价的制度创新势在必行。

二　构建以优化教育生态为核心的县域教育质量评价体系

（一）县域教育质量评价，需转向优化教育生态

随着对教育质量理解的深入，县域教育评价的重点也在发生转移。《关于深入推进义务教育均衡发展的意见》指出，义务教育的目标就是让“每一所学校符合国家办学标准，办学经费得到保障；教育资源满足学校教育教学需要，开齐国家规定课程；教师配置更加合理，提高教师整体素质”。[①] 该文件明确了义务教育阶段学校的评价重点在于基础办学条件。目

---

① 《国务院关于深入推进义务教育均衡发展的意见》，http：//www. moe. gov. cn/jyb_ xwfb/xw_ zt/moe_ 357/jyzt_ 2016nztzl/ztzl_ xyncs/ztzl_ xy_ zcfg/201701/t20170117_ 295047. html，2012年9月5日。

前，全国义务教育阶段学校已实现全域达标，已进入更高要求的优质均衡发展阶段。

当学校的办学条件有了基础保障后，县域教育评价转向内涵发展评价。《关于推进中小学教育质量综合评价改革的意见》提出，“建立体现素质教育要求、以学生发展为核心、科学多元的中小学教育质量评价制度”，“把学生的品德发展水平、学业发展水平、身心发展水平、兴趣特长养成、学业负担状况等方面作为评价学校教育质量的主要内容”。① 该文件尝试对学校教育质量进行五大指标的架构，并用“综合评价”的方法来评价教育质量。《关于深化教育教学改革全面提高义务教育质量的意见》从立足教育发展环境、优化教育生态的角度提出了县域教育质量、学校办学质量和学生发展质量三个概念，明确各自的评价内容和评价重点。

如果说学校办学质量和学生发展质量的提出是从教育内部理解教育质量，那么，县域教育质量的提出则代表着站在教育外部或是从社会和政府的视角来理解教育质量。《方案》则进一步明确要立足教育所处的社会发展环境，从优化教育生态的角度来构建县域教育质量评价。因此，构建以优化教育生态为核心的县域教育质量评价，显得尤为重要。

（二）构建以优化教育生态为核心的县域教育质量评价体系

当下义务教育阶段存在种种问题，其中最关键的问题就是教育生态遭到破坏：公民办学校中民办学校利用机制灵活、师资优良、生源优秀等占得发展先机，公办学校相对活力不足；城乡教育中城区学校利用地域优势、人才优势和资源优势占得发展先机，农村学校相对活力不足；学生中家庭社会经济地位较好的学生拥有丰富的社会资源、家庭资源和学校资源，而贫寒家庭的学生相对发展困难。民办学校与城区学校的过度发展，制约了公办学校与乡村学校的发展，贫寒家庭学生未能得到充分的发展机会，这导致社会最基

① 《教育部关于推进中小学教育质量综合评价改革的意见》，http：//old. moe. gov. cn/publicfiles/business/htmlfiles/moe/s7054/201306/153185. html，2013 年 6 月 3 日。

础的教育公平的丧失，以及教育生态的恶化。因此，县域教育质量评价，首先要以优化教育生态为核心，端正教育评价观，明确县域教育质量评价应以促进学校优质、均衡和公平发展为核心目的。其次要加强对县域教育质量评价的系统研究，建构优化教育生态的县域教育质量评价指标框架。

（三）结构型质量，应是体现县域教育生态的关键指标

教育生态是由学校内外部各因素相互作用而构成的多层次、多结构的整体，是一个地区教育现实状况以及教育发展环境的集中反映。时至今日，有关教育生态的观点和主张已然成为检验和评判一个地区教育高质量发展的重要标尺，其重要性越来越得到认可。区域教育就是一个教育生态系统，该系统包含诸多因素，只有各因素之间建立起自然的、健康的、符合规律的、相互支持和互相促进的和谐关系，才能最大限度地保持系统的活力和张力，确保学校教育工作处于积极高效的状态。因此，“结构”成为考察教育生态的关键词。“结构型质量”是优化县域教育生态的关键指标，它反映了县域教育优质、均衡和公平发展的状况，直接体现教育生态在教育质量中的价值和作用。

从教育管理的系统性视角看，反映县域教育生态的质量有三种：一是“结果型质量”，反映学生个体的学习进步情况，应由学生负责；二是“过程型质量”，反映学校整体的课程实施水平，应由学校和教师负责；三是综合体现区域教育质量的“结构型质量”，反映区域内教育资源配置的科学性与合理性、各类教育的协调发展以及发展状态的可持续性，应由地方政府负责①。这一教育生态质量的结构体系，与教育评价的 CIPP 模型具有逻辑上的一致性，其责任主体明确，具有很强的实践导向和可操作性。因此，指向优化教育生态的区域教育质量评价体系，需重点突出结构型质量。

① 张丰：《构建以教育生态为核心的区域教育发展评价——破解“唯分数”“唯升学”问题的建议》，《教育发展研究》2019 年第 12 期。

（四）以优化教育生态为核心的县域教育质量评价的指标设计

县域教育质量评价是系统思维指导下的，对区域教育生态及运作机制的评估。它应以生态文明思想指导地方政府端正教育质量观，强调区域教育发展的“生态意识”与“结构思维”，着力于长远的可持续发展，关注教育生态系统中各要素的合理结构，形成结构型质量的评价指标体系。为此，浙江省 2019 年初中教育质量综合评价，以“促进基础教育优质均衡发展，为每个学生提供公平而有质量的教育”为价值导向，从结果型质量、过程型质量和结构型质量三个视角刻画浙江省初中教育生态（见表 1），促进地方政府形成正确的教育质量观。

表 1　教育生态的结构型质量指标框架①

一级指标	二级指标	三级指标	质量属性
均衡	公民办教育差异度（城区公办初中与城区民办初中的比较）	学生学业成就	结果型质量
		学生学习品质	结果型质量
		教师教学方式	过程型质量
		学校教学管理	过程型质量
	城乡教育差异度（城区公办初中与农村公办初中的比较）	学生学业成就	结果型质量
		学生学习品质	结果型质量
		教师教学方式	过程型质量
		学校教学管理	过程型质量
公平	贫寒家庭、普通家庭与富裕家庭子女的学习差异度	学生学业成就	结果型质量
		学生学习品质	结果型质量
优质	公办学校 C 等和 D 等学生占比	学生学业成就	结果型质量
	农村学校 C 等和 D 等学生占比	学生学业成就	结果型质量
	贫寒家庭学生 C 等和 D 等学生占比	学生学业成就	结果型质量

注：上述三级因子中，学业成就是指监测中学生语文、数学、科学三门学科的标准分平均；学习品质是指学生学习动力指数、学习策略指数和自主学习习惯三个指标的加权平均分；学校教学状况是指学校教学管理指数与教师教学方式指数的加权平均分。贫寒家庭子女是指学生家庭社会经济地位处于全省（区市）后 25% 的学生，富裕家庭子女是指学生家庭社会经济地位处于全省（区市）前 25% 的学生。

从表 1 可以看出，反映教育生态的结构型质量，较好地整合了学校层面的过程型质量和学生层面的结果型质量，从教育的均衡、公平和优质三个维度来评价区域教育质量。其中教育均衡度反映的是学校层面的教育公平，它是以城区公办与民办初中、城区公办与农村公办在教育过程和教育结果两个维度上的差异度来表示。教育公平度反映的是学生层面的教育公平，它以不同社会经济地位家庭的学生学业成就和学习品质两个维度上的差异度来表示。差异度越小，区域教育均衡度和公平度越好。教育优质状况由公办学校、农村学校和贫寒家庭学生在学业成绩上 C 等和 D 等的占比来反映。C 等和 D 等占比越低，代表区域教育优质状况越好。

（五）教育生态结构型质量的计算方法

教育生态结构型质量的算法，先运用独立样本 T 检验结果，分别计算表 1 中三级生态指标差异的效应量 Cohen's – D。再将三级指标（学业成就、学习品质）合成二级指数，然后计算表 1 中二级生态指标差异的效应量，最后取二级指标差异的效应量均值作为教育均衡度和公平度的差异值。效应量均值越小，均衡度和公平度越高。最后，将教育均衡度与公平度的差异值加权平均，得到教育生态结构型质量指数。

在研究中发现，由差异度构成的结构型质量指数描述抓住了教育均衡与教育公平的关键问题，简明地揭示了区域教育发展的基本态势。不过，它无法表征该区域是处于高水平均衡还是低水平均衡。因此采用调校系数完善结构型质量算法，以反映区域教育优质均衡的状况。

$$\text{调校系数 } k = (\text{学业 C 水平与 D 水平比例之和}) \times 2$$

$$\text{结构型质量} = \frac{(\text{公民办教育差异度} \times k \times 2 + \text{城乡教育差异度} \times k \times 2 + \text{教育公平度})}{5}$$

说明 1：浙江全省学业 C 水平与 D 水平比例之和的平均值为 37.7%。90 个县（市、区）中该值最高为 55.3%，最低为 17.0%。调校系数为

0.34～1.1，学业高水平的区域得到一定的正向调节。

说明2：公民办教育差异度与城乡教育差异度加权为2，教育公平度加权为1，是根据行政作为的效果来设定加权系数。目前，行政对教育公平度的作为，较公民办教育与城乡教育相对更困难，效果更不明显。

指数越小，教育生态结构型质量越好。一般而言，差异值小于0.2为实际差异较小，0.2～0.5为实际差异中等，0.5～0.8为实际差异较大，0.8以上为实际差异很大。

三　以提升结构型质量促进区域教育优质均衡发展

通过对2019年浙江初中教育质量监测数据的实证研究，发现结构型质量指标能较好地反映区域教育生态的优质、均衡和公平发展水平。

（一）优质均衡发展是教育永恒的追求。在义务教育阶段，降低不达标学生的比例，有利于提升县域教育的整体水平，也利于实现教育公平

教育优质均衡发展是当前县域教育发展的中心任务。但对于县域来说，差异永远存在且较大。若以全省学业达标率的平均值为统一标尺，有些县域会永远在平均值以下而无法达标。过度追求优秀率，会加剧变相追求优质生源的竞争。当下，科学的增值评价还存在一定困难，有待评价技术的进一步成熟。通过C等和D等学生的比例之和的加权比较，可以引导县域更关注不达标学生，通过开足开齐课程来满足基本的发展需求，更符合义务教育阶段的定位和任务，也利于教育公平的落实。

（二）公民办教育差异是教育均衡差异化的最大体现。降低民办学校的生源优势和提高农村公办初中的师资水平，是提升教育均衡水平的关键

以公民办差异看，浙江省城区民办和城区公办初中教育总体差异度的效

应系数为0.47，特别是两类学校学生的学业成绩，已经达到显著较大的差异水平（0.67），但两类学校教师教学方式的实际差异并不明显（0.09）。综合学生学业和教师教学四组数据，证实了民办初中生源是第一大优势，也是主要的教育差异。

从城乡差异看，全省公办初中的城区与农村的总体差异度为0.38，低于城区公民办初中间的差异度。其中两类学校学生的学业成绩差异较大（0.42），学生学习品质与学校教学管理的差异度和公民办学校间的差异度接近，但教师教学方式的差异度为0.16，明显超过公民办学校间的差异度（0.09）。这在一定程度上反映了农村公办初中师资力量薄弱是影响教育均衡的关键因素。

（三）机会均等是教育公平的直接体现，保障贫寒家庭学生公平享受入学机会，是提升教育生态公平水平的关键

再从不同社会经济地位家庭的学生在学业成绩和学习品质两方面的差异度来分析教育生态的公平状况。富裕家庭与普通家庭子女的差异度（0.52）大于普通家庭与贫寒家庭子女的差异度（0.34），说明家庭社会经济地位在很大程度上影响学生发展。数据分析表明，家庭社会经济地位是除学习品质（学生学习品质对学业成绩影响的标准化回归系数为0.314）外，影响学生学业成绩的第二重要变量（标准化回归系数为0.252），其影响力超过了教师教学方式（标准化回归系数为0.193）。家庭社会经济地位处于全省（区市）后25%的贫寒家庭子女成绩优秀率（三科成绩总分居前25%）为14.3%，富裕家庭子女成绩优秀率达到41.9%，约是贫寒家庭子女的3倍。另外，贫寒家庭子女就读于城区民办学校的比例仅占5.2%，普通家庭子女进入城区民办学校的比例为11%，富裕家庭子女进入城区民办学校的比例为26%。这说明越是家庭条件好的子女，越有机会进入教育资源优质雄厚的学校。以上分析表明，保障贫寒家庭学生进入优质资源学校、保障入学公平，最能体现当地政府在确保教育公平方面的力度和效果。

（四）结构型质量能整合过程型质量和结果型质量，综合反映县域教育优质、均衡和公平水平。开展结构型质量评估，有利于推进教育优质、均衡和公平的齐头并进

过去的县域教育评价中，往往只重视学生学习成绩的结果型质量，却忽视了体现学校教育作用的过程型质量和体现县域优质均衡的结构型质量的影响。数据分析发现：过程型质量较好的县域，其结果型质量也不差。图 1 是浙江 90 个县域过程型质量和结果型质量的散点图。从趋势看，过程型质量与结果型质量高度正相关。较好的过程型质量是优秀的结果型质量的保证。

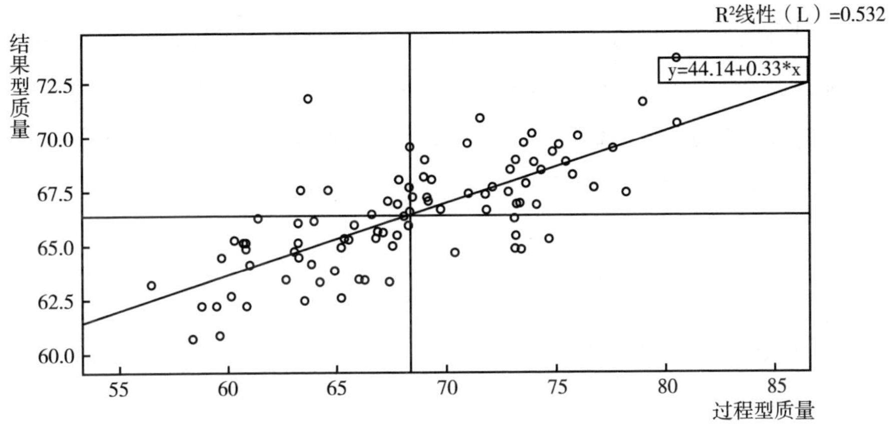

图 1　浙江各县域的过程型质量与结果型质量的散点图

以优化教育生态为核心的结构型质量评价体系，以县域为单位，将学生学业成就和学习品质作为结果型质量的两个指标，将教师教学方式与学校教学管理作为过程型质量的两个指标，再与均衡度差异指数与公平度差异指数（结构型质量的指标）进行相关分析，体现了结果型质量和过程型质量，又较好地体现了教育的优质、均衡和公平状况。目前初中教育尚不能实现教育优质、教育均衡和教育公平三方面的良性互动，很少有县域能在追求教育优质化发展的同时，兼顾教育的均衡性和公平性，甚至在某种程度上，追求教育优质发展的过程中牺牲了教育均衡或教育公平。加入结构型质量的评估，有利于县域同步推进教育优质、均衡发展，又能兼顾教育公平，有助于引导地方重视教育生态与可持续发展的内在机制。

四　进一步完善结构型质量指标的思考

（一）把握三种质量的实质，使导向更明显

结构型质量是教育质量评价的一个创新视角。它能基本客观地综合体现区域在教育发展水平（优质）、校际发展差异（均衡）和入学教育公平上的总体水平。三种质量的提出，是对教育质量的理解的补充和健全，是对区域教育质量、学校办学质量和学生发展质量这三个层面教育质量的理论诠释和实践探索，有助于正确把握三个层面教育质量的实质。以县域结构型质量为关键指标来考核评估县域教育优质、公平和均衡水平，是将《方案》落地的积极实践尝试，是县域教育质量评价制度的创新。

（二）丰富结果型质量的内涵，使“优质”更为全面

结构型质量是在结果型质量与过程型质量的基础上对区域教育质量的描述。目前的结果型质量主要由学生学业成就与学习品质来反映，虽然这已较以往唯分数的分析有所进步，但其所反映的质量的内涵还不够全面，从“五育并举”的教育观来看，还应探索将学生体育健康发展、艺术与劳动素养发展纳入结果型质量的内涵中，尝试将学生学业投入、人际关系状况也作为结果型质量的因素，使质量的内涵更为全面。

（三）充实结构型质量的因素，让分析更科学

鉴于目前监测内容的限制，结构型质量所反映的主要还是学业及学习品质发展的均衡状况与结构性问题，而影响区域教育发展的重要的结构性问题不止于此。因此，需进一步完善评价框架，健全评价内容，增加县域行政部

门的教育经费投入、师资配备、资源优势等因素，系统分析资源、经费和机会对于教育优质、均衡和公平发展的影响，力图涵盖影响教育生态结构型质量的各方面因素，更全面、更科学地体现县域教育质量的公平、均衡和优质水平。

（四）完善过程型质量的内容，彰显学校的价值

目前过程型质量主要基于学校教学管理和教师教学方式的状况来评价。众多研究表明，学校在促进学生发展中起到巨大的作用。除了教师教学方式和学校教学管理外，还有学校的办学规模、教学氛围、课程资源等都会对学生的发展产生较大的影响。对于普通公办学校、乡村学校和贫寒家庭的学生来说，学校的作用则尤为突出。因此，在今后的研究中，需加强对学校过程型质量的研究，完善其结构和内容，吸纳对学生发展产生重要作用的因素，彰显学校的价值，完善评价对学校管理与发展的积极导向。

结　语

当前，各级政府与教育行政部门已经意识到利用评价促进区域教育优质公平均衡发展的意义，但还需凝聚共识，重视区域教育发展的“生态意识”与“结构思维”，坚决贯彻《深化新时代教育评价改革总体方案》和《关于深化教育教学改革全面提高义务教育质量的意见》，通过“改进结果评价、强化过程评价，探索增值评价，健全综合评价”，努力扭转唯分数、唯升学的评价机制，切实为学生减负提供政策指引和制度保障。2021 年浙江省教育厅把深化义务教育质量绿色评价作为“十四五”的开局项目，构建以结构型质量为关键指标的县域教育质量评价体系，完善结构型质量、过程型质量和结果型质量的内涵和算法，真正促进浙江义务教育的优质、均衡和公平发展。

普通高中多样化办学的实践探索与对策建议

张军凤*

摘　要：　普通高中多样化办学已经成为国际高中教育改革与发展的基本趋势，而在高中阶段教育的后普及阶段，我国正不断加快政策推进步伐，地方政府和普通高中学校积极探索，积累了丰富的多样化办学实践经验。基于满足不同学生多样化教育的现实需要，必须进一步加强政策和相关保障建设，包括制定普通高中多样化办学评价标准、加强普通高中分类办学规划、保障学校办学自主权、初中开设职业生涯教育课程等，进而为推进普通高中多样化办学创造条件。

关键词：　普通高中　多样化办学　办学模式

本文的普通高中多样化办学指的是普通高中学校在办学模式和培养模式两个方面的多样化，其目的是提升自身办学的特色化水平，实现优质特色发展，其宗旨是满足不同潜质学生发展需要，促进学生全面发展。普通高中多样化办学已经成为国际高中教育改革与发展的基本趋势，而在后普及阶段，我国正不断加快政策推进步伐，地方政府和普通高中学校积极探索，积累了丰富的多样化办学实践经验。基于满足不同学生多样化教育的

* 张军凤，天津市教育科学研究院基础教育研究所副研究员，研究方向：基础教育改革与发展。

现实需要，必须进一步加强政策和相关保障建设，为推进普通高中多样化办学创造条件。

一　普及高中阶段教育背景下普通高中多样化办学的政策演进

（一）推进高中阶段教育普及：普通高中多样化办学的发起

普通高中多样化办学的提出基于我国普及高中阶段教育的发展需求。高中阶段教育普及化的不断推进，让更多的学生有机会就读普通高中，这就要求普通高中必须坚持多样化办学思路以满足学生的多样化发展需求。

在20世纪90年代，全国高中阶段教育毛入学率由26%左右上升到了42.8%，成绩是较为显著的，但与在全国层面普及高中阶段教育尚有较大差距，而我国部分大城市和经济发达地区在普及高中阶段教育方面拥有独特优势，可率先实现目标。早在1993年中共中央、国务院印发的《中国教育改革和发展纲要》中就明确指出“大城市市区和沿海经济发达地区积极普及高中阶段教育”，同时指出“普通高中办学模式要多样化”。1998年12月，教育部印发《面向21世纪教育振兴行动计划》，指出“到2010年，在全面实现‘两基’目标的基础上，城市和经济发达地区有步骤地普及高中阶段教育……经济比较发达的地区可发展部分综合高中，推迟到高三年级分流。”1999年6月，中共中央、国务院印发《关于深化教育改革，全面推进素质教育的决定》，指出“要在确保‘两基’的前提下，积极发展包括普通教育和职业教育在内的高中阶段教育……在城市和经济发达地区要有步骤地普及高中阶段教育。”

进入21世纪，国家进一步推进高中阶段教育的普及进程，尤为关注农村地区。2003年9月，国务院印发《关于进一步加强农村教育工作的决定》，提出经济发达地区的农村要努力普及高中阶段教育，其他地区的农村要加快发展高中阶段教育……在农村初、高中适当增加职业教育的内容。

2004 年 3 月，国务院批转了教育部《2003～2007 年教育振兴行动计划》，提出到 2020 年要基本普及高中阶段教育……多种形式积极发展普通高中教育，扩大规模，提高质量……加大对农村高中发展的支持力度。

21 世纪的头 10 年，我国高中教育规模大幅扩大，高中阶段教育毛入学率大幅提升，2010 年达到了 82.5%，其中，2009 年北京（98.0%）、江苏（96%）、山东（95.0%）、天津（94.0%）、辽宁（92.5%）、浙江（92.0%）、吉林（91.9%）、上海（90.0%）八省市的高中阶段教育毛入学率就达到或超过了 90%。

（二）实现高中阶段教育普及：推动普通高中多样化办学

《国家中长期教育改革和发展规划纲要（2010～2020 年）》（以下简称《规划纲要》）提出到 2020 年普及高中阶段教育，高中阶段毛入学率达到 90%。在推动普通高中多样化办学方面，《规划纲要》从办学模式多样化和培养模式多样化两个层面提出了具体要求。我国内地各省级政府都颁布了本地的规划纲要或实施意见，制定了 2020 年普及高中阶段教育毛入学率的具体目标，对普通高中多样化办学做出专门部署和设计。此外，国家还批准了北京、天津、上海、江苏、陕西、四川、黑龙江、新疆、宁夏等地实施“开展普通高中多样化、特色化发展试验”项目，以积极探索和总结经验，形成辐射推广的良好效应。

2015 年 10 月，党的十八届五中全会通过的《中共中央关于制定国民经济和社会发展第十三个五年规划的建议》首次明确提出“普及高中阶段教育”。2017 年 1 月，《国家教育事业发展“十三五”规划》再次提出“普及高中阶段教育”。2017 年 3 月，教育部、国家发改委、财政部、人力资源和社会保障部等 4 部门共同印发《高中阶段教育普及攻坚计划（2017～2020 年）》，提出到 2020 年，全国普及高中阶段教育，适应初中毕业生接受良好高中阶段教育的需求。为了保障普及目标的实现，该计划提出了 6 条主要措施，其中就包括“推动学校多样化有特色发展”。截止到 2017 年，全国大多数省份的高中阶段毛入学率已达 90% 以上，而主要集中在中西部地区包括西部少数民族地区的9个省份仍在90%以下。[①] 2020年，我国高中阶段教育毛入学率达到91.2%，至此，普及高中阶段教育的目标在国家层面基本实现。

（三）提升高中阶段教育普及水平：形成“多样化有特色发展”的普通高中多样化办学格局

2019年2月，中共中央、国务院印发《中国教育现代化2035》，提出到2035年全面普及高中阶段教育，并在第三项战略任务“推动各级教育高水平高质量普及”中，指出“提升高中阶段教育普及水平，推进中等职业教育和普通高中教育协调发展，鼓励普通高中多样化有特色地发展。”2019年2月，中共中央办公厅、国务院办公厅印发《加快推进教育现代化实施方案（2018～2022年）》，提出“推动普通高中优质特色发展”。2019年6月，国务院办公厅印发《关于新时代推进普通高中育人方式改革的指导意见》，要求到2022年，普通高中多样化有特色发展的格局基本形成。党的十九届五次全会通过的《中共中央关于制定国民经济和社会发展第十四个五年规划和二〇三五年远景目标的建议》也指出“鼓励高中阶段学校多样化发展”。

至此，我国对于后普及阶段普通高中发展的顶层设计已基本确立，而“形成多样化有特色发展的格局”成为各地发展普通高中教育的一个基本遵循。我们从上述普通高中多样化办学顶层设计的政策话语表述中，可以解析出如下四个关键词：多样化、有特色、格局、优质。

首先，多样化，既可指一所学校在满足学生多样化学习需求方面所表现出的多样化，例如，学校在课程设置方面能够为学生提供多样化的选择，也可指在一个地区（例如，一个省、一个市）内众多普通高中学校发展样态的多样化。显然，这里多样化的内涵应该包含上述两个方面，但主要指向仍在于后者，即强调在一个区域内的普通高中学校具有多样化发展样态。

---

① 《〈高中阶段教育普及攻坚计划（2017～2020年）〉发布》，http：//edu.people.com.cn/n1/2017/0420/c1053－29222944.html，2017年4月20日。

其次，有特色，指的是学校发展的一种良好状态，即学校能够在一定程度上满足师生发展需要，能够得到家长和社会的充分认可。与“有特色”相对的是学校发展的一般化，它指的是特色尚未形成或突显的一种学校发展状态。

再次，格局指的是普通高中发展的一种结构、境界，它主要指的是区域内普通高中要形成多样化有特色发展的一种良性的动态结构和注重内涵优质提升的发展样态。

最后，强调普通高中的优质发展，意在指出普通高中的多样化有特色发展，不是低水平的重复或规模的简单扩张，强调学校发展的整体性、可持续性和高品位追求。

二　普通高中多样化办学的国际经验

（一）芬兰

芬兰的普通高中教育已经形成独具特色的“芬兰模式”，在国际上享有盛誉。具体来说，有如下几个方面的特点。

课程模块化。芬兰高中阶段的课程主要以学科组织并划分模块。① 一门学科分为若干不同的课程模块。一般只要有10名学生选修同一个课程模块，学校就会开设这门课程。②

学制弹性化。1999年制定的《高中教育法》明确规定所有高中都实行“不分年级制”教学模式，学生可以根据自身情况灵活安排学习进度，选择在2～4年内完成高中学业。

学年分学段化。芬兰把一个学年划分成5～6个短学期，每个短学期6～8周，学生在每个短学期可以选择5～6门模块课程进行修习。

① 李家永：《20世纪90年代以来芬兰普通高中的课程改革与发展》，《比较教育研究》2010年第6期。

② 张瑞海：《芬兰普通高中教育的特色》，《课程·教材·教法》2003年第4期。

高中教育“法治化”。1978年制定《中等教育发展法》，确定了中等教育的目标和原则；1992年颁布《高中学校教育法》；1994年制定《芬兰高中教育课程框架大纲》；1998年颁布新的《高中学校法》；1999年颁布《高中教育法》；2002年颁布《普通高中教育总体全国性目标及课时分配的政府令》，对普通高中教育的作用、基本价值、课程的构成要素、课程的实施、学生的指导与支持等方面做了全面阐述；2003年编制《普通高中国家核心课程》的框架文件；2004年制定《普通高中课程大纲》；[①] 2016年实施《国家核心课程大纲》。

无班级授课制。学生上课没有固定班级和规定教室；学生可根据自身情况和各自不同的兴趣爱好，选择制定自己的学习计划，选择不同的学段课程和适合自己的任课教师。[②]

学分制课程结构。芬兰在2019年开始实施新一轮普通高中教育改革，引入学分制课程结构，以取代传统的课程制学习模式（即一门课程相当于两个学分）。[③]

协同育人机制。普通高中学校与一所或多所高等教育机构建立战略伙伴关系，协同开展学习项目，为所有学生提供高等教育学习环境体验机会。

从芬兰高中教育改革的上述特点中我们发现，芬兰非常注重顶层设计，不断加强高中教育体制创新，强化高中教育“法治”的保障作用，充分关照到每一个学生的个性化特点，并据此创造适合其自主发展的教育模式，从教育法规、学制、课程、教学组织形式、教学管理、协同育人等多个方面，实施了系统性改革，取得了显著成效，成为全球高中教育改革的典范。

（二）韩国

2008年，韩国颁布“高中多样化办学300工程”方案，通过创建农村寄宿制高中、自律型私立高中和特色高中等类型多样、特色鲜明的300所高

① 李家永：《20世纪90年代以来芬兰普通高中的课程改革与发展》，《比较教育研究》2010年第6期。

② 李家永：《芬兰普通高中教育的改革》，《比较教育研究》2003年第8期。

③ 《芬兰：新一轮普通高中教育改革将于2019年实施》，《中国德育》2018年第11期。

中，进一步满足国民多元化的教育需求，促进教育公平。2010 年，韩国出台高中体系综合改编方案，将高中体系整合为普通高中、特殊目的高中、特色化高中、自律型高中等四种类型。[①] 对于未被列入“高中多样化办学 300 工程”的 1800 多所普通高中学校，实施“特色学校建设项目”，鼓励各个学校办出特色，以扩大学生的选择机会，进一步保障学生的受教育权利，使每个学生都能找到适合自己的学校。

在教育课程多样化方面，韩国一直在探索能够满足学生多样化学习需求的教育课程体系。高中课程包括学科课程和创造性体验课程两部分。其中，学科课程包括通识课程和专业课程两类。[②] 2017 年，韩国发布《高中学分制推进方向及试点学校运营计划》，从 2018 年开始在部分普通高中试行学分制，并计划 2022 年在全国正式引入学分制。[③]

韩国聚焦“以学生为中心”的教育宗旨，主要通过“学校类型多样化”和“教育课程多样化”两条路径推动普通高中多样化办学，并辅之以高中课程改革、学分制改革、入学制度改革和大学招生制度改革，形成全方位系统推进格局，这些都值得我们借鉴学习。不过，对于是否真正实现了学校多样化办学的主旨，韩国国内存在分歧，例如有研究发现，在控制入学时的学生背景的情况下，自律型私立高中和普通高中间的学校效果差异显著减少甚至变得没有统计意义。研究显示，学校的卓越发展能通过提前抢占“优秀”生源实现。[④]

三　普通高中多样化办学的省域经验分析

（一）浙江省：实施普通高中分类办学特色发展项目

2020 年 11 月，浙江省教育厅印发《浙江省普通高中学校实施分类办学

① 张雷生：《关于韩国高中多样化办学政策的研究》，《外国教育研究》2016 年第 7 期。
② 张雷生：《关于韩国高中多样化办学政策的研究》，《外国教育研究》2016 年第 7 期。
③ 李协京：《韩国高中学分制改革述评》，《世界教育信息》2019 年第 1 期。
④ 张雷生：《关于韩国高中多样化办学政策的研究》，《外国教育研究》2016 年第 7 期。

促进特色发展改革试点工作方案》，在全省遴选设立6个普通高中学校分类办学的改革试点区、30所试点学校，探索区域分类办学机制，培养涉及科技、人文、体艺、综合等多个领域，具有不同办学特色的现代化普通高中学校，建设周期为3年。

浙江省在“区域层面”推进普通高中分类办学的基本路径是，加强各个普通高中学校优势学科（领域）的多样化、多层次分类布局和顶层设计，引导学校围绕优势学科（领域）开展课程建设，建构富有特色的学校课程体系和实施体系，形成人才培养的办学优势和风格。在办学类型的选择上，不仅赋予学校较大的自主选择空间，而且，还强化学校应有精准定位意识。一所学校结合自身优势，可以在科技、人文、体艺、综合等多个学科领域中选择一种办学类型（“大类”），而且，还要依据自身的办学定位，在其中一种“大类”中选择一个“小类”。例如，一所学校选择了科技高中这个“大类”之后，还要在学术高中、数理高中和工程技术高中这三个“小类”中选择其中的一个。可见，办学科特色高中事实上是浙江省普通高中分类办学的主要抓手，而在同一个学科（领域）类型高中里，又依据人才培养的层次、规格和类型，进一步做了细分，这样就形成了普通高中分类办学横向铺开和纵向深入的立体式发展格局。此外，在招生改革方面，允许试点学校根据办学类型和办学特色，在区域内开展符合办学特色要求的特色招生（按计划数的15%～25%），招收适合办学特色的学生。

浙江省探索实施普通高中分类办学，是在高中教育普及化背景下的一个创新举措，旨在强化“区域层面”普通高中的“举办”责任，从“区域层面”突破普通高中分层办学的固化模式，发挥“区域层面”在普通高中多样化分类办学中的主导角色，逐步形成“区域层面”普通高中多样化分类办学的发展生态，提升“区域内”家长和学生就近接受普通高中教育的可选择性，并进一步增强了学校和学生的双向选择意愿，即一方面，学校可以通过自主招生的方式招收到适合其办学特色的学生，另一方面，学生也可以从区域内众多学校中，选择一所在优势学科（领域）和课程体系特色等方面适合其发展的学校，继而实现区域内及区域间普通高中分类办学的多样化发展格局。

（二）山西省晋中市：通过高中招生改革撬动普通高中多样化办学

山西省晋中市在2017年制定了《高中阶段学校考试招生制度改革实施方案》，对普通高中招生录取制度进行改革，赋予普通高中学校更大的办学自主权，实施多样化的录取方式，为每一个学生选择适合其发展的学校创造更为便利的条件。

一是普通高中自主招生录取。所有的普通高中学校都可以根据学校办学特色，自主招收特长生①和推荐生。对于办学特色鲜明、办学水平突出的普通高中学校，可以实现跨区域招生，在招生上采取“一校一策”原则，充分赋予学校招生自主权。

二是优质普通高中指标全额分配到校录取。晋中市从2013年开始实施该政策，将优质普通高中学校的招生名额（除去自主招生名额）全部分配到县域内初中学校。这样做的结果是，一些满足该政策要求的学生即使没有达到统招录取分数线，也能够进入优质普通高中就读。②

三是一般普通高中统招录取。公办一般普通高中（区别于优质普通高中）按照学生志愿，根据全市划定的普通高中录取最低控制线由高到低择优录取。民办普通高中根据核准的招生计划，由生源地市级招生部门根据相关政策规定进行录取。

晋中市坚持以学生发展为中心的核心理念，依据学生的特长、潜质、优势学科和全面发展等情况，将初中毕业生生源进行分类，并实施有针对性的

① 2018年2月教育部办公厅印发了《关于做好2018年普通中小学招生入学工作的通知》，要求在义务教育阶段要逐步压缩特长生招生规模，直至2020年前取消各类特长生招生。该政策很有可能在将来会对普通高中招生产生一定程度的影响。

② 高政：《公平与质量可以兼得的一项政策——山西省晋中市优质普通高中招生“指标到校”执行效果的研究》，《人民教育》2019年第20期。

招生制度，一方面，充分保障了社会公众对于优质普通高中教育资源的选择性需求，使每一个学生都能有机会选择一所适合其发展的学校；另一方面，也赋予了普通高中更大的办学自主权，例如招生自主权、教育教学自主权，为普通高中学校积极谋划特色办学、实现多样化特色发展创造了更加有利的条件。

（三）上海市：开展特色普通高中建设

2011 年，上海市采取以项目方式推动本市普通高中走多样化、特色化发展的思路，正式启动特色普通高中建设与评估项目，促进普通高中教育从分层教育逐步向分类教育转型。

2014 年，上海市教委印发了《上海市推进特色普通高中建设实施方案（试行）》，提出要在全市建成一批课程特色遍及人文、社科、理工、艺体等多个领域，布局相对合理，有效满足学生多样化学习需求的特色普通高中，推动全市高中学校错位发展、特色发展和可持续发展，形成“百花齐放”的发展格局。

2016 年，上海市教委印发了《上海市推进特色普通高中建设三年行动计划（2016～2018 年）》，进一步明确了上海市特色高中建设的策略和原则。该计划还明确提出了实施“组织”、“创建”、“指导”和“评估”四方主体相对独立运作的工作机制，即特色高中创建由上海市教委组织实施，特色高中创建的主体是普通高中学校本身，而专业指导工作由上海市教科院普教所组织成立的专家组负责，创建评估工作则由上海市教育评估院负责基础教育工作的部门组织实施。

上海市特色高中建设的特点总体上有如下几个方面。第一，特色高中的创建主体定位明确。上海市特色高中建设的创建主体不是市实验性示范性高中，而是区级示范性普通高中。第二，特色高中建设坚持“有魂”“有为”。“有魂”指的是，特色高中建设始终坚持文化立校、思想立校的立场，在学校育人思想、校长育人理念方面，既要传承历史，又能够根据新时代要求实现新的发展。“有为”指的是特色高中建设必须以相应的课程为支撑，这就要求学校在课程体系建设上既关注到国家课程，又能体现学校的校本课程，也能体现学校个性发展的订制课程，形成一个完整的学校课程图谱。第三，特色高中建设载体体现“有形”“有神”。“有形”指的是特色高中建设必须有明确的载体，才能增强学生对特色的真实体验，实现浸润式的个性化成长，例如，曹杨中学体现环境素养培育的校园环境整体布置、北蔡高中的航海实验楼、华政附中的模拟法庭等。“有神”指的是特色建设载体背后所反映的学校的课程理念、教学组织形式、师资保障、课程资源的配置使用和评价等系列要素形成一个有机整体，真正发挥育人作用。第四，学生发展通道建设“有路”“有效”。“有路”指的是学校要打通学生的升学通道，“有效”指的是让学生在升学过程中拥有获得感。第五，育人方式实现“有统”“有分”。“有统”指的是特色高中的课程建设不是简单做拼盘，更多的是看校长有没有统整的意识和能力，在课程、资源、平台等方面进行有效统整，使其融为一体，提高课程的育人效果。“有分”指的是学校课程必须照顾到每一个学生的个性、兴趣和能力差异，实施分层分类，实现因材施教。①

四　普通高中多样化办学的个案分析

（一）北京十一学校：以选择性课程体系托起学生的个性化发展

北京十一学校基于对基础教育功能与价值的慎思，提出了“创造适合学生发展的教育”的理念，致力于构建选择性课程体系，力求满足每一位学生真实的课程需求，为每一位学生的自主发展和潜能发掘创造条件。

北京十一学校基本形成了一套具有高度选择性的课程体系，包括 269 门学科课程、34 门综合实践课程、60 门自主管理课程、70 门职业考察课程、250 门社团课程、12 门高端项目研究课程、8 门游学课程和 6 门书院课程以

① 根据“深化特色学校建设，转变高中育人方式——2019 年长三角普通高中特色发展论坛”有关人员的发言内容整理而成。

及若干门援助课程等。每一门课程都形成了从课程方案、课程目标、课程标准、课程内容的组织、课程教学的实施，到课程的评价和诊断的完整“图景”，而且，课程能够关照每一位学生的学习基础、水平、习惯、思维品质，乃至情绪、偏好、性格、交往特性等个性化特征，高度体现“为每一位学生的学习而设计”的课程理念。[①]

课程设置坚持分类和分层理念，突出课程内容、难度与学生课程需求及学习能力的契合性。学校为有优势学科的学生设置了高端项目研究课程，为学有余力的学生开设了大学先修课程，为有特殊需求的学生开设了书院课程、一对一“私人订制”课程和援助课程。

有什么样的课程（教什么）就应有什么样的教育教学方法（怎么教）与之相匹配。集中、统一化的课程就催生了班级授课、标准化培养的教育模式，而选择性课程体系是对集中、统一化课程的解构，或者说是一种颠覆，它以每一个学生的个性化发展为中心，突出了课程的丰富性、多样性、层次性等特点，将课程选择与学生发展紧密地联系起来，并以结构化的课程组合，形成了极具个性化的“一生一课表”的课程选择特色，继而锚定了学生的学习方式和发展方向，这样就自然打破了班级授课这一传统的教学组织形式的固有局限，使学校教育教学模式向着走班制教学、小班化课堂、个性化学习的方向不断探索实践。

（二）华东政法大学附属中学：嫁接高校优势资源形成独特的“尚法”教育特色

华东政法大学附属中学（简称“华政附中”）是全国第一所政法类高校附属中学。学校的原名是上海市番禺中学。2009 年，上海市长宁区人民政府与华东政法大学签署联合办学协议，学校与华东政法大学联合办学，更名为华政附中。华政附中凭借华东政法大学法治教育学科资源优势，积极探索与华

① 李希贵、秦建云、郭学军：《普通高中育人模式创新及学校转型的实践研究》，《中国教育学刊》2016 年第 1 期。

东政法大学的联合办学机制，实现师资对接、资源共享，开拓“尚法”文化特色发展的办学道路，从放大德育中的法治教育内容、引入法治教育特色项目，到建设“尚法”主题轴课程群，再将“尚法”特色融入学校工作的各个方面，最后形成以“尚法”为特色的学校教育品牌，历时将近10年的时间。2018年4月，华政附中被上海市教委正式授牌命名为“上海市特色普通高中”，实现了从一所区实验性、示范性高中到市特色普通高中的新跨域。

华政附中成功创建市级特色高中，这在很大程度上得益于借力华东政法大学的优势资源。优质的“尚法”文化资源和强大的高校专家团队成为华政附中特色创建的一支重要力量。一是，作为全国第一所政法类大学附属中学，华政附中在选择特色办学方向上就占得了先机，以“法”为特色主题的思路就变得非常清晰且顺理成章；二是，华政附中在开展特色创建工作中，始终依托华东政法大学得天独厚的优质法治教育资源，走上了特色创建的快车道。例如，学校与华东政法大学合作成立了“附中教育指导委员会”，共同探索特色教育路径；学校聘请华东政法大学教授、大学生及法律援助中心志愿者作为课程的开发者和指导者，指导“尚法”实验室项目及课程体系的构建、开办教师培训讲座、指导社会实践、指导学生社团、开展主题教育及中学生课题调研等。① 可见，普通高中开展多样化特色建设，除了深挖自身资源和潜力之外，必须善于借助外力，吸收校外优质教育资源为我所用，与之建立长期稳定的合作关系和协同育人机制，继而在学校文化理念层面实现嫁接式的更新和再造，提升学校的发展品质，真正促进每一个学生的全面发展。

（三）山西省芮城县风陵渡中学：农村高中服务“三农”综合实践活动课程的改革创新

风陵渡中学建校于1958年，坐落在黄河古渡口旁，是一所农村普通高中。建校以来，学校坚持“植根乡土，服务农村”的办学理念、“关爱生

① 傅松：《德法相济　知行合一——华政附中“一体三翼”课程的创新探索》，上海教育出版社，2017。

命，注重实践，自主成长，多元发展”的教育理念和“面向农村，服务社会，面向全体学生，不求人人升学，但求个个成才”的办学方向，围绕本地经济社会发展需求，持续推进服务“三农”综合实践活动的探索，从20世纪70年代开展“农科小组”活动，到90年代末期整合农科实验与劳技教育进行校本课程开发，再到21世纪初构建“普职融通、特长培养、教科研生产相结合”的立体化服务“三农”综合实践活动课程体系，形成了特色鲜明的农村综合高中办学模式。学校的教改成果《在服务“三农”综合实践活动中提高学生科学素养的长期探索与实践》获得2014年基础教育国家级教学成果奖一等奖。

风陵渡中学服务“三农”综合实践活动课程体系包含“模块学习”和“主题活动”两种模式。这两种模式的内容交叉融合、相辅相成，贯穿学校教育的整个过程，涵盖了价值观教育、农业科技知识学习等多方面内容，以及研究性学习、实践体验、志愿服务等多种形式。学生可根据知识构建的不同阶段与重点，自主选择参加相应学习模块或主题活动的学习，并获得相应学分。①

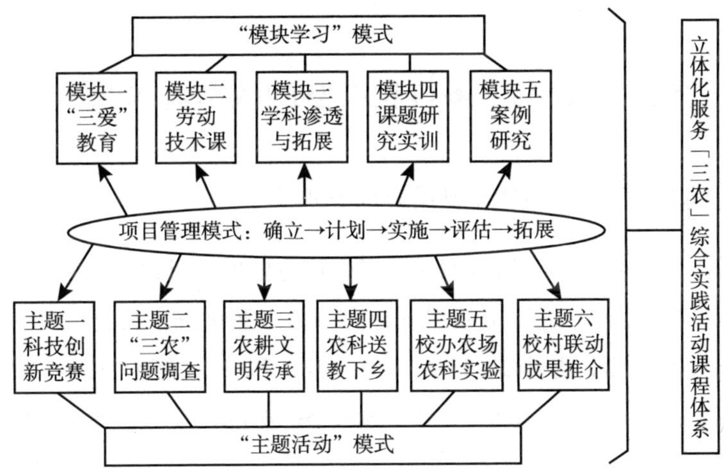

图1　山西省芮城县风陵渡中学服务“三农”综合实践活动课程体系

① 安宏斌、秦海峰、杨华峰、沙彦琦：《植根乡土·服务“三农”：农村高中综合实践活动课程的特色探索》，《中小学管理》2017年第12期。

学生在高一年级就被分入普高类、职高类、特长发展类等三种不同类型的侧重班，以此兼顾不同学生在升学、职业和特长爱好三个方面的发展需要。[①] 学生在修习必修课程达到毕业会考要求的基础上，通过选择相应的选修课程实现优长发展。

坚持走农科教结合的办学道路，形成了“普通高考、艺体高考、高职单招”三位一体的升学模式，突出学生农业科技创新实践能力的培养，扎实开展“三爱”教育（爱农村、爱农业、爱农民），实施“三自”工程（学会自立、自治、自学），办学产生了明显的社会效应，尤其是在助推当地经济社会发展中发挥了积极作用。据报道，学校师生完成省级以上科研任务45项，培育出小麦、大豆等优良品种40多个，探索研究出苹果、花椒等经济作物栽培新技术20余项；学校面向全县推广的苹果幼树轻剪、花椒拉枝技术为全县每年增收3000多万元；自2000年以来，在返乡的学校毕业生中，有630多人担任了乡村科技干部，420多人成为各级科技带头人和当地致富能手。[②]

五　普通高中多样化办学的教育需求调研

（一）初中生家长的高中教育需求调查[③]

采取分层随机抽样，通过问卷星以微信答题方式对初中生家长做了问卷调查，对2997个样本进行了数据统计和分析。被调查家长的人口学统计情况为：在性别方面，男性27.13%、女性72.87%；在年龄方面，30～39岁占39.34%、40～49岁占53.15%、50～59岁占7.04%、60岁及以上占

① 姚安亮、刘觉生、范珍、李孟刚：《风陵渡中学坚持为新农村建设服务》，《山西教育》2009年第8期。

② 安宏斌、秦海峰、杨华峰、沙彦琦：《植根乡土·服务“三农”：农村高中综合实践活动课程的特色探索》，《中小学管理》2017年第12期。

③ 本调查问卷在内容设计上参考借鉴了《深圳市居民高中教育需求情况调查问卷》，见葛新斌《高中教育发展战略问题研究——以广东省深圳市为例》，2019，第264页。

0.47%；在学历方面，小学4.4%、初中33.27%、高中或中专23.79%、专科15.85%、本科20.09%、研究生2.6%。调查发现如下。

第一，就为子女选择就读普通高中或中职类学校而言，绝大部分家长的首选仍然是普通高中，选择中职类学校实属无奈之举。中职类教育的吸引力仍然不足，大部分家长对中职类学校办学水平的认同度较低，让他们最为担忧的两个问题是“学校管理混乱”和“就业前景不好”，而中等职业教育在技能培训方面的优势并没有得到家长的广泛认可。然而，当孩子没有考上普通高中而愿意选择上中职类学校的时候，超过半数的家长都会支持孩子的选择，只有将近1/5的家长态度非常坚决，不会让孩子就读中职类学校。

第二，在民办高中和公办高中的选择上，家长还是会一边倒地倾向于选择公办高中。在民办高中和公办高中的教学质量基本相当的情况下，家长会首先选择公办高中，如果孩子不能进入公办高中，才会选择民办高中；只有当民办高中的办学质量高于公办高中的时候，一部分家长才会选择让子女就读民办高中，还有少数家长在子女无法适应公办高中的学习或者没有精力照顾子女的情况下，才会选择民办高中；有少部分家长对民办高中极为不信任、持完全抵触的态度，表示无论怎样都不会让子女就读民办高中。

家长对民办高中教育质量的认可度基本上处于一般水平。在家长看来，民办高中的办学条件无法得到切实保障，学校管理的规范性较为欠缺，学费较高，有关收费不合理，而且，学校教育教学的环境氛围不够理想，师资力量较为薄弱，这些因素导致民办高中的办学质量参差不齐，这也正是家长不愿意让子女就读民办高中的原因所在。

第三，在选择就读民办高中或中等职业学校的倾向性上，家长的态度基本上达到了5∶5的水平。

第四，在关于子女发展所需基本条件的判断中，学历、技能、品德素质和社会关系是几个重要的考量要素。大部分家长认为学历仍然是一个极为重要的条件，他们希望子女能够达到一个较为理想的学历层次；与此同时，有很多家长认为掌握实用的知识技能有助于子女的发展；此外，一些家长强调了子女的道德素养和人际关系在发展中的重要作用。绝大部分家长认为社会发展对年轻人学历的基本要求应在本科以上，其中，也有相当一部分家长认为基本的学历要求应达到研究生层次。可见，本科已经成为年轻人入职就业、参与社会竞争的一个基本的学历门槛。

家长对子女受教育层次的预期要低于家长关于社会发展对年轻人学历需求的判断。超过一半家长对子女受教育层次的预期以本科为主，一部分家长希望子女接受研究生层次的教育，也有部分家长的预期较低，认为子女只要能够接受高中和专科层次的教育即可。

（二）初中生升学需求调查分析

采取分层随机抽样，通过问卷星以微信答题方式对初中生做了问卷调查，对 3882 个样本进行了数据统计和分析。被调查学生的人口学统计情况为：在性别方面，男性 50.82%、女性 49.18%；在年龄方面，初一年级 43.97%、初二年级 26.82%、初三年级 29.21%；在学生所在学校的地理位置方面，城区 54.3%、郊区 15.92%、乡村 29.78%。调查发现如下。

第一，在对学校开设职业技能类课程的看法上，大部分初中生认为初中学校和普通高中学校都应该开设职业技能类课程。

第二，关于初中毕业后继续升学的有关看法。

（1）在对初中毕业后是否选择继续升学的看法上，大部分初中生在初中毕业后会选择继续升学，一部分学生对毕业后就业的态度不明确，有 10% 的学生明确表示会选择就业。

（2）在对初中毕业后升入中职学校继续学习的看法上，有 50% 的学生持积极态度，1/3 的学生的态度不明确，15% 的学生表示不会上中职学校；初中生对中职学校教育和毕业后的就业前景并不十分关心和了解；初中生对通过上职业高中考大学这一升学路径的认可度并不高，仅有接近四成的学生持赞同的态度，其他六成学生或态度不明确，或表示了明确的反对意见；职业高中即使具备明显的社会就业优势，其对初中生的吸引力仍不够大，仅有四成学生有明确的选择上职业高中的意愿，其他六成学生或态度不明确，或表示了明确的反对意见。

（3）在对初中毕业后升入民办普通高中的看法上，有60%的学生持积极态度，1/3学生的态度不明确，不到10%的学生表示不会上民办普通高中。

（4）大部分初中生较为看重自己的兴趣爱好、优势学科能够在普通高中得到进一步发展；初中生对于“上重点高中才能在未来有一个好的发展”的判断越来越趋于理性，能够辩证地看待这个问题，近六成学生认为上重点高中对于未来发展并不具有标志性意义；有出国留学需求的初中生尚不多，仅有1/4的学生明确表示有出国留学的想法。

六　研究结论

（一）社会对公办普通高中教育的需求依然强烈

接受本科及以上的学历教育是家长对子女受教育程度的一个普遍性的预期，公办普通高中仍然是家长和学生选择高中阶段教育的一个主要选项，因此，办好每一所公办普通高中，推进公办普通高中多样化办学是实现高中阶段教育多样化发展的重中之重。

（二）推进高中阶段教育普及要求普通高中实施多样化办学

高中阶段教育的普及水平一定程度上反映了一个地区经济社会文化发展综合水平的高低，也反映了地区内人口受教育程度的高低。高中阶段教育普及的深入推进，满足了区域内更多初中毕业生就读普通高中的教育需求，这就在客观上要求普通高中必须转换办学思路，创造适合每一个学生发展的教育。因应学生多样化教育需求而实施多样化办学，便成为普通高中的必然选择。

（三）坚持多样化办学是普通高中追求优质发展的基本遵循

在新时代，普通高中必须更加聚焦“为谁培养人、培养什么样的人、怎样培养人”这一时代问题，坚持立德树人，坚守为党育人、为国育才使命，以“办好人民满意的教育”为宗旨，围绕办学方向、教育理念、培养目标、课程设置、教学管理、教师发展等方面加强教育顶层设计，找准适应自身特色发展的办学定位，努力提升教育质量，不断扩大学校影响力。

（四）实施多样化办学的“多元”举措

1. 普通高中多样化办学坚持政府主导和学校自主发展相结合

省级政府强化“统筹”责任，加强顶层设计，在办学思路、学校招生、课程设置、教学管理等方面为学校积极开展多样化办学实践创造政策空间，营造良好氛围；市（县）级政府落实“举办”责任，为普通高中多样化办学的实施提供师资、经费、设施等各方面资源保障；学校落实“主办”责任，在有关政策引导下主动作为，确定区域内“多样化办学”的“自我”目标定位，努力探索实践。

2. 普通高中多样化办学坚持由分层办学向分类办学转变

普通高中多样化办学必须突破长期以来以升学率高低配置生源和教育资源的分层办学模式，走向以学科、领域为基准的分类办学模式，形成科技、人文、艺术、体育、语言、综合等多种类型，形成人才培养的办学优势和风格，以满足不同学生的多样化学习需求。

3. 普通高中学校多样化办学以赋权增能为基础

落实普通高中多样化办学，一方面，必须赋予普通高中学校更大的办学自主权，使其在考试招生、教育教学、职称评聘、机构设置、人事任用、经费使用等方面享有充分的自主权，以持续释放和激发办学活力；另一方面，必须加强普通高中学校多样化办学的能力建设，尤其是在学校规划、优势学科（领域）建设、课程建设与实施、资源整合等方面增强实力，不断积聚学校优势，逐步形成办学特色。

（五）普通高中多样化办学评价应兼顾区域和学校两个层面

在区域层面，主要评价本级政府对于区域内普通高中学校多样化办学的总体布局情况，师资、设备和经费等资源保障情况，学校办学自主权赋权情况；在学校层面，以立德树人成效作为根本标准，以促进学生身心健康、全面发展为目标，主要从多样化办学理念体系、学校课程体系、教学实施体系、学生综合评价体系、资源保障体系、机制运行体系、影响力辐射体系等七个方面进行评价，继而鉴别学校多样化办学的特色鲜明程度。

七 进一步推进普通高中多样化办学的对策建议

（一）制订普通高中多样化办学评价标准，发挥督导评价导向作用

多样化、优质、特色已经成为我国当前和今后一段时期普通高中教育发展的核心理念，实现普通高中的优质、特色发展必须以多样化办学为前提条件，而多样化办学若要取得实效，必须强化省级政府的“统筹”责任，落实市（县）级政府在“区域层面”的“举办”责任和普通高中的“主办”责任。因此，国家制订普通高中多样化办学评价标准，对各级政府和学校开展督导评估，对于推进普通高中多样化办学“落地”具有重要作用。

（二）加强普通高中分类办学规划，推进区域内普通高中办学模式改革

从某种意义上说，区域层面是普通高中多样化办学政策能否切实“落地”的关键所在。因此，区域层面必须破除区域内普通高中办学模式的同质化倾向，树立普通高中分类办学的强烈意识，开展多样化分类办学的研究和实践，积极回应区域内家长和学生对普通高中的多样化教育需求。

（三）保障学校办学自主权，激发办学活力

要增强普通高中实施多样化办学的积极性和自主性，必须激发普通高中

内生动力，为尽心教育、积极办学营造良好环境，因此，要进一步深化教育“放管服”改革，大幅减少对普通高中学校的各类检查、评估、评价，发挥普通高中办学主体作用，使其在课程建设与实施、招生、经费使用、机构设置、职称评聘和岗位设置与聘用等方面享有充分自主权，并建立普通高中多样化办学的激励机制。

（四）初中开设职业生涯教育课程，为高中阶段普职分流做准备

当前因生源萎缩，中等职业教育的发展并不十分乐观，距离实现《高中阶段教育普及攻坚计划（2017～2020 年）》提出的“切实落实普职大体相当”的招生规模仍有较大差距。调查发现，如果初中生在毕业后选择就读中等职业学校，有半数家长会支持子女的选择。因此，有必要在初中开设职业生涯教育课程，帮助初中生了解自己的特点与优势、兴趣与潜能，树立职业生涯规划意识，引导一部分初中生形成接受职业教育的积极意向，这一方面有助于扩大中职教育招生规模，另一方面，也有助于缓解普通高中生源增幅过大的压力，为推动普通高中多样化办学创造条件。

中国智慧校园发展现状与前景分析

谢 波*

摘 要： 近年来，得益于国家政策支持以及顺应教育规律，智慧校园建设发展迅猛。技术方面，物联网、大数据、云计算和人工智能技术渗透于学校基础设施建设、教学资源、教学环境、校园管理和校园服务各大环节。行业方面，智慧校园行业处于起步阶段，壁垒暂时不高，加之政策支持，广阔的市场和深厚的潜力吸引了科技巨头纷纷参与。目前，智慧校园建设面临技术精细化程度低、与教育融合度低、规范度低、标准模糊、成本高昂等问题。未来，智慧校园的发展将彻底扭转思路，从对技术的关注转向对人的关注；聚焦解决教育公平、教育精准扶贫、素质教育与学生全面发展、教师队伍建设等现实问题；用智慧推动教育理念革新、用技术进步推动指导技术的教育思想的进步，从而推动智慧校园、智慧教育乃至整个教育的升级。

关键词： 智慧校园 新兴技术 智慧校园行业 智慧教育

近年来，云计算、大数据分析、物联网、人工智能等新兴技术如雨后春笋般不断兴起，教育信息化、数字化、智能化得以持续推进，“智慧校园”这一理念越来越被人熟知。

2010 年，浙大首次提出智慧校园的概念——“是数字化信息化发展到

* 谢波，博士，教育学者，供积于西交利物浦大学。

一定阶段的产物，是实现教育智能化、智慧化的必经之路”①。强调了智慧校园的表现形式：通过高新技术手段，实现教育方式、学习过程、教学情境等智能化变革。未来的智慧校园将提供这样一种学校教育：师生教学冲破时空限制，学生学习实现泛在化、终身化，校园生活全面智能化以及校务管理实现全方位的安全升级。历经十余年发展，智慧校园早已为人熟知，诸多教育工作者从不同角度加以诠释，丰富其内涵。相比传统校园，智慧校园服务于教育系统，在校务管理上的安全性和环保性更高，是一种“安全、稳定、环保、节能的校园”②；校园环境方面也具有传统环境不可比拟的洞察性和预测性，是“能对教育教学、教育管理进行洞察和预测的智慧学习环境”③；同时，智慧校园目前十分依赖技术融合，强调校园各功能模块之间的数据打通，“智慧校园 = 1 个数据中心 + 智慧校园基础设施 + 八类智慧校园应用系统 + 智慧性资源”④。2018 年，国家标准《智慧校园总体框架 GBT36342—2018》发布，指出智慧校园的建设包括校园基础设施、智慧教学环境、智慧教学资源、智慧教学管理、智慧教学服务；并规范智慧校园相关术语，包括从数字校园到智慧校园、智慧教学资源、智慧教学环境、智慧校园服务、数据分析、数据挖掘、智能监测、在线学习、一卡通、虚拟校园等十二个部分。

智慧校园建设不仅是校园技术设备的革新，更是遵循教育的逻辑，用新兴技术解决当代学校教育痛点、难点的过程，其实质是通过技术和方式的变革，实现教育领域的整体改革，回归学校育人本质。具体表现为借助新兴技术，以智能应用服务系统为载体，打造教与学、学术与科研、校务管理与校园生活的智能融合，从而构建校园新生态。就智慧校园的内涵而言，不局限于大数据、人工智能、物联网等新兴技术在校园建设和管理中如何使用的层

① 王运武、于长虹：《智慧校园——实现智慧教育的必由之路》，电子工业出版社，2016。

② 王运武、于长虹：《智慧校园——实现智慧教育的必由之路》，电子工业出版社，2016。

③ 王运武、于长虹：《智慧校园——实现智慧教育的必由之路》，电子工业出版社，2016。

④ 《“智慧校园”，重塑传统教学，个性化教育将如何改变我们的孩子?》，https://www.sohu.com/a/423458302_804623，2020 年 10 月 9 日。

面，更关注在解决教学教研、家校合作、教育公平、考试与评价等具体领域的痛点难点问题时，智能化应用场景的实际效果。学校作为建设对象，既是智慧校园的使用者，也是开发者，在实践—总结—实践中反复打磨，从而实现智慧校园新生态。

一　智慧校园发展：政策、环境、新理念推动

（一）政策赋能智慧校园新发展

1. 体系化的国家战略与政策支持

体系化的国家战略与政策对智慧校园发展从整体方向到细分领域进行了详细指导，成为智慧校园发展的重要推力。《教育信息化十年发展规划（2011～2020年）》部署教育信息化作为整体发展方向，“以教育信息化带动教育现代化”“信息技术对教育发展具有革命性影响”。《国家教育事业发展“十三五”规划》指出要积极发展“互联网＋教育”，综合利用互联网、大数据、人工智能和虚拟现实技术探索未来教育教学新模式。《教育部等九部门关于加快推进教育信息化当前几项重点工作的通知》提出“大力发展与国家教育现代化发展目标相适应的教育信息化体系”。此后，每年部署教育信息化年度工作要点，并就基础教育、初等教育、高等教育、职业教育等细分领域均出台指导意见。《教育部关于新形势下进一步做好普通中小学装备工作的意见》鼓励探索建设智慧校园：“鼓励教师学生自制教具，鼓励结合本地文化等配备装备”。《中小学数字校园建设规范（试行）》从技术保障与网络安全方面进行了规范。党的十八大、十九大无不强调推进信息技术与教育教学之融合，大力支持智慧校园的建设。以“智慧”为主题，以信息技术为支撑的教育变革，尤其是学校教育的变革早已展开。

2. “三通两平台”成果显著，教育信息化2.0持续引领

根据教育2020“收官”系列新闻发布会上的报告数据统计，教育信息

化1.0建设成果显著。早在2018年，我国教育正式步入信息化2.0，“三全两高一大”的建设目标继续稳步推进智慧校园建设。

表1　教育信息化1.0主要内容和成果

	主要内容	2020年成果
三通	宽带网络校校通	全国中小学互联网接入率99.7%
	优质资源班班通	多媒体教室比例95.2%
	网络学习空间人人通	师生网络学习空间1亿个以上
两平台	教育资源公共服务平台	各级平台184个，应用访问人数超3亿，资源共享总数超3.2亿，月活跃用户6000多万
	教育管理公共服务平台	全国所有学校“一校一码”、师生“一人一号”，共享教育基础数据达2.1亿次，支撑600多项地方业务开展

数据来源：教育2020“收官”系列新闻发布会，数据截至2020年12月。

表2　教育信息化2.0主要内容

三全	教学应用覆盖全体教师
	学习应用覆盖全体适龄学生
	数字校园建设覆盖全体学校
两高	信息化应用水平普遍提高
	师生信息化素养普遍提高
一大	“互联网+教育”大平台

（二）疫情助推智慧校园建设

2020年1月国内新冠疫情暴发，线下教育停滞。随后，教育部发布《关于中小学延期开学期间“停课不停学”有关工作安排的通知》，国家免费提供线上教育资源，各级各地学校开通国家中小学网络云平台和电视空中平台，自主选择学习资源组织线上教学。随着疫情被逐步控制，各大高校、中小学迎来开学，并纷纷借助智慧手段，做好疫情防控工作，推动校园工作高效展开。

大规模开展线上教育的实践推动了空中校园的建设，也暴露了技术与教育融合在具体操作层面的大量问题，这些问题也正是智慧校园建设的升级空间。疫情这一特殊时期成为智慧校园建设的转折点。

表 3 疫情期间智慧校园应用系统实施情况

八大智慧应用系统	应用技术	实践效果
学生成长类	企业微信,移动应用,专业微课工具,5G,AI	网络学习空间,智能讲台,空中课堂,课后答疑、作业提交,实时监督管控学生的学习状况、作息情况、锻炼情况等
教师专业发展类	AI 智能工具,人工智能,物联网,教学助手	聚焦教师能力提升、职业发展规划、信息素养培养的智慧教育产品;全场景教师工作发展平台;采集教师工作使用中的优质知识,构建智能校本云知识库
科学研究类	云计算,智能关联知识图谱	校园知识库,科研网络实验室
教育管理类	大数据平台,智能算法,全场景数据采集	教职工考勤管理,师生健康登记、返校申请和数据统计,疫情区学生临时困难补助审批,学生学情分析
安全监控类	物联网感知技术,大数据平台,AR	校园公共区域监督,"智慧消防"模式,风险数据估算,校园 AR 实景防疫管理平台
后勤服务类	AI 人脸感知与识别,红外线成像	智能测温门岗机器人、注册登记、信息核对、口罩佩戴监督、宿舍楼门禁管理
社会服务类	校园通,智能标注	疫情期间校园访客管理,入校码、离校码、乘车码
综合评价类	智能算法,用户画像	疫情信息统计、流程审批

（三）教育（校园）新理念推动智慧校园建设

智慧校园在过去仅十余年的时间里能够得到如此快速的发展，离不开教育（特别是学校教育）新理念对于智慧校园建设的需求。教育理念和教育模式的变革需要现代化教育信息手段提供技术支撑。例如家校合作、走班选课、双师课堂、翻转课堂等具体领域，均与智慧校园建设密不可分。

表 4　教育新理念之下智慧校园发展情况

理念与内容	家校合作	走班选课	双师课堂	翻转课堂
智慧校园建设理念	家校互通智慧平台，通过互联网，为教师、学生和家长提供便捷沟通和个性化服务的信息平台	走班选课系统将选课的过程明朗化，个性化选课排班，数字化教育管理，志愿填报	虚拟课堂，经验丰富的“名师”链接一位辅导老师即助教共同上课	教学资源云共享，将要讲的内容提前分享给学生阅读和消化，课堂上答疑和讨论
智慧校园建设内容	云平台数据库，通过信息聚合、产品功能聚合建成模块化工具，嫁接在教务管理产品当中，形成家长、教师、学生三方互动	算法自动分班、自动分层排布走班课程；大数据统计每科人数和选课所覆盖的高校专业百分比；模拟选课结果提前配置教室、教师等教学资源	建设教育录播云平台，名师通过网络连线远程授课，助教则在实地负责课程管理、学生答疑、课后练习及作业批改等工作	师生教案共享，个性化教学方案设计，运用科技促进学生自主学习，教师作为引导者与学生互动、共同探究

教育发展与技术发展相互推动，融合日益紧密。一方面，技术发展重塑教育形态、教育理念，教育的变革离不开信息技术的支持，另一方面，教育新理念的产生和普及又推动智慧校园建设发展迈上新台阶。

二　新技术在智慧校园的应用

信息化建设不断普及，国家政策大力支持，作为教育信息化的核心内容，智慧校园建设如火如荼。目前主要通过四大技术——物联网、大数据、云计算和人工智能技术，作用于校园基础设施、教学环境、教学资源、校务管理和校园服务五大智慧校园场景，实现与教育的深度融合并解决教育领域的实际问题。

表5　智慧校园新技术

新技术	技术解读	应用领域
云计算	智慧校园建设的互联网数据平台，运用网络与虚拟技术把全校各类信息汇总成"资源池"，为全校的师生提供个性化的服务	智慧校园云，主要包括"基础设施服务"——为智慧校园软件提供硬件支撑；"平台服务"——认证服务、共享服务、数据管理服务等；"软件服务"——为师生定制个性化可视化的应用软件
物联网	对教学环境、校园人员与物品安全、师生日常生活进行智能化监控和管理，实现校园"全联结、全感知、全智能"	平安校园建设、智慧图书馆、"一卡通"校园卡、建筑智能节能管理系统、智能车辆管理系统、教室分配管理系统等
大数据	运用大数据技术统一了数据标准，实现由原来的单一粗放式管理向客观精细化管理的转变	根据校内网上教育资源浏览的次数，判断分析出学生关注的重点；数据共享和科研咨询平台；处理校园内网大量而杂乱的、种类繁多的信息
人工智能	遗传算法、离散优化算法等领先AI及DT技术驱动	ABIS校园多模态生物识别统一平台、眼神科技等应用于通道出入口、门禁、会议签到、访客、考勤、支付、防疫、安防、考试身份认证、电子班牌、新零售新支付等

（一）校园基础设施——安全稳定高效

校园基础设施是智慧校园正常运行的根基，主要基于五大系统，五大系统分别对应五大基础功能：智慧感知系统敏锐感知师生群体的不同需求，实时捕捉校园环境的不同需求，并提供全方位、多渠道的个性化定制化服务；网络通信系统实现校园网络全打通，为各类教学应用提供高速管道；数据库及服务器终端系统实现校园园区各智能终端的全联结，采集师生在校学习和生活数据，并对数据进行结构化分析；信息安全系统和智能化运维系统属于智慧校园框架的外围系统，分别对应信息安全体系和技术规范体系，维护校园的信息安防和学校系统的正常运行，保障智慧校园运行层面的稳定高效和信息层面的绝对安全。

（二）智慧教学环境——技术、环境与教学深度融合

智慧教学环境是智慧校园建设的外在直观表现形式，以智慧教室和各类特色教学教室为代表，主要服务于教学过程的智能设施设备和教学空间管理的数据采集系统，为教学过程提供现代化手段。以常见智慧教室为例，学科实验室以技术为载体，增强实验的互动性，全息投影、精细展现实验全过程。沉浸式教室通过 VR/AR 技术展现教学内容，让学生身临其境体验、沉浸式学习。多媒体教室通过 5G、音视频技术实现教学空间迁移，实时稳定传输教学内容。同时，教室中的设施设备例如智慧白板、摄像机、空调、电动窗帘、麦克风灯具、智能插座、电子班牌和门禁系统等，采集教室的环境数据，互联互通，实现对教学空间的统一管控和模块化控制，实现教学、环境、技术三者高度融合。

（三）智慧教学资源——资源共享与泛在化学习

专业教学资源建设是智慧学校的建设重点。目前的智慧教学资源主要包括资源数据库和资源应用共享平台。随着在线教育常态化发展，尤其是后疫情时代对智慧教学资源的需求突飞猛涨，现有的教学资源数据库和教研平台，满足了师生远程沟通、作业在线布置提交的需求，教师跨时空集体备课、磨课、评课的教研需求，使得优质学术资源、教学资源得到共享，教学方式突破了时空限制，学习过程实现泛在化。

（四）智慧教学管理——科学决策的有力支持

智慧教学管理既是学校决策的执行系统，也为制定决策提供了科学有效的数据支持。目前分为：协同办公系统协助教师做好教学科研工作，校务管理系统做好师生在校生活、学情分析，教务管理系统处理考勤、排课等日常教学事项管理，资产管理系统做好后勤工作。这四类系统不是单一孤立的应用平台，而是融合后的有机整体，有效收集更新学校各阶段、各模块的数据，并进行结构化分析，定期生成校情诊断报告，为学校科学决策提供有力支持。

（五）智慧教学服务——个性化精准化

智慧教学服务为师生提供个性化精准化的教育服务，目前主要包括图书馆系统、体育馆系统、校园生活系统、校园安全服务，既提高了学校的办公效率，节约大量人力物力；也为师生提供了一个网络无缝互通、海量数据支撑、环境全面感知、开放式学习环境和个性服务的教育空间。以智慧图书馆系统为例，通过 AI 面部识别，师生实现刷脸进出、借还书等过程，减去了烦琐的查询证件环节，保证图书借阅管理的高效性和安全性；同时，智能检测馆内的人流量、不同阅览室的座位数量、气温、光感、空气质量，自动调节阅读环境。

三　中国智慧校园建设现状

2019 年，教育部公布国内首批 8 个“智慧教育示范区”，各示范区可结合当地实际情况和自身优势，制定具体操作方案的建设内容。每个示范区智慧校园建设的侧重点各有不同，但基本可归纳为教学方式、教育评价、教育服务、学习环境、信息素养、新技术新平台、教育资源和教育治理八个模块，表 6 依据各地区政策对建设内容和侧重点进行评估，统计发现如下。

智慧校园建设最关注教学过程和评价模式变革。对教学方式和教育评价的关注度最高，普遍期望开发出能改革现有教学过程与评价模式的技术产品。其次是学习环境的改造，通过重构教学科研的实体空间，实现教育形式的转变。但现有学习环境改造也多数为了服务于教学过程，而非教学空间管理的数据采集。

智慧校园建设对教育服务关注度较低。目前对教育服务的关注度最少，这与我国教育现状，尤其是一些落后的教育理念有关。认为教育是获取知识、升学就业的途径，而非培养能力的过程，脱离教育的育人本质，必然导致教育缺失关爱、服务意识，体现在智慧校园建设层面即对教育服务建设的忽视。

对教育治理和信息素养的关注有待加强。对教育治理环节，以及师生信息素养提升方面的关注不温不火。这与目前智慧校园建设过于重视技术开发，忽视技术使用的具体过程和实际效果的现实息息相关，容易造成技术堆砌和资源浪费，增加教育治理困难。同时，师生信息素养提升的过程实质是教育主体与技术交融、教育与技术交融的过程。只有从本质上扭转对信息素养培养即培养技术操作工、属于信息老师的事等刻板印象，才能真正把信息素养培养视为智慧校园建设的重要环节。

表6　首批智慧教育示范区建设内容和特征

	侧重点	教学方式	教育评价	教育服务	学习环境	信息素养	新技术新平台	教育资源	教育治理
北京市东城区	构建区域泛在智慧化学习环境	*	*	*	*	*		*	
上海市闵行区	全面重构教育体系	*	*	*					*
山西省运城市	建设整体智慧教育系统	*	*		*	*	*	*	
湖北省武汉市	数据驱动智能化教育决策		*		*	*		*	*
四川省成都市武侯区	“六位一体”推进智慧教育	*	*		*				*
广东省广州市	建设七项重点工程		*				*	*	
湖南省长沙市	构筑教育发展新生态	*			*	*	*		
河北省雄安新区	建设智慧教育管理服务平台	*		*			*		*

注：* 即提及的建设内容。

四　智慧校园行业企业发展

结合近几年我国智慧校园行业的发展现状，从行业角度分析智慧校园的发展前景和方向。智慧校园行业处于起步阶段，壁垒暂时不高，加之政策支持，广阔的市场和深厚的潜力吸引了科技巨头纷纷参与。

智慧校园行业产值不断增长，行业市场规模不断扩大，未来将持续扩大，迎来更广阔的发展空间。尤其是“教育经费不低于8%的比例列支教育信息化经费”的政策将推动智慧校园建设继续加速。据智研资讯预测，

2020 年我国智慧校园市场规模达到614.82 亿元，到2026 年达975.27 亿元。

智慧校园的广阔发展前景吸引了不少科技巨头，华为、阿里、腾讯、百度等互联网大企业纷纷参与教学软硬件的研发以及教育管理系统的开发，智慧校园创新企业前五均为科技公司，优质公司迅速占领市场，强者愈强。

表 7　2020 年智慧校园创新企业前十

排名	企业	产品类型
1	华为智慧校园	精品课堂、互动课堂、桌面云
2	阿里钉钉	数字化管理平台 + 智能硬件——钉钉未来校园
3	天翼云智慧教育	远程互动教学、沉浸教学、校园直播、校园设备管理、智能测评
4	腾讯教育	智能连接、智能教学、智能科研、智能管理
5	百度教育	智慧课堂解决方案、人工智能教育解决方案、VR 教育产品和高校人才培养
6	海尔智慧教育	硬件 + 软件 + 服务三位一体的智慧教育解决方案
7	讯飞教育云	大数据精准教学系统、基于知识图谱和大数据精准教学系统的优质教学资源、智慧教考平台、智能评卷系统
8	保利威	空中课堂、云课堂、直播授课、教学直播舱
9	有孚网络	教育局 + 学校 + 老师 + 学生 + 家长五位一体"学生成长大数据"服务平台
10	好未来	基于智慧教育和开放平台的一整套智慧教育和未来学校建设的解决方案

来源：互联网周刊《2020 智慧校园创新 TOP50》，https：//www.360kuai.com/pc/927d25507403d3f84?cota = 3&kuai_ so = 1&sign = 360_ 57c3bbd1&refer_ scene = so_ 1。

2020 年智慧校园行业共完成 3 起投融资事件，全部布局在教育管理领域。三盟科技名列前茅，并承办了"2020 智慧校园标准体系建设与人工智能 + 教育论坛"，与高校共同探索人工智能在智慧校园中的建设。

五　智慧校园发展面临的问题

目前，智慧校园建设面临技术精细化程度低、与教育融合度低、规范度低、标准模糊、成本高昂等问题。

（一）技术层面有待提高

1. 中小学发展存在技术上的滞后性

目前中小学校园中的新兴技术渗透存在一定滞后性，主要表现在一体化建设和传统共融两个方面。一体化建设方面，“信息孤岛”问题严重，数据互通和共享上还存在较大的局限，教师教学、科研的数据，学生学习和生活的数据，家长能获得的数据以及后勤管理、校务管理的数据目前还比较孤立；传统共融方面，新兴技术与传统教育的融合度有待提升，智能设备的功能还未充分使用，例如教师操作智慧教室还停留在PPT展示、智慧黑板等简单层面，对智能设备的管理也仍是传统方式，耗费大量的后勤人力，这些都需要探索传统与新兴高效配合的新方式。

2. 技术应用的精细化程度有待提升

主要表现在师生教学和教师科研两方面。目前，新兴技术对教学过程的核心——“教与学”改造的精细化程度还不够高，只停留在提供工具、改变教学环境、辅助教学资源等层面，而无法帮助甚至还阻碍了师生双向互动的发生。同时，新兴技术对于教师科研等平台的建设还不够精细，大部分情况下，无法密切配合，仅仅提供简略的信息资源查询功能、有限的信息交流渠道，无法将信息化资源变现成实际可用的成果。

3. 存在技术瓶颈

目前，智慧校园建设还在初级阶段，尽管各级各地学校都在积极探索，但尚缺乏成熟的体系和成功可普遍推广的成功案例。

4. 技术中的隐私和伦理问题缺乏规范

智慧校园系统在对师生和学校的隐私和信息保护方面缺乏规范，在什么是有用的数据、什么是私人的数据方面，边界模糊、监管不严，加之一切人工智能技术都会涉及诸多伦理问题，智慧校园系统在处理海量信息时应该慎之更慎。

（二）与教育融合度低

1. 重技术堆积，缺教育应用

教育是目的，而技术只是手段。诸多学校在建设智慧校园的过程中，普遍存在注重高大上技术，而忽略教育本质、校园本质的问题。主要表现在：对智慧校园尚且认识不清就盲目跟风，为了建设而建设；智慧校园建设中过于盲目追求技术，既没有系统的规划，也没有专业的理论指导；未形成成熟的应用模型与策略，信息技术设备闲置、使用效率低。很多智慧校园的建设，过于关注支撑技术和管理平台，忽略了教育最终的本质还是人，弱化了“以人为本”的发展理念。①

2. 缺乏教育性、专业性的理论指导

首先，现有的网络教学系统无法为一线教师提供切实的、真正能便捷操作的工具；其次，现有的教学资源质量参差不齐，海量的教学资源徒增教师使用时筛选的烦恼；最后，空中课堂和直播教学脱离课堂和教学本质，泛娱乐化。

（三）行业本身的问题阻碍校园建设

1. 政策体系不够健全，缺乏行业规范

智慧校园行业标准、行业规范、行业制度等都未出台，产品和技术的操作准则也没有明确的指导。企业缺乏智慧校园行业发展的政策扶持和内生动力。

2. 产业化程度较低，缺乏衡量标准

我国智慧校园行业起步较晚，行业亟须提高产品及服务质量、优化基础资源配置、夯实产品技术更新迭代能力、解决用户迫切需要解决的痛点问题。

（四）成本高昂

智慧校园建设是体系性工程，投入总量大、项目多、要求高、难度大、周期长，智慧校园从硬件层面来讲，需要部署很多红外线感应设备、定位设备、光感设备等物联网终端，才能实现理想中的智慧校园，但因为造价高昂，很多学校无力承担。

---

① 李易俞、陈金华：《国内外智慧校园研究热点、发展趋势与异同比较》，《现代教育技术》2020 年第 3 期。

教学设备有基本的使用年限，更新换代快，升级维护频繁，进一步提高了使用成本。加之学校内的部分软件使用率低，增加了师生使用的时间成本和后勤处的管理成本。

六　智慧校园发展趋势预测

智慧校园的基础设施建设已经比较完善，“十四五”时期，研发出更适应校园、智能化程度更高以及专业性更强的产品是大势所趋。

（一）从关注技术转向关注人

1. 智慧校园建设应回归育人本质，从对技术的关注转向对人的关注

技术用于课堂教学、考试评价，其实质是通过教学手段和方法的变革，打造促进学生身心健康的生态校园，培养全面发展的人。在教育目的和现代化教育理念等的引领下，以人为本、以教学为导向、以用户为中心，精心设计，① 实现人、智能软件、硬件设备三位一体、有机融合的生态整体。

2. 打通学校、家庭、社会的屏障，三大主体协同育人

依托智慧校园，满足校园中所有使用者的需求是未来发展的大趋势。目前，学校企业协作办学、家庭学校混合育人的模式已初具雏形，接下来，智慧校园建设将关注如何将三者有效、高效结合，打造学校家庭社会协同建设的智慧校园，以企业投入降低办学成本、家长配合提升办学质量，三者形成合力，科技赋能，从而形成智慧校园新生态。

（二）聚焦现实问题

智慧校园的建设不仅关注新兴技术在校园建设和管理中如何使用，更关注在解决教育具体领域的痛点难点问题时，智能化应用场景的实际效果。聚焦解决国家长期重点关注的教育公平、教育精准扶贫、教师队伍建设等现实问题。

---

① 于长虹、王运武、马武：《智慧校园的智慧性设计研究》，《中国电化教育》2014年第9期。

1. 科技赋能，教育信息化助力教育公平和教育精准扶贫

主要体现在教学方式的革新、教育管理与评价方式的革新、优质教育资源全民共享以及技术助力沟通四方面。教学方式层面，通过建设沉浸式、体验式教室，给偏远农村地区学生身临其境的课堂体验；教育管理与评价方式层面，利用物联网和大数据分析手段，对教育进行过程性管理和评价，为学生定制个性化的成长计划，缩小城乡差距，缩小个体差距，不再一考定终身；教育资源方面，大力开发优质教育资源、优质教学平台，全国教师实现集体在线教研备课，全国师生实现课堂互动协同上课；技术助力沟通层面，借助技术手段增加教育中的人文关怀，例如课后名师在线帮扶、远程辅导，构建学生一对一帮扶平台，不但给予贫困地区孩子以学习上的帮助，还有生活、视野上的交流。

2. 助力教师队伍建设，尤其是新时代乡村教师队伍建设

接下来，全面振兴乡村教育是教育发展的重中之重，而乡村教师队伍建设则是乡村教育振兴的中心。利用智慧校园系统，建设稳定、高质量的乡村教师队伍，提升教师素质能力是接下来的重点方向。与此同时，建设专业队伍和专家智库，细分到各级各类学校，提升师生的整体信息素养从而实现教育与技术的交融，也是智慧校园亟待完成的任务。

（三）用智慧推动教育理念革新

技术发展重塑教育形态，促进教育变革。学校不但要实现教育与技术的深度融合，还要基于信息化思维，实现信息化时代教育理念与实践的创新。学校作为建设对象，既是智慧校园的使用者、受益者，又是智慧建设在教育领域的开发者、指导者。在实践—诊断总结—实践中反复打磨，不断创新，提炼本校办学特色的信息化建设方案，从而实现智慧校园新生态。

未来，智慧校园的发展将扭转思路，从对技术的关注转向对人的关注；聚焦解决教育公平、教育精准扶贫、教师队伍建设等现实问题；用智慧推动教育理念革新、用技术进步推动指导技术的教育思想的进步，从而推动智慧校园、智慧教育乃至整个教育的升级。

教育信息化助力中小学办学质量提升的实践案例研究

郭婷婷　杨东艳*

摘　要：　本研究首先回顾我国教育信息化的政策支持和简要发展历程，从三个不同水平的学校案例入手，分析其推进信息化并取得较为理想效果的实践特征和经验启示，从促进教育本质发展的意义上讨论教育信息化对于不同能力水平的学校提升质量、促进教育现代化的作用机制。最后本文对学校开展教育信息化的工作进行反思和建议，提出关注学习者的主体性，以信息技术建设推动教学方式和课程设计的系统优化，并将信息技术代表的公共性、参与性文化融入学校管理体制创新。

关键词：　教育信息化　中小学　办学质量　教育现代化

2020年初新冠肺炎疫情期间全国大中小学“停课不停学”，大规模开展网络在线教育，不仅改变了教师的教、学生的学，而且影响了学校的管，为推动教育信息化的快速普及提供了强大的助推力，但也暴露出很多问题：“数字鸿沟”仍然存在，各地区各学校不仅在信息化硬件设备、网络环境、数字资源方面存在“信息鸿沟”，更重要的是教师、学生在对信息技术的认识和使用能力方面也存在“素养鸿沟”，要实现全方位的在线教育仍面临巨

* 郭婷婷，21世纪教育研究院教育创新中心执行主任，副研究员；杨东艳，潍坊市教育局高新分局基础教育科科长。

大的挑战。

进入后疫情时代，教育信息化越来越凸显其重要意义，并在潜移默化地影响学校教育机制，有可能促进并支持教学理念和教学方式的相应变革。这种变化将如何发生，学校如何合理、有效利用教育信息化的力量，走向培育未来时代需要的教学方式与学校形态？本文试图从以信息技术推动教育变革的学校案例出发，探讨教育信息化在学校中的作用机制，以及未来教育信息化的发展建议。

一　教育信息化发展现状与问题

（一）教育信息化进程简述

我国教育信息化工程经历了从局部试点到全面铺开、从硬件设施的建设到软件的改善过程。我国教育信息化建设最早是 2003 年开始的农村中小学远程教育工程（简称农远工程），国家共投资 4.6 亿元，重点在农村中小学建设计算机教室、卫星教学收视点及教学光盘播放设备等硬件设施；在“全面改薄”项目的实施下，各地学校网络教学环境快速改善。

2010 年开始进行“三通两平台”的建设，“三通”即“宽带网络校校通”“优质资源班班通”“网络学习空间人人通”，2012～2013 年实施的“教学点数字教育资源全覆盖”项目，通过“专递课堂”、“名师课堂”和“名校网络课堂”，提供更多优质网络教育资源，逐步缩小区域、城乡、校际差距。

2018 年颁布的《教育信息化 2.0 行动计划》明确地将“人工智能”作为重要关键词；国务院发布《中国教育现代化 2035》进一步强调了对数字化教育资源的共享，新型教育服务与监测、教育治理方式的变革，体现了教育信息化发展上新的指导理念。国内近年来已经在一些有条件的地区逐步开展了自带设备、平板教学、网络双师课堂等在线教育实验，促进分层教学和个性化教学等课堂教学方式变革。

2020年疫情期间，全国范围内开展声势浩大的在线教育，[①] 截至2020年5月11日，国家中小学网络云平台浏览次数达20.73亿，访问人次达17.11亿。国家中小学网络云平台作为维持疫情期间基本教学进度的应急手段，在强大的工作保障机制支持下，迅速提供了体系化的丰富网络课程资源，包括防疫教育、品德教育、课程学习、生命与安全教育、心理健康教育、家庭教育、经典阅读、研学教育、影视教育、电子教材等10个方面，进行了规模化的网络课程体系建设。虽然疫情期间的在线教育遇到了各种困难，实施水平参差不齐，但确实在很大程度上促进了教育信息化的进一步普及，推动了各校转变教育理念，提高信息化素养。

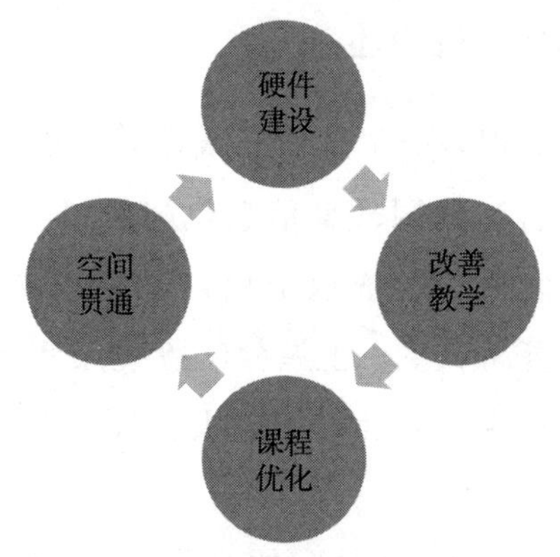

图1　教育信息化在学校教育中的推进路径

整体来看，我国信息化建设大致可分为“硬件和网络建设—课堂信息化—课程信息化”三个阶段，每一阶段的工作可为下一阶段的信息化发展奠定基础；如果前一阶段的工作未完成就推进后一阶段的工作，则可能因为缺乏必要支持难以取得良好效果。

---

① 教育部基础教育司：《疫情期间中小学线上教学工作情况》，http：//www. moe. gov. cn/fbh/live/2020/51987/sfcl/202005/t20200514_ 454112. html，2020年5月14日。

（二）疫情期间的在线教育：推动与困境

因社会经济水平的差距，不同地区的学校的教育信息化发展阶段也有不同，在后疫情时代进一步推广教育信息化应用时，这种差异必然带来各种问题和困难。正视困难和问题并采取积极措施，有利于使其成为促进教育信息化发展的动力。

1. 信息化资源未得到有效使用

随着教育信息化设备和网络环境在全国普及，国家的“教学点数字教育资源全覆盖”项目虽然缓解了很多学校“有车无货”的现实问题，但数字化教学资源尚未形成常态化应用模式，区域统一编排的教学资源也存在不能满足个性化需求，尤其对于一些弱势学校适用性、针对性不足的问题。

这个问题不仅是资源本身设计的问题，也与教师和学生的信息素养有关，城乡之间不同地区学校之间在信息技术使用技能方面的差异可称为“素养鸿沟”，也即信息鸿沟的第二阶段。大量中小学教师缺乏学习、应用信息技术的能力和意愿，甚至把信息技术当成负担，导致学校已经具备的信息化设施和软性资源形同虚设。

2. 教学方式、课程设计亟待升级

满足个性化教育和终身教育的需求是教育信息化的一大优势，但从2020年疫情期间的在线教育实际状况来看，目前大多数教育信息化改革并未实现真正的“翻转”和“个性化”，大多线上课程只是将线下学习的内容和模式搬上互联网，对所有的学习者进行无差异性的单向式教学。在线课程没有了教师和学生之间的互动，很多学生并未实现有效的学习；一些不具备网络或硬件条件的家庭为无法学习而苦恼，而有设备的家庭可能为学生每天的刷幕时间过长而烦恼；一些利用平板教学的课堂上，仍然是五六十人统一用平板看课件、统一做题，个性化的教学设计无从实践。

3. 理念滞后限制信息技术效用发挥

教学改革的背后是教学理念的转变。传统课堂中，教师与学生更多是施与受的关系，学生在教师指导和训练下学习、练习，衡量标准是学生是否按照规定的教学目标掌握了教师教授的知识点和技能。当疫情推动下在线教育大规模普及时，教学方式突然改变，以前尚未建立自主学习习惯的学生难以如社会期待的那样自律、专注而高效地实行线上教育计划。

当信息技术给课堂打开了更广阔的资源空间、提供了更丰富的体验感时，如果教学观念尚未转变，我们的教学目标仍局限于掌握某种知识和技能，课堂模式过于强调规训与控制，信息技术能发挥作用的空间实际上就很有限。一些学校甚至通过图像抓取和人脸识别技术判断学生课堂投入度、教师绩效，这种信息技术的使用非但没有为学生赋权，反而强化了教学中的控制与监视。

二　信息技术影响学校教育的案例分析

为了探讨各类学校如何结合自身特点，有效推进教育信息化进程，本文选取了三个不同发展层次的学校作为典型案例，分别从弱势学校弥补短板、传统式学校形成特色、未来学校个性化创新的不同视角，具体讨论教育信息化在定位不同、资源不同的学校中，如何更加有效地发挥其应有的作用。

四川宜宾凉水井中学，作为一所欠发达地区乡村学校，面对城乡教育差距和信息鸿沟，利用信息化弥补课程与教学资源的短板，提升师生素养，提高整体办学水平，实现转型突围。

山东潍坊高新区双语集团是一所民办公助学校，得益于所在地非常重视推进教育信息化并为其提供有利发展条件，关键是学校努力突破办学围墙，在教育信息化的助力下构建泛在化学习社区，探索家、校、社的协同育人机制。

探月学院是国内一所面向未来的高中段创新教育项目，将信息技术与产品研发、学生评价、教师发展和现代化创新型学习组织等深度融合在一起，探讨如何利用技术创新赋能未来教育。

本文主要希望从普遍意义出发，立足于每一所学校的自身实际，解析信息化助力学校办学质量提升的相关经验，以期为其他学校提供启示。限于篇幅和笔者经验，并不能完全涵盖教育信息化在各校中复杂多样的作用方式，谨以此三个案例抛砖引玉。

（一）以课堂变革支持教育质量提升案例——四川宜宾凉水井中学

1. 实践特征

城乡教育水平和教育资源的不均衡目前仍然存在，教育信息化有可能为乡村教育发展提供一条“弯道超车”的改革通道。以四川宜宾凉水井中学为例，该校以信息技术设备支持“旋转课堂”模式的分层教学，不仅大大丰富了教学资源，而且充分调动了学生的积极性，提高了教师的信息素养，大幅提升了教学效能。

四川宜宾凉水井中学创办于1958年，是一所地处偏远的农村公办初中，前些年一度面临被撤并的危机，生源、教师不断流失。为了学校的生存，学校必须在资源有限的条件下提高办学质量。继2015年实施基于“分层教学、全科教学、翻转教学”的“旋转课堂”特色教学模式之后，为了充实课堂内容，凉水井中学又开始探索通过信息化手段扩充教育资源、转变教学模式。

在该学校的信息化过程中，第三方技术团队起到了重要的支持作用，采取自带设备（BYOD）的方式带领学生进行深度的专题学习。在此过程中，教师成为“教练”的角色，为不同能力和兴趣的学生进行分层教学设计。后来凉水井中学又与技术团队合作，以资源库形态对互联网资源进行模块化处理，构建联网的信息化教学平台。

在信息技术的支持下，凉水井中学实现了在师资力量非常有限、生源水平非常一般的前提下，教学质量的提升。这首先体现在确立了以学生为中心的课堂模式，学生拥有更多的自主学习空间。其次，教师角色和教学流程都发生了根本性变革，学习场景和学习资源更加丰富，提高了学生的学习积极性。

凉水井中学教学成绩从刚开始的全区倒数第三名提升到全区的第一名，改变了农村学生能力低、成绩差的社会刻板印象，赢得社会广泛关注和好评。中国国际电视台 CGTN 曾对该校进行深度报道，全国多地教育工作者赴凉水井考察学习。

2. 经验启示

利用信息化缩小城乡教育鸿沟是近年来社会关注的热点。凉水井中学地理位置偏远、留守儿童过半、师资紧缺，在发展条件不利的情况之下，借助信息化手段丰富了学校教育资源，更重要的是，以此推动教学理念和教学方式的重构，打开了乡村教育改革的新通道。

信息技术提供了促进教育公平、提升学校教学质量的可能，但正如凉水井中学原校长龙云君所言："再好的硬件配置、再多的功能，如果不大胆地用，很难发挥作用。"从凉水井中学的案例中，可以看到全校的教师、学生真正卷入信息技术教学的改革过程中，通过大量、持续的行动，逐渐摸索出适合本校学情的教学技术与信息技术相结合的实践方式。

首先，该校认识到信息技术只能提升教学流程的效率，而更为关键的是教师要改善相应的课程设计。因此，学校将信息技术与课程设计和课堂教学转型紧密结合，将"以学生为主体"的理念贯穿到课堂之中，实现以教育信息化改革加强人与人之间的真实联结、形成高效互动的学习共同体的成效。

在"硬件建设—课堂设计—课程设计"的教育信息化发展阶段中，凉水井中学在第一个阶段硬件建设中采取了自带设备（BYOD）的方式，快速启动教育信息化改革进程，而对教学设计和课堂模式部分投入了大量的时间、精力，借助第三方专业机构的支持反复研讨和优化，逐渐以产品化思维进行了信息化课程体系的设计。可以看到，该校的信息化进程逐步推进，非常扎实。

其次，该校让教育信息技术服务于教师，为教师赋能，以人作为最终目的。在信息技术支持下的课堂中，简单的问题通过学生之间的互帮互助、共同学习得以解决，教师将有限的精力运用到指导学生学习规划、解答疑难问题、根据课堂数据进行个性化教学设计等关键行为上。在这个过程中，教师更加关注学生心智成长，而不仅仅是难题、知识点的掌握程度；教师自身也提升了教学设计能力，更新了教学理念，因而也有更强的价值感和工作效能感。

最后，该校注重以信息技术将学生置于课堂的中心，提升其学习的内在动机。在改变了教学设计和课堂模式后，平板电脑不只是储存学习材料的“电子书包”，而是个性化的独立的“兴趣通路”，能够在课堂里建立更加平衡的师生信息权利，改变以往低效的信息单向传播方式。

在凉水井中学普通的课堂上，看完微课后，各小组会呈现信息技术支持下的多种学习形态：组内讨论、组长解读、在黑板上实操解题、请教教师、学习平板推送的其他资源等等，学生们按照自己的能力和理解程度，自动分层分类以不同的形式、不同的深度，同样专注地投入学习过程之中。学生在学习中运用更多掌控进度与选择方式的权利，体会到在小组学习中相互讨论、相互合作的乐趣，从而激发了内在学习动机。

在师生的共同努力下，让信息技术赋能教学实践，真正成为有生命力、有实用性的手段，支持学校提升教学质量、社会认可度。

（二）以泛在化学习社区促进特色文化案例——潍坊高新区双语集团

1. 实践特征

以信息化引领学校高质量发展是新时期学校变革的有效途径。

潍坊高新区双语集团自 2017 年被确立为山东省教育信息化试点单位，以“实施泛在的信息化管理，打造一所没有围墙的学校”为目标，不断丰富信息化育人环境，构建泛在学习社区，让师生、家长均成为学习的主人。

一是，发动教师、学生和家长的积极性。一开始，教师存在抵触情绪，认为“信息技术就应该是信息技术老师的事”。学校通过多次调研、培训、论证，引领教师发现信息技术对于提高教学效率、改善师生关系和家校关系的作用，教师们逐渐转变了态度，主动将信息技术融入教学和管理日常。学校邀请家长、学生参与直播课程建设，还通过网络直播进行云班会、云家长会、每日家访、特殊群体关注会等，让家长和社会更多了解和参与到学校建设中。

二是，构建五位一体的“云校模式”。首先，抓住课程建设的主线，2020年学校开发了1万多节直播课，网络直播课程从主题式、探究式的小单元，逐渐扩充到包括学科课程、活动课程、德育课程、家校课程等多个模块在内的分层化、系统化的课程体系；同时，加入家长和学生的亲子课程和职业课程，学生直播的学科类、兴趣爱好类及德育类内容。其次，学校利用潍坊高新区提供的教育云平台建设网络教育空间，构建“教学管评研”五位一体的“云校模式”，即“云课程”“云课堂”“云管理”“云教研”“云评价”，为教育信息化的下一步发展拓展了空间。

2. 经验启示

潍坊高新区双语集团的信息化成果与其所处区域的信息化建设政策高度相关。山东省是第二批进入高考改革的省份，要求学校在运行机制、管理体制、育人模式上都要深化改革。潍坊高新区近年来大力推动以信息技术创新应用促进教学方式变革和教师素养提升，2018年颁布《教育信息化发展三年行动计划》，采取平板教学试点、编程课和人工智能课自编教材试点，以高新未来教育云平台推动教育治理。潍坊高新区自2018年起鼓励各校开暑期网络直播课程，2020年疫情期间该区是全国最早有序地开展直播课的地区之一，网络授课的教师占全区总数的78.7%，形成了全区积极推进教育信息技术的勃勃生机。

有利的政策导向和区域资源也需要学校自身的主观能动性才能发挥作用。双语集团能充分利用区里提供的云平台、信息化培训等客观条件，积极投入、全员参与，以踏实勤奋的作风将信息技术融入学校教育常规，并延伸到假期中。

集团一系列的信息化建设紧紧围绕本集团“全天生活皆教育”的办学理念，以信息技术为助力打造了“学生乐学、教师善教”的学乐文化，使信息技术具有了人性化的价值理念，更容易得到教师和家长们的认同，也为集团充分调动教师、家长、学生多主体参与到信息化过程之中提供了理念基础。

双语集团为推进教育信息化提供了运营管理机制上的充分支持。校长作为首席信息官（CIO）负责信息化的规划、推进和管理；管理团队不仅自上而下地运用行政权，同时也是项目管理者、项目研究者、项目协调者，在管理者以身作则的带动下，教师们从开始对教育信息化有犹豫和抵触，逐渐转变为接纳乃至热爱。

该校重视对教师和学生参与信息化建设的过程和结果进行评价，通过即时性评价、集中性评价和自主评价多种方式及时反馈、以评促建，确保信息化发展的方向正确。而且，学校利用民办学校的自由资金，为信息化建设提供资金保障，保证前期投入和日常运营的常规预算，满足了学生多元化的学习需求。

（三）个性化教学和管理机制创新案例——探月学院

1. 实践特征

信息技术为创新型学习组织提供支持，让个性化学习和评价成为可能。

探月学院将可汗学院等在线教育的内容作为课程资源嵌入自行开发的在线学习平台，形成供学生自主选择的学习产品“超市”。平日依托在线学习平台、工具促进学生即时交流和便捷分享，营造体验感强的学习社区；通过在线学习平台的数据接口，结构化地收集每周学生在各平台上的学习数据，呈现可视化学习报告，成长导师定期基于学习数据报告与学生讨论并调整学习目标和计划。

该校注重以信息化技术支持学生的素养评估。作为“素养成绩单联盟”（MTC）在国内5所合作学校之一，探月学院努力探索以素养为导向的表现性评价方式，其评价内容包含标准化表现性任务、教师设计的表现性任务和学生自主选择的任务三部分；评价框架里既包括学科素养方面的成熟框架，也包括学校自定的通用素养，通过信息技术系统支持结构化的数据存储，保存过程性数据。

素养成绩单系统以交互式、透明化的在线系统呈现，学生的每项学分都必须有可追溯的事实证据。探月学院的学生经历目标设计、学习、反思以及自评后，会把发展证据上传到信息系统相应的能力模块里，请教师来认证。

每个学生的校级年度答辩及答辩委员会的反馈也是素养成绩单的重要内容，与经过教师认证的学习证据共同形成校级认可的可视化成绩单，为学生申请认可“素养成绩单联盟”的国外大学提供依据。

为满足教学中的个性化需求，探月学院自主研发多个创新教学和素养评价的线上产品，一方面为今后进行学习分析和教育大数据挖掘奠定基础，有助于设计个性化、终身化的学习路径；另一方面可提高教师的教研效能，丰富教育空间的教研资源，推进未来物理空间与线上空间相融合的智慧教育。

2. 经验启示

作为小众化的教育创新学校代表，探月学院在运用信息技术中对学生能力素养的培养和学校管理机制的创新，值得其他类型学校借鉴。

首先，探月学院各学部在管理上给教师们留下了充足的自主空间和创新空间，利用信息技术为其提供支持。学院不强制要求教师们必须使用某个系统或平台，教师可在满足接口设计及学校管理需要的最小数据集基础上，自行选择喜欢的系统。① 在信息技术支持下的分权管理模式下，各学部拥有相应的决策权，更有助于教师们发挥创新能力，有效参与学校治理。

其次，探月学院的教师队伍信息化素养水平较高，设置了专门的 IT 部门梳理教师需求、维护和研发信息化产品，客观上具有一定优势。个性化的产品的开发重视一线教师与 IT 技术部门合作，教师作为产品经理参与产品技术选型，让信息技术有效地服务于教学和管理的个性化需求。

在探月学院这样的创新学校，教育信息化已经不停留在教学资源的补充、教学设计的辅助上，其与产品研发体系、素养评价体系、教师发展体系深度融合在一起，为教育创新提供了有力支持。

（四）小结与分析：信息技术对不同类学校教育的影响机制

1. 作用机制的共性

上述三个学校案例具有不同的教学水平和管理体制，在教育信息化应用

① 鲁家钰：《“不好用、不想用、不会用”，为什么教育信息化这么难?》，https：//www. sohu. com/a/346400747_ 177272，2019 年 10 月 12 日。

的切入点和作用机制上不尽相同，但也有一些共性。

首先，上述三个学校案例的共同特点是对以学习者为中心的强调和对学生能力培养的关注。信息技术只是教学和管理的工具和辅助手段，为了使其真正发挥作用，就需要在以学生为中心的理念下对课程和教学进行分层设计，实现学习的个性化和自主性。

其次，在三个学校的发展中，各校都按照“硬件和网络环境—教学设计—课程优化—智慧空间建设”的路径，形成多个不断迭代的小循环，逐步完善。凉水井中学从“旋转课堂”模式到自带设备的分层教学模式，走向自主学习的课程体系建设；双语集团在建设直播课程体系的过程中，也设计了多种适合直播课的教学模式，并通过人人通网络空间探索线上与线下教学的融合；探月学院在追求理解的教学设计和项目式学习、素养导向的表现性评价等模式基础上不断探索教学和课程设计的创新，走向线上数据与线下学习过程的双向融合，打造智慧教育空间的探索阶段。

最后，上述三个案例都以产品化的思维尝试与社会力量合作，借助优秀的社会力量让学校教育更具有丰富性和生命力，而且，学校通过提炼课程资源包、技术工具包等产品，最终可将与社会力量合作的技术优势转化为学校自身的软实力。

2. 作用机制的差异

凉水井中学这类偏远的乡村学校处于信息鸿沟中弱势的一方，借助信息技术弥补了课程资源、师资方面的短板，放大了学校在“旋转课堂”教学改革方面的优势，帮助教师和学生开阔眼界、转换理念，从而实现了教育质量的提升，推动教师和学生形成了基本的信息化素养。

潍坊高新区双语集团具有优质办学基础，不缺乏资源而需要提升办学质量，因此该校借助潍坊高新区建设的区域教育信息化平台和系统支持，充分发动教师和家长，以直播课程体系诠释“全天生活皆教育”的育人理念，提升了学校文化内涵和办学特色。

探月学院这类创新性学校具有更多个性化、自主化学习的需求，区域统一性的网络平台并不能为其提供有针对性的支持。该校更重视自主研发信息技术产品，借助灵活的管理体制和创造空间，在教学和管理两个方面都有更深度和系统化的应用。

三　思考与建议

（一）转变教育理念，以教育信息化加强学习者的主体性

线上线下混合式教学模式已成为未来教育的发展趋势，信息技术在教育中的应用，归根到底是为了更好地关注并顺应学习者的使用需求，以更好的互动性、体验感和选择性培育教师、学生的主观认同和内在动力，从而发挥传统教学与在线教育各自的优势。

在信息技术给课堂提供的多元选择空间里，教师对学习方式的控制度会有所下降，学生的自主性更加重要，教师需要相应调整教学目标和教学方式，改变传统教育中“规训式”的教学方式，更加鼓励形成“低竞争、低评价、低管控”的教育生态，更需要把人的主体性置于教育大舞台的核心，发挥信息技术为学习者赋权的作用，让教育在信息技术支持下向更加多元化、个性化的方向发展，让更多有温度、有意义的师生互动在信息化课堂上生发，而不是为大一统的应试教育提供更精密的监控和捆绑。

（二）闭环多次迭代，从教学到课程进行系统性优化

教育是长周期的大工程，纵观其他国家的教育信息化进程，基本都经历了从基础设施建设到软件资源建设，从教学流程优化再到课程设计乃至评价方式重构的多个阶段，我国教育信息化的推进也正在经历一系列的深度变革。

为真正实现信息技术发展的红利，学校一方面需要投入资源进行硬件设备、软件资源建设，另一方面也是最为关键的，通过教师角色转变、教学模式和课程设计的转变，更多地推广合作学习、探究式教学，探索分层教学、个性化教学方式，逐渐以信息技术的合理应用去改善学习方式和师生关系，

乃至校园文化。为此，需要系统性变革，从课程设计、教学设计、教学评价乃至学校治理，形成多个闭环，不断迭代，让信息技术有效地服务于办学质量整体提升。

（三）信息化视域中的学校管理机制创新

在利用教育信息化推进中小学办学质量提升的过程中，转变教学理念是变革的基础，优化教学和课程是变革的关键，创新学校管理机制则为深度变革提供保障。

针对当前大多数学校管理中存在的开放性、民主性、灵活性不够等问题，探索信息化思维视角下的学校管理机制创新，意义重大。信息化具有开放性、公共性、多元性的特点，为此，学校可充分激发教师的内在动力，合理利用社会资源，鼓励多元主体积极参与信息化建设；在学校管理体制上更加公开、透明、民主，使其在适当的专业范围内拥有一定的自主权，以信息化思维和手段探索学校管理机制的创新，包括完善教学管理系统、提升教学管理服务水平、加强教学管理队伍建设，等等。

佐藤学曾说："我们探求的不是会使用计算机的教育，而是不被计算机所'使用'的教育；不是用信息网络来构建学校，而是通过计算机网络来编织人与人的关系，重新构建学校的公共性与共同性，目标指向'不被科技神话所支配的学校和社会'。"后疫情时代，学校变革需要进一步提升学校师生的信息素养，推动教育信息技术不断深化应用融合创新，塑造更加人性化的教育生态系统。

中国家校共育研究的十年探索与反思

——基于 Citespace 的可视化图谱分析

牛楠森　王　政　李　菊　邵秀娟*

摘　要： 家校共育是家庭和学校双方以促进儿童发展为目的而开展的协同育人活动。本文在 CiteSpace 软件的文献计量分析及文献二次阅读的内容分析基础上，梳理了2011～2020年“家校共育”领域的研究状况。结果显示，家校共育研究数量稳步上升，但研究质量有待提升；研究的核心作者群初现，但相互间合作较少；师范类高等院校和东部地区教育研究机构家校共育的研究较多；研究热点偏向于经验研究，理论研究、实证研究相对较少；研究趋势体现在家校共育责任主体、内容、方式的变化上。总体而言，家校共育的研究需进一步提高家校共育研究的学术含量，彰显家校共育研究的中国属性，拓展家校共育研究的政策视野。

关键词： 中国　家校共育　CiteSpace

2020 年，新冠肺炎疫情突如其来，数以亿计的中小学生居家学习，由

* 牛楠森，中国教育科学研究院基础教育所助理研究员，博士，研究方向：教育基本理论与教育哲学、家庭教育；王政，教育部基础教育课程教材发展中心、中小学家庭教育课程研究中心教授，研究方向：家庭教育课程；李菊，中科易研科技有限公司教育研究员，研究方向：家庭教育；邵秀娟，北京华夏人口与社会发展研究所，研究方向：教育社会学。

孩子作业引起的亲子之间“相爱相杀”报道屡上热搜，家长们大倒苦水的同时纷纷表达对学校和教师的期盼与理解。好不容易学校开学，“神兽们”归笼，又出现“家长怒退微信群”事件，网络上争论不休。其实这两类事件是一件事情的两种故事原型，前者是家校共育的积极原型，后者是家校共育的消极原型。但无论消极还是积极，其广泛的社会影响彰显着家校共育的时代必要性、必然性。而“相爱相杀”抑或“退群”及相关舆论又说明整个社会对家校共育这件事的模糊看法与争论。

家校共育进入大众话语体系，并非一日之功。2010 年，中共中央、国务院发布《国家中长期教育改革和发展规划纲要（2010～2020 年）》（以下简称《规划纲要》），五次发出家庭、学校和社会共同努力、密切配合的提倡。党的十八大以来，习近平总书记在不同场合多次发表关于家庭教育的讲话，并在 2018 年全国教育大会讲话中庄重地宣布“办好教育事业，家庭、学校、政府、社会都有责任”。为补上国民教育体系中的家庭教育短板，各部门联合颁布的家庭教育工作“九五”计划、“十五”计划、“十一五”规划持续推行，党的十八大以后，《关于指导推进家庭教育的五年规划（2011～2015 年）》和《关于指导推进家庭教育的五年规划（2016～2020 年）》更是从不甚宣传转为广而告之。这说明党和国家已经从政策上肯定、迎接家校（社会）共育时代的到来，其努力成就了家校共育理念的大众化。2021 年李克强总理在政府工作报告中就“切实增进民生福祉，不断提高社会建设水平”特别提到，要“深化教育评价改革，健全学校家庭社会协同育人机制”。再一次说明家校共育已经成为政府和社会关注的重点。[①]

然而，纷争的舆论和激增的家校矛盾，也反映出家校共育理念虽有，却只停留在方向、精神、概念层面，是一个笼统而模糊的日常语言，可以表达理念和情绪，却难以解释、解决乃至预测问题。而这是家校共育理论研究的使命担当。本研究以“家校共育研究现象”为对象，以《规划纲要》实施首

---

① 李克强：2020 年《政府工作报告》，http：//www. gov. cn/zhuanti/2020lhzfgzbg/，2020 年 5 月 22 日。

年2011年为起始年，以家校共育矛盾凸显的2020年为终结年，基于公开发表的家校共育主题的期刊论文，尝试揭示近10年来我国家校共育研究的发展脉络、重要问题、发展趋势等，为新时代家校共育研究提供参考与借鉴。

一　研究设计

（一）概念界定

家校共育是一个基于事实和问题概括而来的学术概念，生发于中国教育实践，也是世界性的家庭－学校协作育人问题的中国表达。学术概念的实践出身决定了该概念既是对现实中诸多问题的学术性表达，也是对问题解决的方向性规定，易言之，家校共育概念具有描述性和规范性双重属性。

朱永新认为家校共育可让家庭、学校、社区充分联系起来，构建全新的合作伙伴关系，使教学资源得到更大的拓展，并且可以让家风朝良性的方向发展，进一步完善制度建设，让参与各方能够做好协调工作，让孩子、家长、教师都一起发展，拥有更大的成长空间。① 唐汉卫指出家庭、学校、社会是基于共同愿景而自主建立起来的教育共同体，三者在遵循平等原则的基础上进行协同合作，其作用的发挥具有交叠影响性。② 康丽颖认为：家庭教育和学校教育是两种不同的教育活动，但在儿童的品德发展和人格养成方面有着共同的追求，并且是通过教导活动开展的。③ 可见，学者们基于相同的家校共育事实和问题，进行了命名和概念描述，有“家校合作”“协同育人”“家校共育”“家校合育”④ 等概念。此外，学者们

① 朱永新：《家校合作激活教育磁场——新教育实验“家校合作共育”的理论与实践》，《教育研究》2017年第11期。

② 唐汉卫：《交叠影响阈理论对我国中小学协同育人的启示》，《山东师范大学学报》（社会科学版）2019年第4期。

③ 康丽颖：《家校共育：相同的责任与一致的行动》，《中国教育学刊》2019年第11期。

④ 洪明：《合育论》，安徽教育出版社，2017。

普遍认为当前我国家校共育研究和实践尚处于初级和探索阶段。

基于对家校共育相关概念的已有研究和讨论，本研究采取较为宽泛的家校共育界定方式，认为家校共育是家校和学校双方以促进儿童发展为目的而开展的协同育人活动。在具体操作时，本研究又进一步将家校共育分解为家校共育的主体——“家校”、家校共育的途径——“家长参与”“家委会”、家校共育的实际执行人——“家长教师”等主题词。

（二）样本来源

本研究以中国知网（CNKI）为信息库来源。具体检索时，以“家校”“家长参与”“家委会”“家长教师”等为主题分别搜索期刊、学位论文，并限定时间范围为 2011 ~ 2020 年。浏览标题及部分摘要的过程中，选取与基础教育、家校共育直接相关的文献，之后导出、合并文献题录数据，做去重处理，最终得到有效文献 2154 篇。

（三）研究方法

本研究采用文献计量法和内容分析法对近 10 年的家校共育文献进行分析。其中，通过文献计量法对搜集到的文献题录进行定量分析和可视化结果展示，并在此基础上通过阅读核心文献进行内容分析。

文献计量法采用 CiteSpace5. 7. R3 软件进行分析，该软件是专业的知识图谱可视化软件。使用时，首先用“data”工具将数据（CNKI 导出的为 refworks 格式）转换为 CiteSpace 可用的 WOS 格式；其次，新建项目并设置具体参数，如设置时间间隔为“2011 ~ 2020”等；最后，根据需要绘制关键词、作者、机构等知识图谱，并根据图谱结果调整颜色等格式，得到期望的图谱。

内容分析法主要通过阅读 CNKI 数据库中相关的核心期刊论文（含核心期刊、中文社会科学引文索引论文）、博硕士学位论文等，深入了解、分析家校共育的研究情况。

二 研究结果与分析

（一）研究成果总量平稳发展但质量尚待提升

发文量是学者对某个研究领域重视程度的重要体现，核心论文量则是其质量的关键指标。为了解基础教育阶段家校共育领域的总体研究概况，本文对2011~2020年CNKI发表的2154篇文献进行年度发文量分析（见图1），总体而言，十年来家校共育研究成果呈现总量阶段性上升、质量平稳上升的趋势。具体可以分为三个阶段。

第一个阶段为增长阶段（2011~2012年）。

2011年，家校共育文献总量为138篇，2012年增长到156篇，核心论文量由33篇增长至47篇，表现为一定程度的增长。2010年《规划纲要》提出“充分发挥家庭教育在儿童少年成长过程中的重要作用”“加强与学校的沟通配合，共同减轻学生课业负担”。该政策对家庭教育和家校共育发出倡议，其政策的学术后效在2011年开始显现。

第二个阶段为平稳发展阶段（2012~2016年）。

2013年的文献总量为155篇，略低于2012年，之后的几年小幅度增加，但核心论文略有下降。总体来看，2012~2016年家校共育研究呈研究数量增加而研究质量略降的状态。这一现象的出现，一定程度上与家庭教育的发展有关。2012年，《关于指导推进家庭教育的五年规划（2011~2015年）》出台，这个专门政策的出台，对家庭教育事业的发展有了更加科学全面的政策指导，引导了越来越多的学者关注家庭教育研究。

第三个阶段为快速发展阶段（2016~2020年）。

2017年的文献总量为254篇，比2016年增长了60篇，且核心论文也增长了。同时，2019年的文献总量较2018年增长了104篇，核心论文增长了26篇。总体呈快速增长状态。2016年，全国妇联等部门联合印发《关于指导推进家庭教育的五年规划（2016～2020年）》，重庆市率先推出《家庭教育促进条例》，贵州省、山西省、浙江省等省市的《家庭教育促进条例》相继出台，2018年全国教育大会上习近平总书记在讲话中做出了家庭教育、全社会协同育人等指示。正是在这些政策、讲话的推动下，家校共育研究表现出迅猛发展态势。

从发文量及其发展阶段看，目前家校共育研究的总量明显增多，核心论文量缓慢上升，表明该领域的研究数量增加，但质量有待提升。这种现象一方面反映出家校共育研究的政策驱动性，即每当政策提及家庭教育、家校共育的相关主题时，该领域的研究便出现一定程度的波动；另一方面也反映了家校共育研究的学理性不足，即在研究数量增加的同时，研究的质量并未提高，易言之，研究的质量滞后于数量。

这一定程度上对研究者，尤其是家校共育研究者提出警示：学术研究需要大量的时间和投入才能产出高质量的研究成果。急于发表言论、多快好省地攻占新的研究领域，虽能在短期内累积大量研究成果，却在某种程度上助长了不踏实、不务实的研究风气。这非常不利于一个新兴研究领域的长期、稳定发展，并会进一步加剧该领域先天的“理论不足”问题。

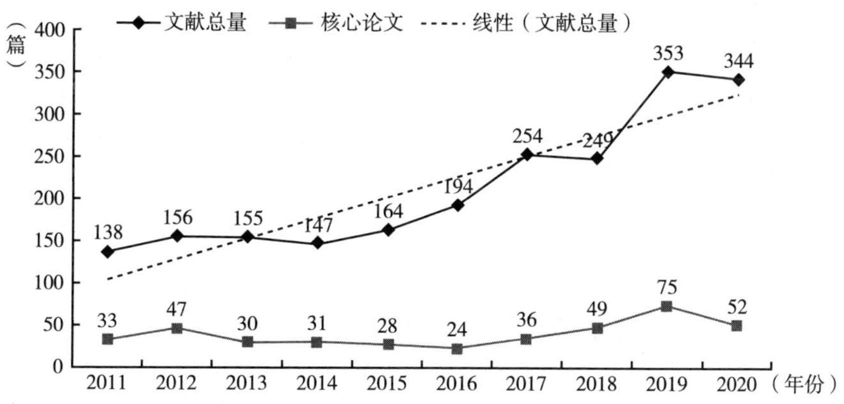

图1　2011～2020年家校共育研究年度发文量分布

（二）研究队伍分布广泛但核心团队、合作研究尚须加强

科研工作必须通过研究队伍完成。研究队伍在微观上指具体的研究人员，中观上指研究人员所在的机构，宏观上指研究人员所在国家。本文所选文献均来自国内，不对研究人员所在国家进行分析。具体分析时，对研究队伍的发文量和合作网络进行分析。这里的“合作”指的是研究者为生产新的知识而共同工作①、共同发表文章。

研究队伍中的核心作者指发文数量大于或等于2的作者，是促进学术创新的主要源泉②。家校共育核心作者的可视化图谱（见图2）显示，最高产的核心作者是江西省教育科学研究所的吴重涵，且作者间的合作情况较少。进一步分析数据发现，核心作者的总发文量为280篇，占总文献的13%。其中，吴重涵发文量高达11篇，其他核心作者多为3篇左右，核心

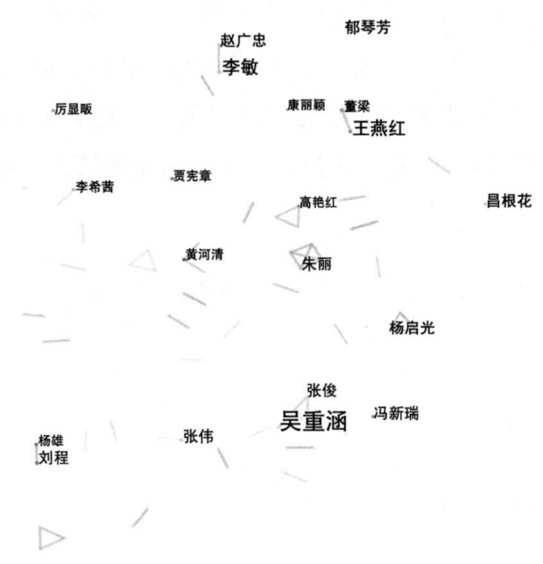

图2　2011～2020年家校共育研究作者合作可视化图谱

---

① 李杰、陈超美：《CiteSpace科技文本挖掘及可视化》（第2版），首都经济贸易大学出版社，2017。

② 周美云：《轨迹·焦点·走向：劳动教育研究七十年》，《当代教育论坛》2020年第3期。

作者群初显但未形成规模。同时，有合作关系的作者多为同一个机构的，跨单位的合作较少，如何文娉、吕美燕、刘婷、朱丽四人均来自北京师范大学教育学部，王燕红、董梁均来自山东淄博师范高等专科学校。从核心作者情况看，目前关于家校共育的研究呈现人员散、合作少，核心作者群初显的特征。

从研究机构的类型看，高等院校，尤其是师范类院校对家校共育的研究较多，学术性研究机构和社会组织次之，且中小学校也是重要构成（见表1）。具体来看，家校共育的研究机构主要分为四类：一是高校教育机构，如北京师范大学教育学部、南京师范大学教育科学学院、辽宁师范大学教育学院、西南大学教育学部等。可以看出，师范院校是家校共育这一新兴研究领域的主体。二是教育科研机构，如上海市教育科学研究院普通教育研究所、江西省教育科学研究所、中国青少年研究中心等。三是学术性社会组织，如中国教育学会。四是中小学校，如北京市东城区史家小学、甘肃省定西市安定区内官营中学等。

从研究机构的区域分布看，家校共育研究机构多集中在经济文化繁荣地区，如北京、上海、山东等。这一方面反映了这些地区的文化优势，尤其是作为我国政治文化中心的北京，占据了较大比例；另一方面也反映了经济发展对家校共育的间接需求，即经济发展水平越高，人们的家庭教育意识越高，对家校合作的需求越高。值得注意的是，无论是从发文量还是合作网络看，北京地区均体现出优势。

表1　2011～2020年家校共育研究机构发文量

研究机构	发文量	研究机构	发文量	研究机构	发文量
北京师范大学	23	陕西师范大学	7	安徽师范大学	4
南京师范大学	13	首都师范大学	6	北京大学	4
上海市教育科学研究院	10	中国教育科学研究院	6	北京市东城区史家小学	4
江西省教育科学研究所	9	中国教育学会	6	华中师范大学	4

续表

研究机构	发文量	研究机构	发文量	研究机构	发文量
华东师范大学	8	大庆师范学院	5	山东淄博师范高等专科学校	4
辽宁师范大学	8	东北师范大学	5	甘肃省定西市安定区内官营中学	3
西南大学	8	江南大学	5	佳木斯大学	3
江苏大学	7	上海市浦东教育发展研究院	5	新余学院	3

总体而言，家校共育研究队伍的分布较为广泛，但尚未形成核心研究人员和机构，研究潜力有待进一步挖掘。在后续研究中，应继续保持师范院校的研究优势、学术研究机构的研究热情，进一步激发综合高校的研究活力，以形成核心、广泛的家校共育研究队伍。

（三）研究热点

研究热点是某个研究领域在某个时期内学者较为集中关注和讨论的话题。关键词作为学术论文的重要组成部分，是论文所关注的、尝试要解释或解决的问题的反映，也是研究热点的主要体现。一般来说，CiteSpace 可通过关键词的共现分析（也称共词分析）发现某领域的研究热点，基本原理是“对一组词两两统计它们在同一组文献中出现的次数，通过共现次数来测度它们之间的亲疏关系”①，进而了解该领域的研究热点（见图 3）。此外，关键词的中介中心性（Betweenness centrality）（通常简写为“中心性”）是测度节点在网络中重要性的一个指标，高中介中心性的文献通常是连接两个领域的关键枢纽②，因此也能够用来了解研究热点。本研究将这两种方法结合使用并加上传统的高频次关键词方式，对照图 3 和表 2 的结果可以看

① 李杰、陈超美：《CiteSpace 科技文本挖掘及可视化》（第 2 版），首都经济贸易大学出版社，2017。

② 李杰、陈超美：《CiteSpace 科技文本挖掘及可视化》（第 2 版），首都经济贸易大学出版社，2017。

到，“家校合作”“家校共育”“家校互动”“家校沟通”“家庭教育”“学校教育”等是家校共育研究的重要领域。因“家庭教育”“学校教育”“家长”等概念的外延较大，且并非直接关于家校共育研究，未将其纳入家校共育的研究热点。

综合 CiteSpace 分析结果和二次文献阅读，确定家校共育领域的研究热点为“家校共育”“家校沟通”“家长参与”“家长会”。

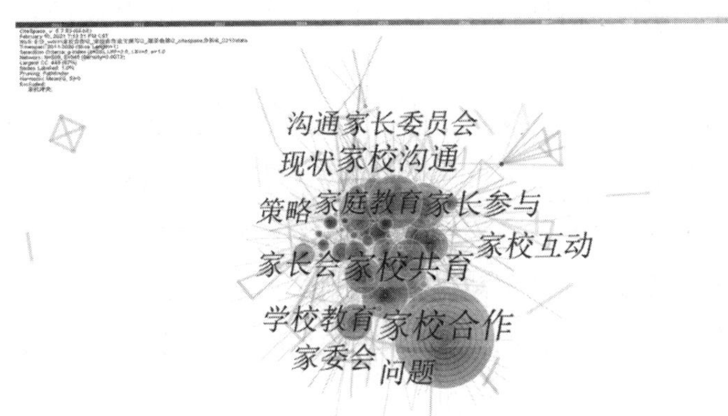

图 3　2011～2020 年家校共育研究关键词共现图谱

表 2　2011～2020 年家校共育关键词高中心性、高频次情况

高中心性关键词		高频词关键词	
关键词	中心性	关键词	频次
家校合作	0.49	家校合作	794
家校共育	0.22	家校共育	169
家校沟通	0.17	家庭教育	158
家长参与	0.14	家校沟通	123
家校互动	0.13	家长参与	112
家庭教育	0.12	学校教育	106
家长	0.1	家校互动	78
家长会	0.09	家长	77
学校教育	0.07	家委会	76
家委会	0.07	家长会	74

1. 关注问题与对策的家校共育研究

CiteSpace 分析结果显示，家校共育[①]研究总体呈上升趋势（见图 4）。通过对文献的二次阅读发现，“家校共育”“家校合作”的研究内容包括家校共育理论基础（如爱普斯坦交叠影响域理论[②]、哈肯 - 协同理论[③]等）及其应用[④]、价值[⑤]、内容[⑥]、方式、面临的挑战[⑦]和矛盾[⑧]、问题、成因（学校、教师、家长、学生等原因）、对策，以及家校关系（关系类型[⑨]）等方面的研究。其中，家校共育问题和对策的研究较多，表现出较强的经验研究特征。

关注始于困惑，研究始于问题，这一研究的基本规律鲜明地体现在家校共育研究中。既有研究揭示的家校共育问题主要体现在：首先是关于家校共育的重要性认识不足。学校认为学生教育应由专业人员负责，家长只能作为补充；教师认为家校合作会产生额外负担和麻烦；家长认为教育是学校的事情，自己没有参与义务[⑩]。家校协同意识的缺位[⑪]易在思想上降低家校共育

① 这里是广泛意义上的“家校共育”，包括既有文献中以“家校共育”和“家校合作”为主题的所有文章。

② ［美］爱普斯坦等：《学校、家庭和社区合作伙伴：行动手册》，吴重涵、薛惠娟译，江西教育出版社，2012。

③ 梁丽婵、马海燕、张馨宇：《我国中小学家校合作状况的十年变化及影响因素剖析》，《中国教育学刊》2020 年第 12 期。

④ 张和平、刘永存、吴贤华、张青根：《家校合作对学业表现的影响——学习投入的中介作用》，《教育学术月刊》2020 年第 1 期。

⑤ 黄河清、马恒懿：《家校合作价值论新探》，《华东师范大学学报》（教育科学版）2011 年第 12 期。

⑥ 郑旭东、万昆：《规模化 K12 在线教学中家校合作的实施逻辑、内容与建议》，《中国电化教育》2020 年第 4 期。

⑦ 黄河清、马恒懿：《家校合作价值论新探》，《华东师范大学学报》（教育科学版）2011 年第 12 期。

⑧ 俞燕、张琼琼：《自主与规约：家校合作的现实矛盾与未来选择》，《教育理论与实践》2020 年第 11 期。

⑨ 朱丽：《基于民主视角的家校合作审视》，《基础教育》2018 年第 4 期。

⑩ 杨扬：《新时代家校合作存在的问题及对策研究》，《教学与管理》2020 年第 3 期。

⑪ 胡小勇、林梓柔、梁家琦：《疫情下的在线教学，家校协同准备好了吗?》，《现代远距离教育》2020 年第 3 期。

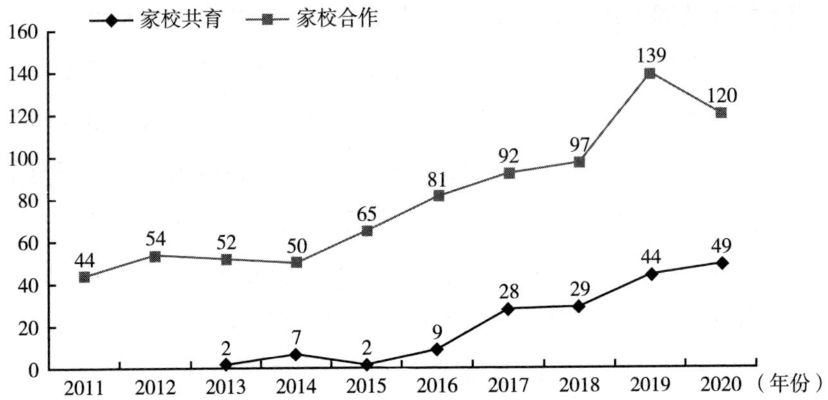

图4　2011～2020年家校共育研究中"家校共育""家校合作"研究频次

主体的参与积极性和主动性，进而影响共育效果。其次是家校共育存在角色冲突，如教师主导、家长配合[①]的角色异化现象[②]。同时，因双方的角色差异及其"利益"不同，彼此间缺乏理解和信任，容易引起排斥和矛盾[③]。然后是家校共育内容局限在知识获取、学习成绩提高的狭窄范围内[④]，儿童健康成长，发展品德、养成人格[⑤]等方面较少。最后是家校共育行动层次肤浅化。家校对家校共育主体重要性认识不足、角色定位偏颇、内容窄化等问题，使得学校尤其是教师在家校共育过程中"力不从心"，家长不能真正参与到学校管理和决策中[⑥]，导致家校共育浮于表面。

对这些问题，研究者们提出了诸多解决对策，概而言之，有以下四类：第一，加强理论研究。理论，尤其是基础理论的研究是所有研究及其实践的基础，有助于清晰、完整地认识该领域。家校共育的基础理论研究被期待着从概念、性质、范畴、类型、层次、内容以及合作的意义等方面深入进行，

---

① 魏同玉、潘晓芳：《中小学家校合作的价值误区与对策》，《教学与管理》2016年第31期。
② 杨扬：《新时代家校合作存在的问题及对策研究》，《教学与管理》2020年第3期。
③ 张杰、张薇：《21世纪家校合作问题研究的回顾与展望》，《课程教学研究》2017年第9期。
④ 魏同玉、潘晓芳：《中小学家校合作的价值误区与对策》，《教学与管理》2016年第31期。
⑤ 康丽颖：《家校共育：相同的责任与一致的行动》，《中国教育学刊》2019年第11期。
⑥ 魏同玉、潘晓芳：《中小学家校合作的价值误区与对策》，《教学与管理》2016年第31期。

以形成系统化的理论体系[①]。第二，加强观念更新与优化。家校共育需提升家长和教师的共育意识，如家长的教育主体意识、教师差异化合作意识、家校的互信意识等[②]。第三，职责制度化，即通过制度化的方式明确家校双方的共育职责。国家层面应确立教育相关法律法规，明确家校纠纷的责任划定与权益保障[③]，以及家校教育职责[④]等，使家校共育工作有法可依、有据可循；地方层面的教育行政部门就相关问题而制定的地方性政策，如山西太原教育部门就明确规定，严禁要求家长批改作业、打扫教室卫生、点赞转发各类信息[⑤]；学校层面则由学校主动建立规范家校共育的行为、语言、活动、礼仪等[⑥]规章制度和“家长委员会”或者“老师－家长联合会”[⑦] 等机制。第四，赋能，即通过自我教育、培训等方式增强家校共育主体的共育能力。教育管理者将家校共育纳入（学校）教育发展规划中，通过家长学校等方式为家长、教师提供普适性、专业性、问题导向的专题培训，并为各类专业培训提供制度和经费保障；教师在接受培训的同时，不断认同、强化自我的多重角色[⑧]；家长在接受培训的同时，充分发挥自身职业特点和特长爱好[⑨]，深度参与学校活动与课程。

2. 偏于现状描述阶段的家校沟通

CiteSpace 分析结果显示，“家校沟通”的研究总体呈波动上升趋势。其中，除 2012 年外，2011～2016 年的文献数相对较少，2017～2020 年的文献

---

① 魏同玉、潘晓芳：《中小学家校合作的价值误区与对策》，《教学与管理》2016 年第 31 期。

② 郑旭东、万昆：《规模化 K12 在线教学中家校合作的实施逻辑、内容与建议》，《中国电化教育》2020 年第 4 期。

③ 朱丽：《基于民主视角的家校合作审视》，《基础教育》2018 年第 4 期。

④ 俞燕、张琼琼：《自主与规约：家校合作的现实矛盾与未来选择》，《教育理论与实践》2020 年第 11 期。

⑤ 杨晔：《家校合作需要有明确的边界》，《人民教育》2020 年第 22 期。

⑥ 俞燕、张琼琼：《自主与规约：家校合作的现实矛盾与未来选择》，《教育理论与实践》2020 年第 11 期。

⑦ 张杰、张薇：《21 世纪家校合作问题研究的回顾与展望》，《课程教学研究》2017 年第 9 期。

⑧ 杨扬：《新时代家校合作存在的问题及对策研究》，《教学与管理》2020 年第 3 期。

⑨ 胡小勇、林梓柔、梁家琦：《疫情下的在线教学，家校协同准备好了吗?》，《现代远距离教育》2020 年第 3 期。

数保持在17个左右。研究者们主要聚焦沟通的形式与内容、沟通的方式方法、沟通机制等，并认为家校沟通存在沟通行为的随机性、沟通过程的单向性、沟通方式的单调性以及沟通内容的片面性等问题①。具体表现如下。

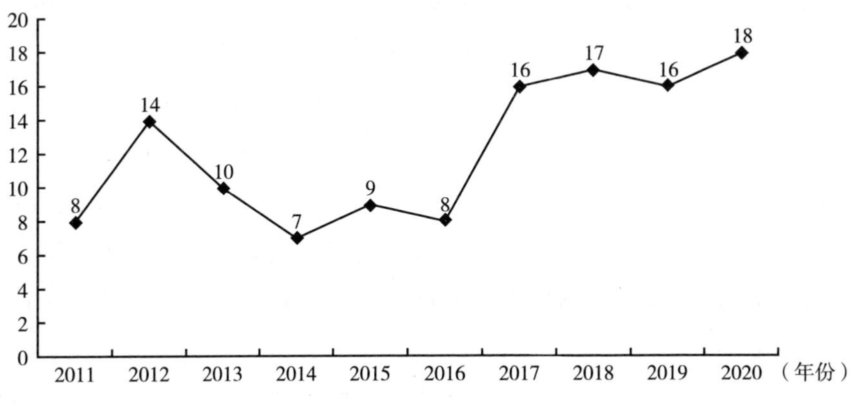

图5　2011～2020年家校共育研究中“家校沟通”文献频次

第一，家校沟通内容以学业为主，但趋向全面发展。家校沟通主要通过“家校联系簿”“家校联系本”“成长手册”“阳光成长手册”等方式，教师会在这些联系本或手册中记录学生在学校生活的表现，以学生成绩、上课态度的描述和评价为主，呈现给家长并留下评价空间。但总体而言是教师或家长的“独白式表达”，并且双方并不会认真对待，更不会以它为中介展开对话。学生在家校沟通中处于“失语”状态。不过也有一些研究发现，部分学校的家校联系簿出现了“书香熏陶”和“经典诵读”等内容，家校联系的关注焦点也逐渐从学习泛化到个性培养、个体训练等层面②。

第二，家校沟通由学校主导，但家长话语权日增。既有研究表明学校尤其是班主任在家校沟通中居于主导地位，是家校沟通的主要发起人，决定着沟通的频次、内容和方式等。不过也有研究发现，由于家长逐渐从支持者与学习者转变为学校活动的自愿参与者或是学校决策参与者，沟通模式正由传

① 孙波：《高中阶段家校沟通的问题与对策研究》，东北师范大学硕士学位论文，2012。

② 谭正海：《将家校联系簿打造成家校沟通的桥梁》，《教学与管理》2019年第35期。

统的以教师为唯一核心的信息传达方式转变为以教师为第一核心、以家长为第二核心的“双核”信息传达沟通模式。

第三，家校沟通手段变化多样，但沟通效能较低。家校沟通方式伴随着信息技术的发展而更新迭代。从早期面对面的家访、家校联系簿、电话语音、短消息、QQ/飞信，到今天基于移动互联技术全时域信息通达，“云微校”、移动应用 App 等沟通手段。沟通手段虽然更加现代、科技含量更高，但沟通效能并未随之提高，未能充分发挥家长、学校及二者协同育人的作用。

总体而言，家校沟通研究在研究内容上主要涉及家校沟通内容、方式和手段，虽然基本涵盖基础教育全部学段，但也只是处于现状描述性研究层面，对影响沟通效能的影响因素、沟通机制、沟通模式的理论探索较少。

3. 家长会

CiteSpace 分析结果显示，关于“家长会”的研究总体上呈波动下降趋势。其中，2011～2012 年的文献数在 10 篇及以上，2013～2016 年保持在 7 篇左右，2017～2020 年波动相对较大且有下降趋势。“家长会”在既有文献中有两种存在形式：一是作为家校共育活动的会议形式，是学校和家长互通信息、统一思想和认识、共同对学生进行教育的重要形式①；二是作为家校共育机制的组织形式，也即“家长委员会”②。无论是哪种意义上的家长会，均是家庭与学校有效沟通的重要桥梁，是产生教育合力、促进家校共育的重要方式。梳理已有研究，发现“家长会”研究的特征如下。

积极介绍发达国家与地区的家长会经验。在这个研究层面，前面两种意义上的家长会都有涉及。美国、德国、法国、俄罗斯、新西兰、日本等国的“家长会”被更多关注，介绍家长会的名称、功能、职责、召开的时间频次等。也有一些研究者将中国与国外家长会进行比较，发现国外的家长会注重双向交流意识，秉承尊重与关爱的理念，在交流过程中，特别注意把握针对

① 王焕勋主编《实用教育大词典》，北京师范大学出版社，1995。

② 何善亮：《论中小学家长委员会的建设路径》，《武汉科技大学学报》（社会科学版）2018 年第 3 期。

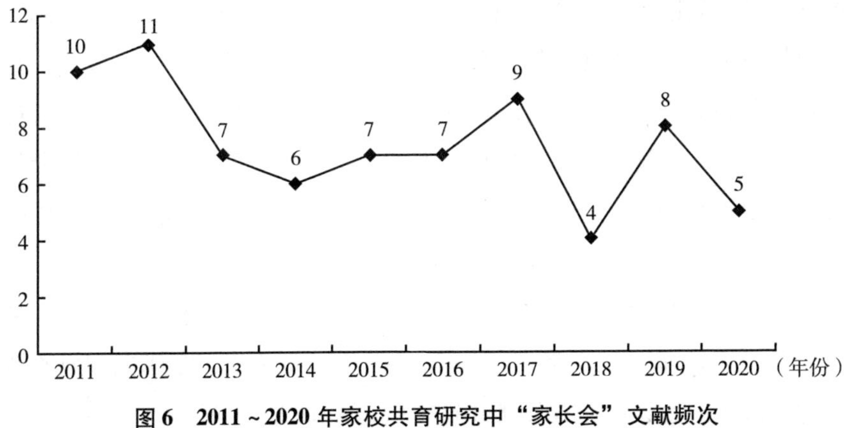

图 6　2011～2020 年家校共育研究中“家长会”文献频次

性、指导性和激励性三个原则[①]。在西方教育比较发达的国家，家长会形式多样、内容丰富、理念先进。欧美国家的家长会由最初的教师向家长单向交流，到强调教师与家长合作参与，再到学者提出家长、教师、学生共同参与，说明三方在家长会中同等重要、互为主体。家长会的模式从管理走向合作，主体从双方走向三方。[②]

家长会的群众性自治组织或团体属性未能彰显。《规划纲要》明确提出了建立中小学家长委员会的要求，以此推进现代学校制度建设。在文件公布后，相关研究逐渐增多。研究发现，目前的家长会或家委会等还是较为松散型的组织，无法真正发挥作用。很多学校即便成立家长委员会，基本上也没有相关的章程，更没有相应的法律文件指导其如何具体开展工作。一些学校的家长会组织机构不健全，权利与职责范围不明确。没有制度和政策强力支撑，其作用的发挥受限。[③] 家长会存在没有清晰的目标意识、地位不够独立、操作程序不够规范等一系列问题。

家长会成为学生成绩与表现的通报会。一般而言，家长会以考试为节点，通常在期中（末）考试之后召开。在家长会上，班主任和任课教师会

① 王帅：《不一样的家长会》，《中小学管理》2010 年第 2 期。
② 龚慧：《初中家长会的现状调查与对策研究》，上海师范大学硕士学位论文，2019。
③ 姚勇文：《家长会：学校教育的合伙人》，《中国德育》2019 年第 10 期。

介绍学生一学期以来的综合表现，但主旋律是通报班级整体成绩，同其他班级的比较成绩，学生整体成绩、单科成绩、成绩升降等情况，以及围绕着成绩所做的原因分析和未来计划等。在这种会议主题之下，会议内容相对固化、形式单一，忽视了音体美等科任老师；家长虽然重视家长会，但参与感不强，会议期间几无交流对话，会议结束后也没有针对会议形式的意见反馈。

研究者以一线教师或管理者为主。研究发现，关注家长会的研究者多为中小学的一线教师或管理者，主要停留在经验研究方面，学术期刊或硕博士学位论文较少，这说明此方面研究还未进入科研人员或更高管理者的视域，这一定程度上解释了这方面研究不够深入的原因。家长会是家校共育中的重要实践形式，亟待研究关注。

4. 彰显研究深度的家长参与

CiteSpace 分析结果显示，“家长参与”的研究总体呈波动上升趋势。其中，2011～2016 年，文献数相对稳定，基本呈“正弦曲线”形，2019 年出现激增，2020 年略有下降。

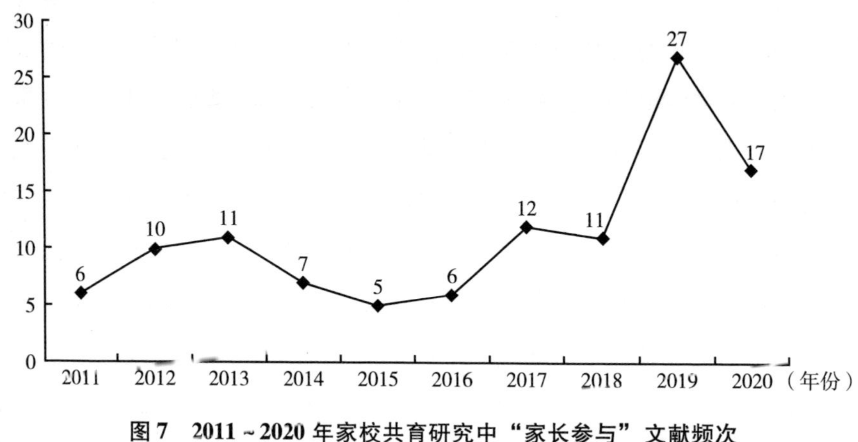

图 7　2011～2020 年家校共育研究中“家长参与”文献频次

如果说前几个关键词的研究多停留在“如何做”或者“如何更好地推进”这一实践层面，属于面向实践改进的研究范式，“家长参与”研究则倾向于确证相关的理论知识，处于丰富完善相关理论建构的阶段，并且具有尝试建构基于中国国情的家长参与研究话语体系，属于面向知识建构的研究范式。[①] 总体而言，“家长参与”研究呈现如下特点。

第一，家长参与水平参差不齐、整体较低。已有研究基本达成共识：发达地区或者较优质学校的家长参与热情高，越落后的地方参与程度低；参与的工作内容多半停留在和自己孩子有直接利益关系的范围内；家长出钱出力的奉献式参与多，而决策式参与少。

第二，聚焦家长参与和子女学业成绩关系。《家长参与对高中生学业成绩影响探析》《家长参与对小学生学业成绩的影响研究》《家长参与和代际闭合对初中生认知能力的影响》《家长参与学校教育对初中学生认知能力表现影响的实证研究》等系列文章均聚焦家长参与对子女学业成绩、认识水平的影响。

第三，开始拓展“家长参与”的学校管理价值。关注子女学业成绩是基于学生立场的研究，越来越多的研究者开始基于学校管理的立场进行研究，即关注家长参与对学校教育与学校管理的意义和价值，探讨“家长参与学校管理存在的问题、原因与对策”“家长参与学校教育的现实困境及可行路径研究”等问题。这一方面是“家长参与”研究深度拓展的体现，另一方面也反映出家校共育的价值和意义越来越得到家校双方的认可。

第四，高校的学者关注更多，借鉴国外经验并有意识构建中国研究范式。相比较其他关键词研究，研究“家长参与”的人员中高校教师所占比例更大，博硕士学位论文更多，刊发相关文章的期刊级别也更高。如《学校教育视域中的家长参与》《农村小学家长委员会参与学校教育管理研究》《美国“家长参与”政策批判研究》。此外，研究者们有意识地构建中国家长参与的测量指标构建，如《家长参与：概念框架与测量指标》。特别要提出的是，教育部人文社科规划课题或省级教育科学规划课题中多有“家长参与”选题，这从一个侧面印证了“家长参与”研究具有较高的学理性。

---

① 李艳、李家成：《学校教育视域中的家长参与》，《教育学术月刊》2019 年第 8 期。

（四）研究趋势

为了解家校共育研究的发展趋势，为下一步的研究提供借鉴，本文通过CiteSpace控制面板中的“Burstness”功能绘制关键词突现的知识图谱，以呈现家校共育研究的趋势变化。

家校共育研究关键词突现图谱（见图8）展示了家校共育责任主体、内容、方式的演变，家校共育责任主体的研究发生了从学校到家长，再到家-校的演变；家校共育内容的研究于2016年开始关注“德育”、2018年开始关注“心理健康教育”；家校共育方式的研究从传统的沟通互动方式，转向现代信息技术等新媒体。

1. 家校共育的责任主体由实体向关系转变

家校共育责任主体关系到由谁来开展家校共育工作。从“2011～2020年家校共育研究关键词突现图谱”分析可知，2011～2020年，家校共育责任主体呈现出趋向共育的特征，经历了学校主导的单边活动、家长主动参与的双方合作活动和家校协同的双边共育活动三个阶段。

家校共育研究始于现代学校教育制度建立和完善这一单边维度研究。如通过“家长会”“家校通”“班级博客”（2011年）等方式联结家校、互通有无，并主要通过“班主任工作”（2011年）实施，此阶段表现为以学校为主导的单边活动；发展为家长被逐步纳入家校共育系统（2012年）及“现代学校制度”，共同承担“教育” （2012年）职责，如家长委员会（2012年），此阶段表现为家长主动参与双边合作活动；定性于家庭和学校双方的责任和协同（2013年），如“互动”（2013）、“协同教育”（2014年）、“家校协同教育”（2016年）、“协同育人”（2018年）等，此阶段表现为家校双方协同育人的双边共育活动。

质言之，家校共育研究一定意义上突破了已有的“实体化”研究范式，由家长、学校的单边实体向家校的双边关系转变，家校共育的主旨也由基于事务的“合作”向名副其实的“共育”转变。2014年，家校合作研究中首次出现“协同教育”关键词，自此迈向协同共育道路，该词逐渐取代家校

Keywords	Year	Strength	Begin	End	2011~2020
家长会	2011	4.49	2011	2012	
家校联系	2011	3.82	2011	2012	
家校通	2011	3.61	2011	2013	
班级博客	2011	2.51	2011	2012	
班主任工作	2011	2.51	2011	2012	
家长委员会	2011	4.03	2012	2014	
现代学校制度	2011	3.45	2012	2014	
校讯通	2011	3.19	2012	2013	
教育	2011	3.14	2012	2014	
互动	2011	2.93	2013	2015	
农村	2011	2.89	2013	2014	
小学	2011	2.60	2013	2015	
协同教育	2011	2.57	2014	2017	
学校教育	2011	3.65	2015	2016	
德育	2011	2.60	2016	2018	
家校协同教育	2011	2.57	2016	2020	
家校共育	2011	8.75	2017	2020	
新媒体	2011	3.19	2017	2020	
协同育人	2011	3.85	2018	2020	
路径	2011	2.81	2018	2020	
心理健康	2011	2.64	2018	2020	

图 8　2011～2020 年家校共育研究关键词突现图谱

合作，并将持续成为研究的重点。这并非简单的概念变换，而昭示着家校之间由“基于事务”的合作转向“基于育人”的共育，由共做某事转变为共同育人，由独立的单主体转变为同一系统的双主体。“共育”概念的初现预示着家庭和学校将分别承担各自的主体责任，共同为孩子创造良好的成长环境。因此，家校双方责任的明晰、家校共育的理论基础、家校共育层次的深化及内容的泛化等，将成为研究的热点。

2. 家校共育内容的研究由"知"向"德"及心理健康教育转变

伴随着经济、社会的快速发展，教育的目的和内容发生了变化。教育目的经历了从知识到能力、从片面发展到全面发展、从社会性向个体性的转变，教育内容也经历了由关注学生的学业成绩到关注综合素质的发展，到关注诸如心理素养和关键能力的培养、道德品质和心理品质的形成的转变。家校共育内容的研究也经历了类似的过程，由最初仅关于学业成绩的合作，到孩子多方面发展的合作，到现在对德育（2016）、心理健康（2018）的共育，不断充实家校共育的内容，拓宽家校共育的视野。

目前，心理健康教育日益成为学校教育的重点，也特别需要"家校双方在目标认同、情感融洽、信息沟通的基础上携手形成心理健康教育合力，多元培养、联合互助、协调一致、共同教育"①，但家校共育在心理健康教育中的重要地位没有得到教育工作者应有的重视②。事实上，学生的心理健康是家庭、学校、社会等共同作用的结果，需要多个系统共同创设良好的育人环境、提供适当的心理健康教育，并及时发现和诊断学生的心理问题并给予帮助。同学习成就、身体健康、社会性发展等问题比起来，学生心理健康问题尤其需要家校双方的合力才能更好地化解。因此，心理健康教育会是家校共育的重要主题。

3. 家校共育方式由传统媒介向新媒体转变

家校共育的方式随着信息技术的发展而发展，并倾向于以新媒体为重心的传统与现代的融合。其中，新媒体是区别于电视、广播以及报纸杂志等传统媒体的新型媒体，包括互联网、数字电视、微博、QQ、微信等，具有开放性、共享性、平等性、交互性、便捷性、即时性以及异质性等特点③。在传统的、面对面的家长会（2011）之外，家校通（2011）、班级博客（2011）、校讯通（2012）等新媒体在家校共育中发挥着越来越重要的作用。

① 赵娟、徐彩意：《心理健康教育家校合作现状调查与对策研究》，《教学与管理》2015 年第 1 期。

② 赵吉庆：《新媒体视角下心理健康教育家校合作探析》，《教学与管理》2019 年第 9 期。

③ 陈红：《新媒体时代家校协同教育的创新》，《教学与管理》2018 年第 7 期。

随着人工智能的高速发展，微信公众号、钉钉群等越来越多的现代新媒体应运而生，既为家校共育带来便捷与机遇，也为家校共育带来挑战和一系列问题，辩证分析新媒体的正负面效应受到关注（2017）。

新媒体拉近了家校之间的交往距离，使彼此之间能在短时间内快速建立联系，了解对方的教育观念及行为。但新媒体也存在扩大家校共育中的“数字鸿沟”、侵占教师和家长“私人时间和空间”的问题。因此，在不可阻挡的新媒体背景下，如何使新媒体对于家校共育的积极作用最大化、消极作用最小化，是不可回避的时代性问题。

三　研究结论和启示

（一）研究结论

本文借助 CiteSpace 可视化分析软件和对文献的二次阅读，对 CNKI 数据中以“家校”“家长参与”“家委会”“家长教师”等为主题的文献分别进行了研究成果数量、研究人员及机构、研究热点、研究前沿演变及趋势分析，得出如下结论。

第一，家校共育近 10 年的研究可分为增长阶段、平稳发展阶段和快速发展阶段三个阶段，呈现研究数量稳步增加，但质量有待提升的特点。而且，家校共育研究数量变化体现出较明显的政策驱动性。

第二，研究作者中，吴重涵的文献最多，学者间的合作情况较少，总体表现出人员散、合作少，核心作者群初现的特征。研究机构中，北京师范大学的文献最多，总体呈现师范类高等院校和东部地区教育研究机构研究较多的特点。

第三，研究热点集中在“家校共育问题与对策”“家校沟通”“家长会”“家长参与”等领域，总体偏向于经验研究，理论研究、实证研究相对较少。

第四，研究趋势体现出家校共育责任主体、内容、方式的变化，表现为主体上由实体向关系转变，内容上由片面向全面转变，方式上由传统向现代转变，预示着家校共育研究的未来趋向。

（二）研究启示

第一，提高家校共育研究的学术含量。

有学者根据学术性强弱性，将某个学科或研究领域的话语体系划分为三个圈层：核心圈层是基本概念和基本理论，具有较大的普遍性，最为稳定；第二圈层是结合基本理论和经典论述对具体社会现象和问题展开的研究及其成果；第三圈层更多是对经验的抽象概括与对策建议。由内而外，其抽象性减弱，实践性和变化性增强①。据此分析框架，则我国既有家校共育研究还主要集中在第三圈层，初步进入第二圈层，核心圈层几乎没有。总体上处于应用研究、经验研究层面。家校共育相关成果总数多但核心刊物少便是佐证。而要提高家校共育研究的学术水平，超越经验研究，可在核心圈层与第二圈层下功夫。

首先是加快推进家校共育基本理论问题的研究。当前家校共育研究成果虽有问题表达，却缺乏概念界定，大多将“家校共育”作为一个不言自明的常识概念、背景性概念，这在一定程度上导致各位研究者之间难以展开学术对话，或者说其对话的“所指”并不相同，这不利于家校共育基本概念和基本理论构建，也很难形成本领域稳定的核心圈层。因此，关于家校共育的基本理论研究亟待展开，具体来说包括家庭教育基本理论和“共育”的基本理论，后者更是急中之急，而对家庭的研究更是基础中的基础。只有对这些根本问题加以研究，才能在根本上适应家校共育研究中的“共育”趋势，该趋势反映的便是“何为共育、为何共育、如何共育”等家校共育本体论、价值论和实践论问题。

其次是坚守对中国家校共育关键问题的发现和跨学科探究。当前家校共

① 郭建如：《构建中国特色社会科学的问题与路径：一个分析框架》，https：//mp. weixin. qq. com/s/64jeRXDRtgjCuL94u－8KSw，2021 年 2 月 5 日。

育研究具有鲜明的问题意识，这在家校共育研究热点中有很好的体现。但这些问题的工具性、技术性较强，且也并非中国独有，甚至也未必是宏观层面的中国家校共育的关键问题。正所谓越是民族的才越是世界的。中国的城乡二元格局、发展的不均衡不充分、现代化进程，共同导致了中国独有的“留守儿童家庭”“流动儿童家庭”“双职家庭”“独生子女”“隔代养育”“虚假核心家庭”等问题，从而产生了中国独有的家校共育问题群，这才是本体意义上的中国家校共育的关键问题。而这些问题本身又嵌套着教育社会学、教育心理学、教育哲学、教育经济学、教育法学的基本理论和观察视角。当能够运用成熟学科的经典理论对某研究领域独特的关键问题展开学理性研究时，就进入话语体系的第二圈层了，而这也是当前我国家校共育研究必须突破的。

第二，彰显家校共育研究的中国属性。

这是对加强家校共育理论研究学术性的进一步丰富，但视角不同。中国属性是当前我国人文社会科学研究要着意尊重和体现的，当下和未来的家校共育研究必须遵循，而这也是教育的国家属性与文化性格的本然要求。概而言之，彰显中国属性要两条腿走路，一条腿站在当下，一条腿立于过去。

首先是通过实证研究把握家校共育的中国事实。“实事求是”既是一种工作态度，又是一种研究方法论。只有在了解、把握真正的且系统化的事实的基础上，才有可能探寻到事实之中的规律性认识，即“没有调查就没有发言权”。不经过调查的、不掌握事实的发言是空洞无物的。然而，这种对事实的调查和把握，恰恰是当前家校共育研究中较为缺乏的，虽然有些研究成果以问题和对策为主旨，却是感性有余而理性不足。因此，家校共育的实证研究所指有二，其一是数据导向，目前全国和区域展开家校共育相关主题的调查研究，如“中国家校共育典型问题调查”“中国家长委员会的现状调研”等；其二是典型导向，选择具有典型性和代表性的群体、地域、学校，对其家校共育情况展开调查，如“进城务工家庭的家校共育考察”“北京市家校共育情况考察”等。对中国家校共育独特性事实的发掘，一方面可直接为决策服务，另一方面有望提炼出具有解释力的概念和命题，为新理论的诞生准备素材。

其次是通过历史研究把握家校共育的中国史实。世上并不存在无根之木、无源之水。家校共育在中国虽然是一个现代性问题，且其专门的系统理论源自西方国家的探索，但这并不意味着它是一个面目全新的问题。家校共育是家庭教育和学校教育之间的协同，其在方法论上具有鲜明的“和而不同”色彩，中国传统家训、家风蕴含着深刻的家庭教育洞见，新中国成立以来家庭教育亦经历多次转型并积累了丰富的经验教训，中国的学校教育无论是思想还是实践都有国际水平层面的可圈可点之处，这些其实都是中国家校共育的历史，是中国家校共育的本源基因，它们必然能给当前的家校共育研究提供方法论和思想上的依凭。

第三，拓展家校共育研究的政策视野。

从既有研究来看，家校共育研究体现出较强的政策驱动性，即每一次研究上升阶段的起点总是某项重大的家校共育相关政策，得到国家层面的重视和政策支持对一个研究领域而言大有助益。但是，我们也要看到，虽然有关家校共育的教育类政策是大力提倡家校共育，并对妇联、地方政府、学校等部门做出利好的规定和指示，但是在更广大范围的国家公共政策中的家庭政策，一定程度上却给家校共育造成了实质性的困难。比如“单位制的削弱、福利保障的减少、分配方式的变化以及公共服务的产业化等”① 导致国家责任淡出家庭，将“住房、医疗、教育”等家庭中的重要问题推给了市场，增加了家庭的负担和风险，导致中国家长承受着巨大的生存和发展压力，无形中挤压了其家庭教育投入。在就业竞争无时无处不在且日益严酷的背景下，家长们参与家校共育的可能性和质量都大大降低。现实职场对有子女职工的教育投入的有形和无形限制，公共政策对此尚未作出有效应对和有力帮扶。所以，一方面是教育类政策对家校共育的提倡，另一方面是其他公共政策对家校共育的制约，这其间的矛盾不言而喻。因此，家校共育研究的政策视野要更高更全，避免政策冲突导致的“有提倡无支持”所产生“有名无实”的家校共育。

① 吴小英：《公共政策中的家庭定位》，《学术研究》2012 年第 9 期。

地方教育制度创新十二年：主要特征和创新偏好

冯思澈*

摘　要：在公共管理中，政府创新的研究是观察政府制度变革和发展的重要切入点。从2008年开始，21世纪教育研究院试图通过民间机构评价地方政府的方式推动地方政府的教育变革，设立了“地方教育制度创新奖”。本文通过对过往六届创新奖的制度创新案例文本的重构和分析，总结了十二年来获奖政府教育制度创新的动因、内容和成效，并对不同层级、区域的政府主体的教育创新偏好进行了异质性分析。结果发现，当前地方的教育制度创新由现实教育问题驱动，以管理机制创新的治理方式为手段的被动创新是政府教育创新的主要倾向，而流动儿童教育、民办教育、高等教育和考试制度改革仍是创新的短板和盲区。

关键词：制度创新　政府创新　地方教育制度创新奖

一　概述

21 世纪是属于创新的时代，在公共管理领域，“变革”“重塑”“创新”

* 冯思澈，21 世纪教育研究院助理研究员。

成为21世纪用来描述政府发展最常用的词语[①]，而新时代公共管理中最为显著的特征就是政府管控和官僚主义的急剧减少[②]。在这个创新的时代里，教育制度作为一种服务于社会需要的社会公共制度，不仅应该是全面的、可持续的和卓越的，更应该是不断发展的，这样才能迎接快速变化和不可预测的全球化挑战[③]。从我国教育发展的经验来看，1983年，邓小平为北京景山学校题词"教育要面向现代化，面向世界，面向未来"；2018年，习近平总书记在全国教育大会上指出，要"坚持深化教育改革创新"，都反映了教育创新是我国教育事业发展的根本动力所在。

从各国政府教育创新的经验来看，教育制度是其重要基石。制度经济学认为，"如果一个社会没有实现经济增长，那就是因为它没有从制度层面为经济的创新活动提供保障和激励"[④]。同样的，如果教育制度本身没有随着教育活动和需求的不断发展而变革，那么教育组织内部的变革就很难具有有效性，更遑论提高教育产出、增加人力资本存量以适应社会的整体变革。

自2008年起，21世纪教育研究院进行了"地方教育制度创新奖"的评选探索，历时12年，共评选出优秀案例129个。本文基于对2008~2020年间6届"创新奖"的案例文本进行数据重构和分析，意图总结十余年来各地方进行教育制度创新的动力因素、主题内容和成效，并进一步探究不同层级和区域的政府在制度创新上的偏好和差异，为更进一步的教育创新的制度分析提供参考。

---

① Frederickson, H. G., Johnston, J., M., & Johnston, J., *Public Management Reform and Innovation: Research, Theory, and Application*, University of Alabama Press, 1999.

② Frederickson, H. G., "Public Ethics and the New Managerialism," *Public Integrity*, 1999, 1 (3): 265-278.

③ Serdyukov, P., "Innovation in Education: What Works, What Doesn't, and What to Do about It," *Journal of Research in Innovative Teaching & Learning*, 2017, 10 (1): 4-33.

④ North, D. C., "Sources of Productivity Change in Ocean Shipping, 1600-1850," *Journal of Political Economy*, 1968, 76 (5): 953-970.

二　研究设计

（一）资料来源

在当代，政府制度创新是一个世界性的现象①，并已然成为“社会科学研究中的一门显学”②。早期的政策研究中，常常将政府创新作为研究制度变迁及其对社会经济影响的一种手段③，而从20世纪80年代开始，研究者逐渐将目光放在政府的制度创新本身，从政府创新的影响因素、动力机制、扩散力、类型等不同角度进行研究。在这些研究中，“美国政府创新奖”④和“中国地方政府创新奖”⑤成为重要的研究素材和资料来源，这些奖项的数据和获奖案例为研究者提供了分析制度创新的客观而独特的视角。本研究使用了教育领域中的“政府创新奖”——“地方教育制度创新奖”中的案例申报文本作为研究资料。

“地方教育制度创新奖”（后文简称“创新奖”）是由21世纪教育研究院联合多方机构发起的对地方政府教育制度改革创新案例进行评选的活动，其目的在于通过“民间评价地方政府教育绩效”的尝试，发现、关注各级地方政府因地制宜落实、深化中央教育政策，创新体制机制的成功经验和模式，并加以总结、评选、研讨和推广，以此激励地方的教育改革热情，促进中国地方层面的教育制度变革。

“创新奖”每两年一届，目前已成功举办六届，共积累了获奖案例

① Kamarck, E. , “Government Innovation around the World,” *SSRN Electronic Journal*, 2004.

② 黄亮：《当代中国地方政府创新的动力：要素与模式》，浙江大学博士学位论文，2017。

③ 郁建兴、黄亮：《当代中国地方政府创新的动力：基于制度变迁理论的分析框架》，《学术月刊》2017年第2期。

④ Borins, S. F. (Ed.) *Innovations in Government: Research, Recognition, and Replication*, Brookings Institution Press, 2009.

⑤ 陈朋：《地方政府创新的影响因素分析——基于中国地方政府创新奖的数据研判》，《中共中央党校学报》2016年第4期。

129个。奖项的评选对象为各省（区市）、市、县（区）以及县以下地方政府或地方教育部门制定、实行的制度性变革和政策调整，各地方政府或推荐人根据若干评奖主题进行自荐或他荐，这些主题包括：①地方教育行政制度改革，②促进义务教育均衡发展，③基础教育管理体制改革，④高等教育管理体制改革，⑤发展职业教育的制度改革，⑥发展民办教育的制度改革，⑦农村教育改革，⑧农民工子女教育政策创新，⑨其他。各被推荐单位通过填写统一模板的案例文本进行申报，该文本主要由创新背景、创新举措、实施效果等部分构成。作为最终评选材料的重要一项，案例文本需要在较短篇幅中阐明制度创新的各项要素，具有较高的语言精练度和较为全面的概括性，故相比政策文本和新闻报道，该案例文本更适合作为文本研究的资料。

（二）分析框架

从目前有关政府制度创新的研究来看，缺少对政府创新的作用方式、过程进行全局性分析的工具和理论框架是主要问题[①]。正如诺贝尔经济学奖得主 Theodore W. Schultz 指出的："在考虑制度问题时，分析的柜子里空空如也，既没有专门的概念和术语，也没有经济理论用以分析。"[②] 考虑到理论框架的缺失，本研究拟通过对地方教育制度创新的不同阶段特点进行提取，形成如图1所示的分析框架，包括创新主体、动力机制、创新领域、创新成效四大要素。这样设置的优势有二：第一，有助于在缺少理论分析框架的情况下，尽量涵盖地方政府教育创新的所有流程，进行较为完整的分析。第二，该框架中要素和本研究所使用的案例文本结构相近，更有利于研究工作的展开，且利用"创新主体"这一要素可对政府的教育创新进行分层的研究，探讨不同层级、不同区域政府的教育创新偏好。

---

① 黄亮：《当代中国地方政府创新的动力：要素与模式》，浙江大学博士学位论文，2017。

② Schultz, T. W., "Institutions and the Rising Economic Value of Man," *American Journal of Agricultural Economics*, 1968, 50 (5): 1113 - 1122.

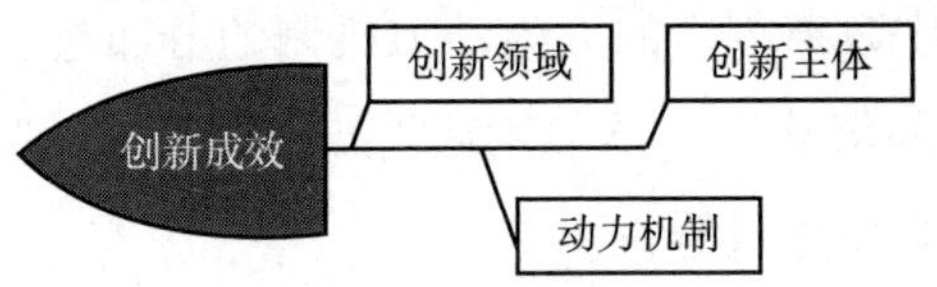

图 1　分析框架

从现有研究来看，基于某种制度理论或研究路径对地方政府制度创新整个过程中的某个单一要素进行分析的研究较多，这些要素包括创新的动力、创新的扩散性、创新的影响因素等。其中，对地方政府制度创新的动力因素的研究数量最为丰富，Birney（2014）在一项关于中国司法制度的研究中指出，在中国的政府管理体制下，上级政府的政策要求和偏好是影响下级地方政府行为的重要因素①，而一系列的相关研究也表明，无论是出于管理者对个人政绩的追求②，或是响应上级政策文件③，抑或是直接将下级政府的创新作为评估督导的一部分④，均是地方进行制度创新的重要动力来源。而具体到教育领域，许多研究表明，现实中的教育问题也是推动政府进行制度创新的直接动力⑤，例如学校发展中的自主权缺乏问题、区域资源配置不均衡的问题等。另外，还存在特殊的情况下教育管理部门因自身组织机制不完善从而推动政策创新的案例。例如，在一些经济技术开发区或高新区建立之初需要配套人才引进而建立学校，但并没有建立完善的行政管理体系。而区域教育的不断发展，推动了教育行政部门的组织完善⑥。综合这些研究来看，当前学者倾向于使用二分的结构来描述政府创新的动力机制，包括“内部动机—外部动机”“主动创新—被动创新”等分类方式。

---

① Birney, M., “Decentralization and Veiled Corruption under China's ‘Rule of Mandates’,” *World Development*, 2014, 53: 55 - 67.

② 陈家喜、汪永成：《政绩驱动：地方政府创新的动力分析》，《政治学研究》2013 年第 4 期。

③ 丁开杰：《中国社会安全网研究——青岛市“阳光救助工程”的创新实践》，《公共管理学报》2007 年第 2 期。

④ 鲁迎春：《政府供给养老服务的动力机制研究》，《中共浙江省委党校学报》2016 年第 1 期。

⑤ 从春侠：《地方教育制度创新动力机制研究》，《教育学术月刊》2012 年第 4 期。

⑥ 沈坚：《打造新型城镇化进程中教育优质均衡发展的中国样本——以苏州工业园区为例》，《江苏教育研究》2016 年第 1 期。

本研究除了对案例中政府创新的五类动力机制的分布进行描述外，也尝试使用“内部动机—外部动机”及“主动创新—被动创新”的分类形式对教育制度创新的动力类型进行分析。

（三）文本的重构与数据库的建立

自20世纪80年代开始，研究者逐渐开始利用“美国政府创新奖”和“中国地方政府创新奖”等奖项对政府创新的主体、动力、影响因素等问题进行研究。其中，“中国地方政府创新奖”设立于2000年，较早对中国地方政府创新奖进行的研究主要集中在对申报案例的类型和特征划分上①，而后，逐渐有学者使用问卷对获奖政府相关领导进行调查，从而进行了更为深入的实证研究②③，这些研究涉及了获奖案例的特征、类型和影响因素等领域。在教育领域，一些学者也曾利用“创新奖”的案例对教育创新进行分析和研究，这些研究主要集中在理论和案例分析层面④⑤⑥。叶杰和包国宪⑦利用“创新奖”的申报案例文本进行文本分析，讨论了教育制度创新的动因、特征和绩效。本文主要借鉴了他们重构案例文本并形成数据库的方法，对第一届至第六届共129个获奖案例的文本进行分析，具体做法如下。

第一，仔细阅读案例文本，对创新领域进行细分。“创新奖”本身涉及了九大创新领域：地方教育行政制度改革、促进义务教育均衡发展、基础教育管理体制改革、高等教育管理体制改革、发展职业教育的制度

---

① 俞可平：《中国地方政府的改革与创新》，《经济社会体制比较》2003年第4期。

② 孙萍、陈诗怡：《地方政府创新的影响因素与多元路径——基于面板数据分析和定性比较分析的双重检测》，《北京行政学院学报》2020年第3期。

③ 杨雪冬：《过去10年的中国地方政府改革——基于中国地方政府创新奖的评价》，《公共管理学报》2011年第1期。

④ 从春侠：《地方教育制度创新动力机制研究》，《教育学术月刊》2012年第4期。

⑤ 刘胡权：《地方教育制度创新难在哪儿?》，《中小学管理》2015年第3期。

⑥ 杨旻、杨东平：《地方教育制度创新的现状与展望》，《中国党政干部论坛》2017年第8期。

⑦ 叶杰、包国宪：《中国地方教育制度创新的动因、特征与绩效——基于“中国地方教育制度创新奖”的文本分析》，《复旦教育论坛》2014年第6期。

改革、发展民办教育的制度改革、农村教育改革、农民工子女教育政策创新和其他。然而，这九大主题划分过于细致，一些获奖案例并不能严格划分进这九大领域。本研究对 129 份文本进行了详细的分析，最后确定了 14 个主题，其中，包括 10 项按创新领域划分的主题和 4 项按教育阶段划分的主题，以尽可能地对这些案例的创新内容进行概括，具体的划分情况如表 1 所示。

第二，完善分析框架。“创新奖”的案例文本主要包括“创新背景”“创新举措”“实施效果”三部分，相对应的，本研究设置了“动力机制”“创新领域”和“创新成效”三个分析要素。为了进一步讨论不同政府群体的创新偏好的异质性，本研究还将创新主体进行了分层级和分区域的双重划分，以期能更为全面地讨论地方教育部门的创新偏好。

第三，建立数据库。不同于调查问卷，基于文本重构建立数据库一定程度上受文本阅读者的主观因素影响而存在偏误，例如，同一创新案例的创新动力机制，可能同时由上级政策和学校现实问题需求所驱动，这样就需要研究者对此进行主观判断，选择更为主要的动力因素。针对此，本研究采用了三人同读的方式，由三位研究者同时对案例文本进行分析，并重构为量化数据，再对三人的结果进行对比，针对其中有争议和不同的部分进行第二轮的讨论，形成最后的数据库。

表 1　分析框架

创新主体	动力机制	创新领域	创新成效
层级		按教育领域	
乡镇	响应上级政策	学校管理体制	资源投入优化
区(县)	满足公众需求	教育行政制度	组织完善、管理优化
地级市	学校问题触动	教育督导	教育产出提高
省会城市	行政部门组织发展需求	农村教育	外部评价提升
省级	其他	农民工子女(流动儿童)教育政策	

续表

创新主体	动力机制	创新领域	创新成效
区域分布			
东部		民办教育	
中部		考试制度	
西部		教师队伍建设	
东北		成人教育、终身教育、家庭教育、特殊教育	
		按教育阶段	
		学前教育	
		义务教育	
		职业教育	
		高等教育	

三　研究发现

（一）奖项基本分布

1. 奖项设置

从2008年起，“地方教育制度创新奖”以两年为单位对在区域教育制度创新上卓有建树的教育局（厅）进行评奖。第一届“创新奖”设置了两类奖项：优秀奖和优胜奖，其年各有10家教育局获奖，这两大奖项也成为之后每届创新奖的保留奖项。其后，于2010年（第二届）设置了特别奖，得奖者包括山东省政府、湖北省教育厅和辽宁盘锦市教育局魏书生。2012年（第三届）四川省成都市教育局和上海市教育委员会分别因“城乡教育综合改革”和“国家教育综合改革试验区”两项制度创新被单列获得综合改革奖。从第三届起，“创新奖”开始对再次获奖的教育局进行特别统计和评选，增设了持续创新奖。山西省晋中市教育局因积极促进义务教育均衡发展，化解城乡发展不均难题，构建良好区域教育生态而两度获得此奖，新疆维吾尔自治区克拉玛依市和重庆市綦江区也分别因“教育转型实现现代化”

和“构建现代教育治理结构”获得了“第五届地方教育制度创新奖”的持续创新奖。

从颁奖的年份来看，六届“创新奖”的奖项设置数量大致相当，都在20个左右。其中，2012年（第3届）和2014年（第4届）两届获奖单位最多，为25家教育局，而2018年（第6届）获奖单位最少，仅16家教育局。各类型奖项及各年度获奖数量的具体情况如表2所示。

表2　地方教育制度创新奖奖项设置的基本情况

	数量(个)	占比(%)
获奖类型		
优胜奖	57	44.19
优秀奖	61	47.29
特别奖	5	3.88
综合改革奖	2	1.55
持续创新奖	4	3.10
总　计	129	100.00
获奖年份(届)		
2008年(第1届)	20	15.50
2010年(第2届)	23	17.83
2012年(第3届)	25	19.38
2014年(第4届)	25	19.38
2016年(第5届)	20	15.50
2018年(第6届)	16	12.40
总　计	129	100.00

2. 创新主体分布

表3显示了六届地方教育制度创新奖获奖单位的层级分布和区域分布。从制度创新主体的层级来看，区（县）级和地级市两级的教育制度创新案例获奖最多，分别占到获奖总数的37.21%和34.11%。在六届创新奖中，仅有1例获奖案例来自乡镇级教育局，为江苏省苏州市吴江区汾湖黎里镇教育局。另外，省级层面的获奖比例要高于省会城市，前者为22.48%，而仅有7家省会城市教育局获奖，比例分别为5.43%。

从创新主体的区域分布来看，东部城市所占的比例过半，达到了50.39%，中部城市和西部城市的获奖数几乎相同，分别获得29项和30项创新奖，比例分别为22.48%和23.26%，而东北的城市中有5家教育局（个人）获奖，其中包括2010年颁给辽宁盘锦市教育局魏书生的个人奖，而另外四项奖均与义务教育均衡发展有关，包括促进教师流动、均衡资源和关注后1/3学生等主题。

表3　制度创新主体的基本分布情况

分布	数量(个)	占比(%)
层级		
乡镇	1	0.78
区(县)	48	37.21
地级市	44	34.11
省会城市	7	5.43
省级	29	22.48
区域分布		
东部	65	50.39
中部	29	22.48
西部	30	23.26
东北	5	3.88

3. 动力机制

一般而言，地方政府在进行制度创新时的动力机制相当复杂，可能是多种因素综合而生。本文通过分析创新奖案例文本中“创新背景”或“案例概述”的部分内容，试图总结出案例创新的主要动力来源，其分布如表4所示，研究发现如下。

现实中的教育部门管理对象——学校在日常教育教学或管理中面临的问题是促使教育局进行制度创新的因素，在6届129个案例中，共有72个案例的创新动力主要源于此，占案例总数的55.81%。例如，多个案例的创新源于当地学校的管理自主权不足、资源匮乏、家校合作难以开展等现实问题。

另一项制度创新的重要动力是响应上级政策，这既包括了上级政府的压力，也包括了上级教育政策的本土化。例如，浙江省衢州市教育局响应农业部、财政部、劳动和社会保障部、教育部、科技部、建设部等六部委印发的《2003～2010年全国农民工培训规划》，实行了政府买单“劳务培训券”制，促进农民工的终身教育发展；而山东省招远市教育局和山西省晋中市教育局则在上级政府的“中考指标到校”任务驱动下，探索创新举措、实现100%指标到校。

另外，在所有案例中有一项制度创新源于NGO的项目推动：湖北省鹤峰县在与中国社会福利基金会签订鹤峰县“免费午餐计划”的推动下，建立了地方政府－民间组织关爱留守儿童合作机制。

从“内部动机—外部动机”的角度来看，公众的教育需求、学校问题触动和行政部门组织发展需求均属于教育系统内部生成的动力，占到了政府制度创新的72.09%。而从“主动创新—被动创新”的分类方式来看，上级政府的政策压力与教育问题触动都属于政府部门的被动创新，而这二者的比例超过了总案例数的80%，这说明当前地方政府的教育创新以被动创新为主，以教育问题“倒逼”为主。

表4　制度创新动力的分布

项目	数量(个)	占比(%)
响应上级政策	35	27.13
满足公众需求	18	13.95
学校问题触动	72	55.81
行政部门组织发展需求	3	2.33
其他	1	0.78

4. 创新领域

表5显示了六届创新奖129项获奖案例的创新领域。不同于奖项设置时的九大主题，本文“按教育领域”和“按教育阶段”划分创新领域，前者包含学校管理体制、教育行政制度、教育督导、农村教育、农民工子女

（流动儿童）教育政策、民办教育、考试制度、教师队伍建设以及包含了成人教育、终身教育、家庭教育和特殊教育四项的“其他领域”，而后者则包括了学前教育、义务教育、职业教育和高等教育四类。从统计结果上看，有37.21%的案例与具体教育阶段相关，而其他案例则归结为教育的具体领域。

详细而言，义务教育阶段相关的制度创新数量最多，占到21.71%，而农村教育的获奖案例数量紧随其后，比例为15.50%。从这两类案例的具体内容来看，都与教育均衡发展、教育公平等紧密相关，这表明城乡教育均衡、教育公平仍是地方政府最为关注的问题。

同时，学校管理体制改革和教育行政制度改革两类制度创新分别占到了案例总数的10.85%和11.63%。随着教育治理现代化的逐步推进，简政放权、创新监管、高效服务成为行政部门的重要手段。在学校管理体制创新和教育行政制度改革案例中，“政府放权”“权责清单”“学校自主”“委托管理”“校长责任制”等成为改革的关键词，在案例中反复出现。

从案例统计上看，农民工子女（流动儿童）教育政策、民办教育、考试制度改革和高等教育改革或成教育制度创新的短板。考试制度的改革长期以来都是教育改革的“深水区”，改革难度大、阻力大。在现有高考制度之下，山东省潍坊市教育局、浙江省教育厅、陕西省西安市教育局进行了中、高考制度的改革探索。例如2012年的获奖案例浙江省教育厅实施高中学业水平、高考、高校面试“三位一体”的高校招生制度改革，浙江省通过将学业水平测试、综合素质评价纳入高校招生评价体系，着力拓宽学生升学途径，减轻学生的高考和学业压力，为中国高考改革提供了新的思路。而流动儿童教育和民办教育在当前的教育改革中尤为重要，为流动儿童提供无差别的教育服务、促进民办教育的良性发展是缓解当下社会人口压力、资源不均和促进社会公平的重要手段。需特别说明的是，在所有129项获奖案例中，仅有两例涉及了高等教育改革，这反映了我国高等教育改革的困难，但同时也可能因为奖项设置本身还需对高等教育更加重视。

表 5　制度创新的领域分布

项目	数量(个)	百分比(%)
按教育领域		
学校管理体制	14	10.85
教育行政制度	15	11.63
教育督导	6	4.65
农村教育	20	15.50
农民工子女(流动儿童)教育政策	4	3.10
民办教育	3	2.33
考试制度	4	3.10
教师队伍建设	9	6.98
成人教育、终身教育、家庭教育、特殊教育	6	4.65
合　计	81	62.79
按教育阶段		
学前教育	10	7.75
义务教育	28	21.71
职业教育	8	6.20
高等教育	2	1.55
合　计	48	37.21

5. 创新成效

对应制度创新的动力—主体—内容—绩效四阶段，本文同样使用了四个维度来评价案例的创新成效。由于许多创新案例在当地甚至全国范围内产生了影响，故其成效可能表现在多个方面。本文通过分析案例文本中“实施效果”的部分，对每个案例最主要的成效进行总结，归为资源投入优化—组织管理优化—教育产出提高—外部评价提升四类。其中，资源投入优化包括了教育资源分配的均等、投入增加、规模扩大、渠道多元多样等。组织管理优化包括当地办学水平提高、学校办学体制多样化、学校和政府组织管理更规范、组织职能精细化、教育和管理效率提升、学校和政府的权力分配合理等。教育产出提高主要是指当地学生的学习质量、学生满意度、教师满意度、学校课程开发优化等方面的提升。而外部评价提升则主要包括了当地入校率提高、区域文明增进、家长和社会的满意度提升或是教育改革受到媒体宣传、上级领导表扬等。值得说明的是，因为本文的创新成效分析是基于案例文本，它不仅代表了这些改革的实际主要成效，也代表了地方教育局更愿意展示、更看重的改革成效。

研究发现，42.64%的案例以组织管理优化为主要成效，然后是资源投入优化，占到总案例数的24.03%，而教育产出提高和外部评价提升的案例则数量相近，分别占到总数的15.50%和17.83%。

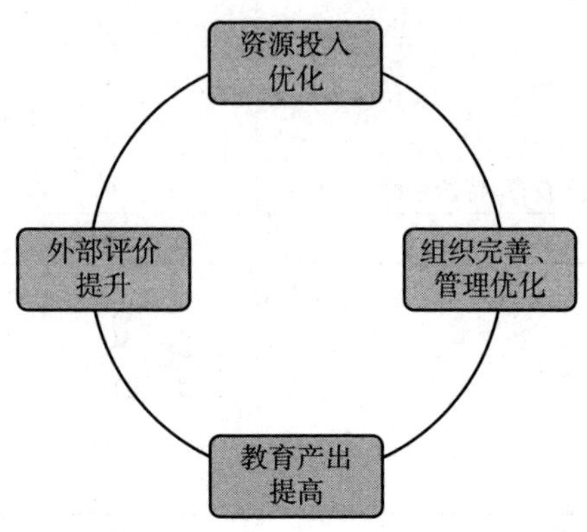

图2　地方教育制度创新案例成效维度

表6　制度创新的成效

单位：个，%

	数量	占比
资源投入优化	31	24.03
组织完善、管理优化	55	42.64
教育产出提高	20	15.50
外部评价提升	23	17.83

（二）创新偏好的异质性

由于教育制度创新与地方发展等社会经济因素息息相关，不同层级、不同区域的地方政府的教育创新偏好存在一定异质性。本文通过对不同创新主体的创新动力、创新内容和创新成效进行对比，试图描绘不同特征的政府主体对教育制度创新的偏好。

从创新的动力机制偏好上看，除仅有一项获奖的乡镇教育局创新外，其余区（县）、地级市、省会城市和省级四级政府进行制度创新时的动力机制差异不大，其中，政策推动的教育创新均占到20%～30%，而70%～80%的制度创新则源于现实的教育问题。从不同区域教育局的动力机制偏好上看，中部、西部和东北三个区域的创新案例的动力来源比例均类似：问题推动占到80%左右，而东部地区由此推动的比例仅有63.49%。回顾东部地区的创新案例，一方面，这可能因为东部经济发达地区中城乡间、区域间的教育均衡等问题本不如其他区域凸显；另一方面，东部地区也因地制宜地推动了多项上级政策的本土化，而其中的原因及其可推广性也值得更深入的研究和讨论。

表7　动力机制偏好

单位：%

	政策推动	问题推动
层级		
乡镇	100.00	0.00
区(县)	29.79	70.21
地级市	25.58	74.42
省会城市	28.57	71.43
省级	25.93	74.07
区域分布		
东部	36.51	63.49
中部	17.86	82.14
西部	20.69	79.31
东北	20.00	80.00

教育治理体系和治理能力现代化是国家治理体系与治理能力现代化的重要组成部分，2019年2月，中共中央、国务院印发《中国教育现代化2035》，指出教育治理现代化应聚焦教育发展的突出问题和薄弱环节。针对治理现代化，习近平总书记曾指出，“治理和管理一字之差，体现的是系统治理、依法治理、源头治理、综合施策”。而在教育治理现代化中，推进

“放管服”和“管办评分离”是重要手段。本研究根据每个案例的具体改革措施，根据简政放权、创新监管和高效服务三个维度，指出其中最能体现其治理亮点的手段。

统计发现，着眼于简政放权的制度创新案例占比较小，仅占到区（县）和地级市两级教育局中各自18.75%和13.64%的比例。这些案例均采用下放权力或分离权力的方式，通过明晰教育局和学校的权责义务来促进教育发展。例如上海市浦东新区创建学校“委托管理”机制，取消政府直接管学校的权力，将其委托给有良好资质的第三方专业教育中介机构，并建立与之相适应的配套制度，从而促进优质教育向教育薄弱地区和学校拓展，促进教育公平。

在所有案例中，创新监管方式是政府采用最多的治理手段和策略。区（县）、地级市和省会城市三类政府有60%～72%的案例采取督导、评估等方式，通过分离学校管理权及从教育行政部门分离评估权，提升区域教育的质量。例如浙江省杭州市上城区通过成立“督导与评价中心”，保证了教育督导评价的权力的独立性，同时加强学校管理能力，规范行政管理行为，扩大民主参与渠道，为学生发展提供了全方位的服务和导助。

表8　治理手段偏好

单位：%

	简政放权	创新监管	高效服务
层级			
乡镇	0.00	0.00	100.00
区(县)	18.75	68.75	12.50
地级市	13.64	61.36	25.00
省会城市	0.00	71.43	28.57
省级	0.00	82.76	17.24
区域分布			
东部	13.85	64.62	21.54
中部	6.90	82.76	10.34
西部	10.00	70.00	20.00
东北	20.00	40.00	40.00

如上文所述，由于本文采用文本分析法，统计结果中各地的制度创新成效差异不仅体现其真实成效差异，也体现了各地行政部门对各类产出的偏好。统计结果发现，几乎所有区域的案例均更看重通过制度创新实现组织管理的完善、提高办学水平、使学校和政府组织管理更规范、组织职能精细化。而东北的5个案例中，有三个的亮点均在于外部评价提升。从东中西部差异来看，西部城市的制度创新更看重教育产出的提高，占自身获奖案例总数的26.67%，东部和中部在此项上的比例分别为12.31%和13.79%。中部城市更多聚焦在资源投入的优化上，这可能与中部地区实际面临的资源“中部塌陷”的现实问题有关。

表9 创新成效偏好

单位：%

项目	资源投入优化	组织完善、管理优化	教育产出提高	外部评价提升
层级				
乡镇	0.00	0.00	100.00	0.00
区(县)	25.00	43.75	12.50	18.75
地级市	18.18	43.18	15.91	22.73
省会城市	28.57	57.14	14.29	0.00
省级	31.03	37.93	17.24	13.79
区域分布				
东部	20.00	49.23	12.31	18.46
中部	34.48	41.38	13.79	10.34
西部	23.33	33.33	26.67	16.67
东北	20.00	20.00	0.00	60.00

四 总结和不足

本研究通过重构第一届至第六届“地方教育制度创新奖”的获奖案例文本，对其获奖案例的创新主体分布、动力机制、创新内容和创新成效进行了总结和分析，并讨论了不同层级、不同区域的主体进行教育制度创新的异质性，发现如下。

第一，在我国“以县为主”的教育体制之下，区（县）级和地级教育行政部门仍是教育制度创新的主力。事实上，“地方政府作为承上启下的行政枢纽，是贯彻国家教育方针政策、依法行政的主体”，而教育改革本就是因地制宜，生根于实际的教育问题的，可见“地方教育制度创新大有可为”①。

第二，我国的教育创新以被动创新为主。无论是上级政府的压力还是教育问题的“倒逼”，都表明教育创新并非无根之木，不能无中生有，必须有其生长的土壤，即有其所要解决的问题和完成的目标。习近平指出：“改革是由问题倒逼而产生，又在不断解决问题中而深化”②，而在教育制度的创新改革中更是体现了问题促进改革的特点。

第三，教育制度创新仍有盲点和弱点。本研究的统计结果发现，地方政府在解决城乡教育发展均衡、资源配置不公等问题上有诸多改革创新的亮点，而流动儿童教育、民办教育、高等教育和考试制度改革仍是制度创新的短板和盲区，然而，以上问题均牵动着教育领域中最根本、最深刻的问题。可见，我国的教育制度创新仍有待进步。

由于本研究使用了案例文本作为研究数据，还存在以下问题和不足。

首先，就量化数据而言，本文仅收集了六届“地方教育制度创新奖”的 129 个样本，对其进行差异分析和异质性分析时可能存在样本的选择性偏误。同时，仅仅使用了描述统计的方式进行分析，缺少更精细的统计计量方法来探讨政府教育制度创新的因果关系。

其次，就质性的文本材料而言，使用传统的阅读、重构方法难以对 129 份案例文本进行深入的解读。未来的研究中可借助机器学习、文本挖掘等新的方法。

最后，本文的目的仅在于展现和总结过往 12 年中六届“地方教育制度创新奖”获奖案例的特征，后续将结合现代化治理理论对案例和制度创新的内涵进行更深入的挖掘和研究。

---

① 杨东平：《地方教育制度创新大有可为》，《教育与职业》2011 年第 4 期。

② 习近平：《改革是由问题倒逼而产生》，https：//www. chinanews. com/gn/2013/11 - 14/5500046. shtml，2013 年 11 月 14 日。

调查篇

Investigation Reports

当前省域乡村教师生存状况调查与改善建议

赵雄辉*

摘　要：乡村教师生存状况调查结果表明，乡村教师中，部分教师的工作任务较重，大部分老师有“累”的感觉；不少教师的职业归属感不强，专业发展有“迷”的茫然；少数教师家庭经济压力较大，生活条件有“苦”的无奈；教师与家长的关系日趋复杂，与村民的交往有“疏”的趋向；乡村教师的健康问题未引起足够重视，身心健康有“差”的隐忧。针对这种现状，还需要进一步落实各项待遇政策，推动乡村组织参与学校治理，改进乡村教师队伍管理，引导全社会尊师重教，激发乡村教师专业发展内生动力，完善乡村教师供给机制，加强监督问责。

关键词：乡村教师　教师生存状况　教师负担　教育治理

* 赵雄辉，湖南省教育科学研究院副院长，湖南省教育战略研究中心副理事长，博士，研究方向：教育管理。课题组主要成员：龙红明、李红婷、王向红、杨心婕、贺松兰、龚婷。

党的十八大以来，各级政府下发了系列加强新时代乡村教师（指“乡镇及以下中小学教师”，不包括县城学校教师）队伍建设、改善乡村教师生活工作条件的文件，为乡村教师待遇提高、专业发展、管理改进指明了方向、提出了要求、明确了措施，成效显著。但是，仍然有部分乡村教师在生活环境、工作条件、专业发展、身心健康、社会关系等方面存在困惑，需要进一步通过“帮扶对象精准、项目安排精准、资金使用精准、倾斜措施精准”来精准改善乡村教师生存状况。

一　乡村教师的生存状况调查结果分析

为了了解乡村教师生存状况，课题组在 H 省进行了两次乡村教师实地考察和问卷调查。2019 年第一次实地考察了 24 个县（市区），问卷调查了 39470 名乡村教师。2020 年第二次进一步完善调查问卷与访谈提纲，再在 5 个县开展了实地调查与深度访谈，问卷调查了 91180 名乡村教师，第二次调查对象所任教的学校分布见表 1。

表 1　调查教师任教学校的分布

选　项	人数(人)	占比(%)
A. 教学点	4976	5. 46
B. 村小	19481	21. 37
C. 乡镇中心小学	32001	35. 10
D. 乡镇初中	34722	38. 08

本报告使用第二次调查的数据，从工作负担与工作压力、职业归属与专业发展、生活条件与家庭状况、师生关系和社会交往、身体和心理健康状况等五个方面分析乡村教师的生存现状。

（一）工作负担与工作压力

调查显示，部分乡村教师觉得工作任务较重，大部分老师有“累”的感觉，其中觉得“非常累”的占9.06%，觉得“比较累”的占69.11%。工作负担较重主要表现在两方面。

1. 教学任务重，多科多头教学，所教非所学，工作时间偏长

乡村中小学教师跨年级、跨学科教学属普遍现象。2020年上学期教学的科目数量情况见表2。

表2 调查教师2020年上学期教学科目数量

选项	人数（人）	占比（%）
A. 1科	25087	27.51
B. 2科	29429	32.28
C. 3科	18701	20.51
D. 4科	10530	11.55
E. 5科及以上	7433	8.15

主要任教的科目与自己所学习的专业有些“完全不相符”，有些“部分相符”。任教的科目与学习的专业相符合程度具体情况见表3。

表3 调查教师任教科目与学习专业相符合程度

选项	人数（人）	占比（%）
A. 完全相符	31619	34.68
B. 部分相符	48913	53.64
C. 完全不相符	10648	11.68

有少数老师比较轻松，但超工作时间的老师比较多。具体每天的工作时间分布见表4。

表4 调查教师每天工作时间分布

选项	人数(人)	占比(%)
A. 4 小时以内	1230	1.35
B. 4~8 小时	34417	37.75
C. 9~10 小时	39886	43.74
D. 11~12 小时	9351	10.26
E. 12 小时以上	6296	6.91

2. 应对各种各样检查评比等非教学任务累

在调研中发现，需要中小学教师应付的督查检查评比考核名目繁多，一些地方和部门经常向学校和教师摊派任务。如安全、禁毒、食堂、创文、创卫、扶贫、扫黑除恶、防电信诈骗、法制考试、防震减灾等检查，项项都是中心任务，个个都是紧急工作，都需要资料留痕，大大加重了乡村教师的工作负担。每周花在教学任务之外的时间比例见表5。

表5 调查教师每周用于非教育任务的时间比例

选项	人数(人)	占比(%)
A. 3 小时及以内	13202	14.48
B. 4~5 小时	23772	26.07
C. 6~7 小时	15400	16.89
D. 8~9 小时	12772	14.01
E. 10~11 小时	8986	9.86
F. 11 小时以上	17048	18.70

（二）职业归属与专业发展

调研显示，部分乡村教师职业归属感不强，专业发展有“迷”的茫然。

调查对象中有24.16%的老师对自己未来的职业前途“信心不足”，4.06%的“很不看好”自己的未来。有的老师直言：“在乡村教书感觉不到未来有什么出息，看不到美好的前途。”有的老师说：“老师是太阳底下最光辉的职业，但乡村教师是太阳底下最无奈的职业。”乡村教师普遍感到乡村教育教学质量难以得到提升，面对大量的留守儿童，乡村教师的教学好比是“在石头上播撒种子”，任务大、方法少，努力了，却难见收获，“教起来越来越没有味道”。

乡村教师职称评审满意度在不断提高，但仍然有些人感到很困难，调查对象对自己的职称晋升满意程度分布见表6。

表6　调查教师对自身职称晋升满意程度

选项	人数(人)	占比(%)
A. 非常满意	8775	9.62
B. 比较满意	38916	42.68
C. 不太满意	28968	31.77
D. 很不满意	14521	15.93

同时，乡村教师与学生一样，渴望得到鼓励，希望获得政府的认可。44.87%的老师“会主动争取”获得县级以上的荣誉奖励，44.56%的老师“会尝试争取”，只有10.16%的老师“无所谓”，不仅没有评上职称的老师需要奖励，即使评上职称的老师也看重荣誉与奖励。但是，乡村老师在县级以上发表论文、教学比赛机会少，获奖难，信息不畅，也没有人指导。

乡村教师培训机会大量增加，一年内有接近一半的老师能参加培训。但仍然存在工学矛盾突出、脱产参加培训难、音乐美术学科教师培训机会相对较少、出县学习机会少等问题。即使参加了培训，也有21.87%的觉得培训作用“不太大”，4.29%的觉得培训“基本没有用”。而在乡村学校内部校本研修氛围普遍不浓，受条件所限，绝大部分学校基本上没有真正的教育教学研讨活动。这些都使得乡村教师对职业发展前途觉得迷茫。

（三）生活条件与家庭状况

随着各项政策的落实，乡村教师年收入不断提高，经济条件与生活条件日益改善。但是地区差异还比较大，生活条件改善还不平衡，少数教师家庭经济压力较大，生活条件有“苦”的无奈。

部分乡村学校没有食堂，厨房条件差，做饭菜不方便，乡村教师平常一日三餐难有着落。调查显示，21.19%的乡村教师一日三餐“常有麻烦”，2.69%的“很麻烦”。每月花在吃饭上的费用“750～1000元”的占28.98%，花费“1000元以上”的占24.28%。

乡村教师住房问题也存在一定程度的不平衡，具体情况见表7。

表7　调查教师住房情况

选项	人数(人)	占比(%)
A. 学校安排的住房	26055	28.58
B. 自己租的住房	6785	7.44
C. 自己购买的商品房	28343	31.08
D. 住父母或家里的住房	26830	29.43
E. 其他	3167	3.47

有的乡村学校周转房、公租房、廉租房数量不够，房子太小或房子质量不好，分布不均衡，有的年轻教师仍然挤在阴暗潮湿的破房子中，上厕所非常麻烦，与当地农民家的住房相比有明显差距。

乡村教师多是农家子女，家庭条件普遍不够好，家庭支持普遍乏力。因此，乡村教师的收入除了需要满足个人及家庭生活工作所需外，有的还要承担赡养父母及原生家庭成员的经济义务和抚养责任，这往往使得乡村教师经济负担过重，尤其是中青年乡村教师经济压力更大。调查显示，2019年家庭收支“欠账比较多”的占20.29%，由于结婚、生子、购房、早晚往返学校交通不便等问题，感觉家庭有压力的老师还是比较多。“压力很大（难以克服）”的占11.94%，“比较有压力（可以克服）”的占61.59%。具体情况见表8。

表8 调查教师家庭压力情况

选项	人数	占比（%）
A. 压力很大（难以克服）	10887	11.94
B. 比较有压力（可以克服）	56162	61.59
C. 基本上没有压力（但也不能支持）	18675	20.48
D. 能给予支持补助	5456	5.98

在各种压力中，“经济”压力占54.41%，排第一位，“子女教育”压力占18.16%，“照顾父母”的压力占12.08%，有“情感纠葛”压力的占2.37%，还有12.98%的是其他方面的压力。

（四）师生关系和社会交往

乡村教师的交往对象既有基于教育关系和业缘关系的学生和老师同行，也有基于血缘关系和亲缘关系的家人和族亲，还有基于地缘关系的村民，这些关系都影响乡村教师的生存质量。调查显示，乡村教师与家长、学生的关系日趋复杂，与村民的交往有“疏”的趋向。

乡村教师同事之间的关系普遍比较融洽，“不太融洽”的只占3.42%，“很不融洽”的占0.94%。

乡村教师与学生关系普遍感觉“越来越不如以前”。老师觉得自己在学生中威信“一般”的占23.29%，“不太高”的占1.84%，“很低”的占0.36%；学生上课守纪律的情况“一般”的占24.54%，“不太好”的占6.69%，“很不好”的占1.25%；课后和学生一起活动的时间“不太多”的占18.95%，“很少”的占5.85%。

乡村教师与家长沟通困难和冲突常有发生。乡村教师与家长沟通“比较困难”的占16.56%，“很困难”的占0.70%。在现实案例中，有的家长蛮不讲理，因一点小事就与教师产生很大冲突，连基本的尊敬也没有。

乡村教师与周边村民的关系越来越疏远，老师与村民“有点小矛盾”的占10.33%，关系“很不好”的占0.98%；认为当地乡村干部“不太关心学校”的占27.54%，认为“很不关心”的占3.74%。不少老师感觉乡村学校越来越封闭，女教师婚恋越来越困难。当地乡村干部关心帮助学校解决困难的情况见表9。

表9　调查学校当地乡村干部关心学校困难的情况

选项	人数(人)	占比(%)
A. 非常关心	12506	13.72
B. 比较关心	50151	55.00
C. 不太关心	25109	27.54
D. 很不关心	3414	3.74

（五）身体和心理健康状况

普遍反映，乡村教师健康问题未引起足够重视，身心健康有“差”的隐忧。大多数乡村学校没有专项经费安排教师参加定期体检，心理问题长期被忽视。

乡村教师中，近三年“住过1次院”的占20.23%，“住过2次院”的占7.25%，“住过3次及以上”的占3.28%。有“轻微职业病”的占49.41%，有“较重职业病”的占28.93%，有“严重职业病”的占10.49%。大约有10%的老师实际上会因为身体状况而影响到教学任务的完成，有的因为生病要请人代课，有的因为有严重的职业病而影响工作情绪、精力。

12.29%的乡村教师表示“目前最迫切需要的是缓解心理压力”；5.72%的“非常焦虑”，25.48%的“比较焦虑”，55.77%的“有一点焦虑”；1.59%的老师“非常抑郁”，7.73%的老师“比较抑郁”，41.71%的老师“有一点抑郁”。老师们感觉周围的同事中，心理有问题的在不断增加。

二　导致乡村教师生存困境的原因

影响乡村教师生存状况的原因是多方面的。从社会角度看，主要是城乡发展不平衡，地处偏僻，交通不便，学校办学条件差，管理不规范；从教师自身看，主要表现为教师与学校地理位置和环境有冲突，与社会、家长、家庭关系有冲突，与自己业务准备、前途理想有冲突。

（一）城乡二元结构，导致乡村教师难以摆脱“边缘化打工者”角色

城乡二元结构的长期运行导致城乡社会形成一种等级序列，从中央、省级、市级、县级、乡镇级再到村级依次递减，一切与“农”相关的人和事物均处在社会结构的末端位置。乡村教师身处这种社会等级序列的末端环境中，同样存在被歧视的社会暗示。乡村教师在农村作为城市文化的导入者，在农村文化传统定式思维的制约下，面对村民中普遍的功利主义和短期行为，容易形成价值观冲突，难以摆脱“边缘化打工者”角色的社会暗示和自我界定。

（二）教育生态不友好，导致乡村教师产生“入错行”的心理

现实中，社会、家长对教师和学校要求越来越高，期望值越来越高，尊师重教的氛围非但没有与之适应，反而逐渐淡化。有些家长经常简单地将孩子品行、学习等方面存在的问题归因于老师水平不行、工作失职。乡村社区常常有人用实用的眼光审视和评价乡村教师的社会地位，收入高低、权力大小和话语权成为人们审视和评价乡村教师的依据和裁量乡村教师社会地位的尺度。因此，在世俗和物质支持极其有限的情况下，乡村教师的职业声望、职业吸引力和社会地位的提升极其困难。乡村教师不仅得不到应有的外部尊敬，在自己的专业领域也得不到应有的内部尊敬，从而导致他们对自己所从事的教书育人工作不认同，丧失工作的热情与信念。

（三）个人专业发展条件有限，导致乡村教师产生“没有出路”的想法

有些乡村学校基本办公条件和生活条件影响了乡村教师的工作情绪和效率，教学设施设备条件限制了乡村教师专业才华的施展，有些师范院校毕业的老师有全面落实教学要求的想法，但经常没有办法实现。同时，乡村教师数量不够、结构不合理，有些临聘教师没有教师资格证，区域内同行业务交流的机会少，年轻教师成长过程中难以得到有经验的骨干教师的专业指导，有的初中学校物理、化学、生物老师都只有一个人，遇到教学问题无人商量，特别是当乡村教师的教学岗位与所学专业不相符时，只能敷衍了事。这些情况严重影响到教师的个人专业成长，从而使他们产生“没有出路”的想法。

（四）城乡教育发展不均衡，导致乡村教师产生“人往高处走”的冲动

尽管国家和地方在促进义务教育均衡发展的过程中，采取了许多有效举措，取得了一定的成效。然而，向乡村教师倾斜的部分政策实际上没有兑现，加之乡村教育积累的问题太多，欠账太多，城乡学校差距在某些方面不是在缩小，而是在实质性扩大。城区学校建设、运动场所建设、仪器设备、图书资料等各方面大多比乡村学校档次高；乡村教师虽然有特殊津补贴，但这部分津补贴的吸引力有限，相对于所担负的社会责任、工作任务以及实际工作中所付出的劳动，经济报酬较低，与心理预期的回报差距较大。城乡之间的这种差距导致乡村教师队伍人心不稳，想方设法从乡镇调入城区，甚至不惜离职也要逃离乡村学校，有的老师不能调走就自暴自弃。整体而言，年轻教师比中老年教师流动的多，高学历、高职称教师比低学历、低职称教师流动的多，男性教师比女性教师更方便流动，未婚教师流动意愿更强烈，偏远地区教师比城区附近教师流动的多。

（五）职业准备不足，导致年轻教师陷入“无所适从”的困境

调研发现，过去乡村教师队伍大量学历不足，现在学历层次大幅提升，新入职教师基本上都达到大专以上学历，但年轻教师的生存状态反而比中老年老师差，这与近几年补充进入的新教师生活经历、学习经历、思想准备有关系。无论是定向培养、特岗招聘，还是公开招聘、临时聘任的老师，他们在教学专业训练、了解学生、教非所学的课程准备方面都不能直接满足工作的需要，如果未将教师作为终生职业进行个人规划，奉献精神、吃苦意识也准备不足，就会感觉生活和工作都非常苦恼，精神上处于“亚健康状态”。比如，有一些非师范专业招聘进入的教师、临聘教师，本身没有系统学习过教育学、心理学、教学法、学科课程论的专业知识，也没有进行过专业实习训练，基本不能到岗即上岗，一开始走入课堂，就会遇到一些难题，若主动性不够，就会感到无所适从。还有一些教师抱着美好的幻想，从大学所在的城市来到乡村任教，若心理准备不足，城市与乡村的对比就会让他们产生强烈的心理冲突，感到无所适从。

三　改善乡村教师生存状况的建议

改善乡村教师生存状况既要重视外部条件的改善，确保政策承诺的措施兑现，消除政策承诺不兑现引发的抱怨，积极满足乡村教师的合理要求，不断改善乡村教师生活和工作基本条件；也要重视教师自身内在动力的激发，正面引导乡村教师树立正确的职业观，在岗位上满足高层次需要。

（一）进一步完善和落实各项待遇政策，确保乡村教师“留得住”

尽管与乡村教师待遇相关的政策较多，但当前仍有一些政策需要进一步落实和完善。一是真正落实“依法保证教师平均工资水平不低于或者高于国家公务员的平均工资水平”的规定，地方政府要按照当地公务

员标准给中小学教师发放年度绩效奖、综治奖、文明单位奖，由财政统筹经费，不能由学校自筹；二是要让补助与津贴产生实际吸引力，精准落实现行的乡村教师艰苦边远地区津贴、乡镇工作补贴和贫困地区乡村教师人才津贴，并将三项津贴分区域统合在一起，确定为乡村教师岗位津贴，逐步提高标准；三是提高教龄津贴标准，提高中小学班主任津贴，规范住房公积金缴纳比例，允许发放寄宿制学校早晚自习补贴，解决教师体检经费来源问题；四是对接乡村振兴计划，启动新一轮的乡村学校公租房、周转房建设，对老周转房进行提质改造，精准针对没有福利房、不便或没有能力到城区购买商品房的乡村教师给予支持，鼓励探索划拨宅基地，让其在家乡自建住房；五是精准实施“乡村教师五小工程”（小食堂、小澡堂、小阅览室、小活动室、小卫生间），对“五小工程”仍然落实不到位的地区，加强督导问责，切实解决乡村教师吃饭、洗澡、上厕所、休息的实际困难。

（二）进一步推动乡村基层组织参与学校治理，确保乡村学校“办得好”

将乡村学校建设一并纳入村庄整体规划，建立乡村教育与乡村振兴融合发展机制，大力促进乡镇党委和政府、村委会专题研究学校发展问题，切实解决乡村教师生存困难。一是推动建立乡村资源与乡村教育共建共享机制，在乡镇集中建好初中和小学教学实验室，在条件允许的地方尽量为每所乡村学校设置校田地，为学校开展乡村传统文化教育、研学旅行、劳动实践教育等提供相应条件保障；二是畅通乡贤参与乡村教育治理的渠道，允许乡贤担任乡村学校名誉校长或兼职副校长等职务，扶持农村非遗传承人、民间艺人在校收徒传艺，发展优秀戏曲、曲艺、少数民族文化、民间文化，鼓励和引导乡贤积极参与乡村教育治理；三是倡导乡村教师成为乡村社会的贤达之士，提倡乡村学校教师党员参与村党支部活动，充分发挥乡村教师在乡村文明建设中的骨干引领作用；四是通过推动乡村基层组织参与学校治理，推动加强家校链接，促进家校关系良性发展。

（三）进一步改进乡村教师队伍管理，确保乡村教师“盘得活”

乡村教师队伍管理的基本目标是保证乡村学校应有的教师数量与质量，促进教育质量的提升。为此，一是县级政府在现有事业编制总额内要加大“挖潜增效”的力度，解决缺编与超编双重矛盾，每县应给5%基层教师机动编制，建立中小学临时周转编制专户，专项用于“产假式”缺编、老龄化及结构性缺员等教师补充；二是增加学前教育编制，幼儿园教师不能占用小学编制；三是强调教学辅助人员、校医和工勤人员不占用编制，不能都靠公用经费解决，要根据学校规模为学校购买服务提供经费支撑；四是全面清理教师队伍在编不在岗情况，查实挤占、挪用、截留中小学教师编制和有编不补的实际数据，出台严格控制在编不在岗的规定，让每个教师编制都用到教育岗位；五是县级政府要根据实际情况严格控制整体缺编情况下的少数学校超编行为，优化乡村教师队伍的年龄结构和性别结构，对残疾、重病教师实行内退，保持其待遇不变，将教师编制挪出来，要积极解决乡村中小学教师男女比例严重失调问题，通过“县管校聘”来逐步缩小差距；六是大力推行艺体教师无校籍管理制度，在乡镇辖区内实行“走教”式教学，根据走教距离和课时给予补贴；七是探索建立新教师先在城区学校或乡镇中心学校工作1～3年再下村的制度，让新教师在师资力量比较强的学校获得一定教学和管理经验，对教师职业有良好的认同之后，做好思想工作，再逐步去乡村学校；八是完善城区教师下乡与走教制度，发挥好城区教师到乡村学校任教的职称政策力量，促进城市学校师资向农村学校流动；九是建立乡村教师进城制度，探索以县为单位，根据交通、经济等因素，把全县学校分成ABCD四类地区，乡村教师每工作3～5年，根据其教学教育情况按等次流动，让有进城愿望的乡村教师有机会实现自己的目标，有效调控，防范教师进城中的违规行为。

（四）进一步引导全社会尊师重教，确保教育生态“环境优”

乡村教师生存状况的改善，与良好的教育生态环境密切相关，要重视乡村尊师重教的舆论导向工作。一是引导新闻媒体、舆论工具加大正面宣传，动员社会力量积极参与到乡村教育事业发展、切实关心乡村教师专业成长中来，为改善乡村教师生存状态添砖加瓦。遏止故意诋毁乡村教师的负面新闻，减少有关乡村教师待遇低、生活苦、水平差的负面宣传；二是呼吁群众团体、企业老板，以及社会大众、村民的力量支持乡村教师成长，广开捐助奖励通道；三是呼吁教育管理部门、校长保护教师的道德边界、责任边界、职业能力边界、权利边界不受侵犯，保障乡村教师应有的权利，赋予老师教育惩戒权，引导老师大胆做事，依法处理矛盾，尤其是在处理家长、学生与老师的矛盾时，必须尊重老师的教育专业行为，不能无端指责，更不能容忍谩骂、殴打老师的行为出现。

（五）进一步激发乡村教师专业发展内生动力，确保乡村教师“有奔头”

激发乡村教师专业发展内生动力，一是继续发挥好职称引导作用。在确保评审标准底线的基础上，优先让年龄大的、符合条件的老师在退休前获得相应的职称，缩小退休后的待遇差距。同时加强高级职称人员评聘后的管理，激发教师的工作活力。二是增加乡村教师在职培训机会，大力推进解决年轻教师职业准备不足的问题，加强国培、省培、市培、县培计划统筹，精准设计针对贫困地区乡村教师和年轻教师的国培、省培项目，同时加强校本教研与校本培训，形成研培一体。三是进一步扩展乡村教师荣誉项目，引导社会更加尊重乡村教师，让乡村教师成为令人羡慕的职业。例如，设立“乡村教育家”荣誉称号，扩大乡村学校从教 30 年和 20 年教师国家、省级荣誉证书颁发的社会影响；增加“优秀乡村教师奖”评审名额，每年在乡村学校从教 20 年以上的在职教师中至少遴选 300 名做出突出贡献的优秀教师；大力鼓励市县区相应建立区域优秀乡村教师奖励制度，开展“最美乡村教师”“师德标兵”“优秀班主任”评选表彰活动；等等。

（六）进一步完善乡村教师供给机制，确保有志青年“想进来”

吸引有志青年进入乡村教师行列，需要进一步扩大初中起点的五年制大专、八年制本科以及高中起点的四年制本科的公费师范生招生规模，尽量按乡镇落实生源。逐渐减少特岗教师招聘，通过定向招生、定向培养、定期服务，让公费定向师范生成为乡村教师补充主渠道。必须大力改进师范生培养的课程体系与教学方式。除了培养乡村教师师德、职业规划、教育教学实践技能等基本功外，还要加强教师的心理辅导能力和乡村教育的适应能力培养。给定向师范生毕业时第二次选择的机会，如果定向师范生毕业时不愿意或者不适合从事乡村教师职业，不妨设计赔偿制度加以解决；还要吸引优秀大学毕业生加入乡村教师队伍，对于有意到乡村任教的高校毕业生，在其通过遴选后给予一定的奖励和学费补偿。

（七）进一步加强监督问责，确保乡村教师政策“能落地”

有关乡村教师的政策不少，但难以“落地”与“兑现”的矛盾依然突出，急需对政策落地情况加强监督问责，确保“措施到位精准、改善成效精准”。可以分期有重点地开展监督问责工作。当前，要重点对“依法保证教师平均工资水平不低于或者高于国家公务员的平均工资水平”“教师编制”“教师周转房”“学校厕所”等方面开展专项督导，将督导结果和改善成效纳入相关考核，尤其是纳入县级、乡镇人民政府和党政主要领导干部的绩效考核、任免、奖惩中。

京沪中小学教师队伍建设的比较分析

董良　焦楠*

摘　要：2020年是“十三五”规划的收官之年，本报告采用现存统计资料分析、座谈会和访谈方法，从京沪中小学教师队伍建设相关指标差异分析、教师人事管理的现状差异分析、教师地位的共性情况分析三个方面，对京沪教师队伍建设的基本情况进行了比较研究，在此基础上，建议提高大城市中小学教师地位、增强教师职业对男性的吸引力、深化人事管理体制机制改革，进一步改进京沪中小学教师队伍建设。

关键词：教师队伍建设　教师地位　教师人事管理

一　前言

近年来，党中央、国务院、教育部和相关部委在教师队伍建设上频频发力，北京市和上海市作为两个一线城市中的直辖市，也在按照中央的部署制定和实施教师队伍建设的相关政策措施。

2018 年 1 月 20 日，《中共中央　国务院关于全面深化新时代教师队伍

* 董良，博士，北京教育学院讲师，研究方向：教育社会学、学校社会工作；焦楠，博士，北京教育学院助理研究员，研究方向：教师政策、教师专业发展。

建设改革的意见》发布，全面阐述和规划了新时代教师队伍建设的未来，这一政策文件是中华人民共和国成立以来中共中央、国务院出台的第一个关于教师队伍建设的里程碑式政策文件，充分体现了国家对教育的重视和对教师的深切关怀，对于建设教育强国具有十分重要的意义。此后上海市和北京市分别于2018年7月30日和2018年9月7日发布了两市《关于全面深化新时代教师队伍建设改革的实施意见》，以贯彻和执行《中共中央　国务院关于全面深化新时代教师队伍建设改革的意见》，加强教师队伍建设。2020年是“十三五”规划的收官之年，为做好中小学教师队伍建设的“十四五”规划，需要了解教师队伍建设的基本情况，分析教师队伍建设中存在的问题。作为我国两个一线城市，京沪在教师队伍建设方面的基本情况是怎样的？对这两个城市的比较有利于在吸收借鉴的基础上做好中小学教师队伍建设的“十四五”规划。

本研究采用现存统计资料分析的方法对中华人民共和国教育部官方网站2015年和2019年教育统计数据中的各地基本情况的分省数据做了分析，从全国范围内聚焦京沪中小学教师队伍建设的基本情况。实地调研采用了座谈会和访谈的方法，2020年10月，课题组到上海市与市教委人事科工作人员、部分区教师培训者开座谈会，访谈校长代表和教师代表。2020年9～12月，课题组与北京市部分区教委人事科工作人员、教师培训者代表开座谈会，访谈校长代表和教师代表。此外还采用比较法，比较了北京和上海在中小学教师队伍建设相关方面的政策和措施。

中小学教师队伍建设的内容涉及面比较广，受篇幅所限，本文仅对中小学教师队伍建设的相关指标、人事管理和教师地位做出比较分析。

二　京沪教师队伍建设的基本情况分析

本部分根据中华人民共和国教育部官方网站2015年和2019年教育统计数据中的各地基本情况的分省数据，从数量（班师比、生师比）、结构（性别结构)、质量（学历）等[①]几个方面对 2015 年和 2019 年京沪教师队伍建设情况做了对比分析。

（一）京沪中小学教师队伍建设相关指标差异分析

1. 京沪两地班师比降低，在全国排名不高

班师比数字越小，表明教师数量越充足。从 2015 年到 2019 年北京高中的班师比由 0.25 降为 0.24，但在全国省级单位排名中由第 6 降为第 7；北京初中的班师比由 0.28 降为 0.27，在全国省级单位中排名由第 26 上升为第 14；北京小学的班师比由 0.42 降为 0.40，全国排名由第 13 升为第 9。上海高中的班师比由 0.27 降为 0.25，全国省级单位排名由第 20 升到第 14；上海初中的班师比由 0.33 降为 0.31，其全国排名由第 31 升为第 30；上海小学的班师比由 0.40 降为 0.38，其全国排名由第 8 升为第 4。北京初高中的班师比低于上海，而小学的班师比，上海低于北京，详见表 1。

表 1　京沪中小学教师队伍建设的班师比分析

		2015 年排名	2015 年班师比	2019 年排名	2019 年班师比
高中	北京	6	0.25	7	0.24
	上海	20	0.27	14	0.25
初中	北京	26	0.28	14	0.27
	上海	31	0.33	30	0.31
小学	北京	13	0.42	9	0.40
	上海	8	0.40	4	0.38

2. 京沪两地生师比排名名列前茅，北京低于上海

生师比数字越小，表明教师数量越充足。从 2015 年到 2019 年北京高中的生师比由 7.95 降为 7.41，全国排名保持第 1；北京初中生师比由 8.62 降为 8.33，全国排名保持第 1；北京小学的生师比由 14.35 降为 13.58，全国排名由第 9 升至

① 班师比为班级数除以专任教师数，生师比为学生数除以专任教师数，本报告所有指标涉及的教师均为专任教师。本报告在正文中呈现的指标仅为京沪的情况。

第5。上海高中的生师比由9.09降为8.57，全国排名保持第2；上海的初中生师比由10.98降为10.47，全国排名由第13升为第6，上海小学的生师比由15.27降为13.90，全国排名由第12升为第7。北京低于上海，详见表2。

表2　京沪中小学教师队伍建设的生师比分析

		2015年排名	2015年生师比	2019年排名	2019年生师比
高中	北京	1	7.95	1	7.41
	上海	2	9.09	2	8.57
初中	北京	1	8.62	1	8.33
	上海	13	10.98	6	10.47
小学	北京	9	14.35	5	13.58
	上海	12	15.27	7	13.90

3. 京沪两地女教师所占比例持续走高，北京高于上海

中小学女教师偏多的问题一直是教师队伍建设中长期存在的问题。从2015年到2019年北京高中的女教师所占的比例由71.35%升为71.81%，全国排名保持第1；北京初中女教师比例由75.98%升为76.92%，全国排名保持第1；北京小学女教师所占比例由80.90%上升为81.84%，全国排名保持第2。上海高中的女教师所占的比例由65.51%升为66.65%，全国排名由第4降为第6；上海初中女教师所占比例由73.23%升为74.08%，全国排名保持第2；上海小学女教师所占比例由81.74%上升为83.40%，全国排名保持第1。北京高于上海，详见表3。

表3　京沪中小学女教师所占比例分析

		2015年排名	2015女教师所占比例(%)	2019年排名	2019年女教师所占比例(%)
高中	北京	1	71.35	1	71.81
	上海	4	65.51	6	66.65
初中	北京	1	75.98	1	76.92
	上海	2	73.23	2	74.08
小学	北京	2	80.90	2	81.84
	上海	1	81.74	1	83.40

4. 京沪两地学历为研究生的教师比例名列前茅，北京高于上海

中小学教师中研究生比例越高，表明教师队伍建设在学历指标上表现越好。从2015年到2019年北京高中教师研究生学历所占比例由23.52%升为32.42%，排名保持全国第1；北京初中教师研究生学历所占比例由14.13%升为21.96%，全国排名保持第1；北京小学教师研究生学历所占比例由4.92%上升为9.46%，全国排名保持第1。上海高中教师研究生学历所占比例由17.42%升为25.04%，排名保持全国第2；上海初中教师研究生学历所占比例由8.53%上升为15.74%，全国排名保持第2；上海小学教师研究生学历所占比例由3.82%上升为7.67%，全国排名保持第2。北京高于上海，详见表4。

表4　京沪中小学教师研究生学历所占比例分析

		2015年						2019年					
		研究生所占比例排名	研究生（%）	本科（%）	专科（%）	高中（%）	高中以下（%）	研究生所占比例排名	研究生（%）	本科（%）	专科（%）	高中（%）	高中以下（%）
高中	北京	1	23.52	76.17	0.30	0.01	0.00	1	32.42	67.44	0.14	0.00	0.00
	上海	2	17.42	82.48	0.09	0.01	0.00	2	25.04	74.93	0.04	0.00	0.00
初中	北京	1	14.13	84.54	1.26	0.06	0.00	1	21.96	77.28	0.74	0.01	0.00
	上海	2	8.53	89.80	1.65	0.01	0.00	2	15.74	83.46	0.80	0.00	0.00
小学	北京	1	4.92	84.42	9.81	0.82	0.03	1	9.46	84.50	5.85	0.18	0.01
	上海	2	3.82	72.46	22.47	1.25	0.00	2	7.67	77.93	13.97	0.43	0.00

（二）京沪中小学教师人事管理的现状差异分析

1. 京沪政策工具使用存在差异，上海出台人事管理专项政策以全面统筹中小学教师队伍

“十二五”以来京沪两地出台了多项政策以支持中小学教师队伍建设，其中，教师人事管理是重要组成部分。本研究关注编制管理、教师资源配置

和工资待遇三个主题，以政策工具为视角，采用罗琳·麦克唐纳尔（L. M. McDonnell）和理查德·艾莫尔（R. F. Elmore）的理论框架①对政策条款进行分类，进一步梳理京沪教师人事管理政策工具使用频次，分析政策工具组合和要素结构，得到以下结论。

表5　京沪教师人事管理政策工具分布

管理政策工具	北京		上海	
	数量	占比(%)	数量	占比(%)
命令工具	16	34	25	49
激励工具	6	13	9	18
能力建设工具	0	0	0	0
权威重组工具	2	4	2	4
劝告工具	23	49	15	29
合　计	47	100	51	100

第一，北京市中小学教师人事管理政策中使用频率最高的政策工具是劝告工具（占比49%）。劝告工具通常用于政府鼓励或引导下级单位推进某项工作或制度，其优点是凸显了政策的柔性，激发了下级单位的主观能动性。上海市中小学教师人事管理政策中使用频率最高的政策工具是命令工具（占比49%）。命令工具的使用主要基于政策的强制性，是上级管理单位给下级单位下达的命令，因此其优点是指令明确、效率高。

第二，京沪中小学教师人事管理政策中较少使用权威重组工具，没有使用能力建设工具。中小学教师人事管理需要调动教育部门、人事部门、编制部门、财政部门等多方力量统筹执行，因此权威重组工具能发挥有力的作用。本研究分析的政策中没有使用能力建设工具，这可能是因为人事管理政策的内容主要关注管理而非教师专业成长。

第三，上海出台中小学教师人事管理专项政策以对教师队伍管理开

① McDonnell, L. M., Eimore, R. F., "Getting the Job Done: Alternative Policy Instruments," *Educational Evaluation and Policy Analysis*, 9 (2) (1987): P133 - 152.

展体系化改革。统计得出上海市51条政策条款中的31条都出自2021年初发布的《关于进一步加强上海市中小学教师人事管理制度建设的指导意见》，该文件对教师人事管理的相关方面制定了一系列切实、明确的制度和规范，全方位对中小学教师人事管理进行统筹，打破了治理体系之间的壁垒。

2. 户编管理制度影响教师招聘，京沪教师结构性缺编现象普遍

京沪两地在中小学教师招聘工作中最大的区别是是否户编一体。北京招聘新教师采取户编一体的方式，非京籍新教师受聘到学校后同时获得编制和北京户口；上海市采取户编分离的方式，非沪籍新教师受聘后仅获得编制，户口需要积分才能获得。这样的制度差别导致京沪两地中小学教师队伍纳新的资源有一定的区别：北京市户编一体的方式吸引了大量有留京需求的北京毕业的外地生源，甚至是其他城市的毕业生；但是，同时也吸引了一批有留京需求而非热爱教师职业的毕业生，他们甚至将京郊的中小学教师岗位作为“进京跳板”。

上海市户编分离的招聘方式使得招聘来的新教师更多基于对教师职业的认同，这在一定程度上保证了教师队伍的稳定性，但是相比北京的方式，教师职业吸引力可能不如后者，因此可能会失去潜在的教师资源。为了吸引更多优秀人才留沪，《2020年非上海生源应届普通高校毕业生进沪就业申请本市户籍评分办法》规定，上海交通大学、复旦大学、同济大学、华东师范大学的毕业生可直接落户。其中的华东师范大学为培养上海市中小学教师的主要基地之一，因此这项政策的实施无疑会为教师招聘带来利好，增大了师范生毕业后留在上海执教的可能性。

两地在编制方面遇到的共同问题是，结构性缺编。访谈到的校长基本都提到学校教师按照编制标准来讲是满编，但是具体到教学工作中，老师们几乎每个人都是满工作量、满负荷工作。这种情况尤其出现在乡村小规模学校、寄宿制学校、城市中心的超大型学校以及大多数小学。调研发现，为了增加实际可用的师资，增加具有灵活性的师资，北京市通州区和海淀区每年开展社会招聘，区教委统筹名额并发放教师工资，根据各校实际情况供给师资。

3. 教师流动促进优质师资均衡配置，京沪不同举措有序开展

两地均存在城乡、区域间优质师资配置不均衡的情况。为推动义务教育校长教师在区域、城乡间及校际合理有序流动，北京市于2016年制定实施《关于进一步推进义务教育学校校长教师交流轮岗的指导意见》，目前有几个区（延庆、密云等）依照该指导意见严格开展教师交流轮岗，并在制度上将交流轮岗经历与职称晋升捆绑，将交流轮岗作为教师晋升职称的必要条件，以激发教师参与交流轮岗的积极性；但是，近年来乡村教师津贴的发放对交流轮岗工作的顺利推进产生了影响，乡村教师在职称晋升和享受高额津贴之间产生了犹豫，有一些乡村教师选择了享受津贴而放弃职称晋升，因而无须参加交流轮岗，乡村岗位无法空出致使城市教师难以交流到乡村学校。这种情况自2017年开始出现，一直延续到2020年绩效工资改革落实，调研发现，通过提升班主任、任课教师的绩效工资，由乡村教师津贴导致的城乡教师工资差距缩小，使得情况得到缓解。

上海市为了促进优质师资从城市流向乡村薄弱学校，目前实行“流动序列”的解决方案，从中学特级荣誉称号中分出一部分名额作为流动序列，使用该名额评上特级荣誉称号的教师需要去600多所乡村中小学或初中强校工程100所学校中的一所任教三年，三年后接受评估，评估合格者可回到原校工作并保留特级荣誉称号。这项举措以制度驱动流动，提升乡村师资质量。除此之外，“双名工程”中的“高峰计划”以及学科带头人等需要承担“带教”“带队伍”等深入乡村学校的“柔性流动”任务。

对比两地的举措可以看出，北京市部分区的教师流动由于依照强制性制度规定，参与其中的教师数量较多，但是受到了其他制度的影响，交流轮岗制度需要及时调整才能保证政策实施的有效性；上海市每年参与流动的教师数量有限，但是这些教师都是符合特级荣誉称号评审标准的优质师资，因此，交流轮岗的政策目标——提升乡村薄弱学校师资质量——实现的效率更高。

4. 绩效工资改革落地，京沪各校实施方案趋于保守

京沪两地中小学教师工资均实施绩效工资制度。北京市2020年落地的

教师绩效工资改革由各校拟定绩效工资实施方案，调研发现，各校绩效工资制度存在一定的同质性：第一，绩效工资鼓励多劳多得，担任班主任、课时量较多或承担额外工作任务的教师相应会获得更多的绩效工资。第二，管理人员相应获得管理绩效工资，但是这部分的数额和普通教师任职班主任或课时量较多基本持平，因此打破了管理人员和教学人员在收入方面的壁垒。第三，由于绩效工资具体实施方案由学校确定，因此，一些校长为了减少内部矛盾，对绩效工资数额的区分度设置还是比较保守的，也就是说，基于前两条结论，相比之前的工资制度，绩效工资激励了教师的多劳多得和教学工作，但是用于激励的绩效工资数额不多，效果并不太大。

由于财政支付方式不同，上海教师绩效工资占比较大，约为70%，但是绩效工资中的大部分为教师普遍享受的，仅有小部分做出区分实现激励的目的。上海市人力资源和社会保障局、上海市财政局于2015年下发《关于本市乡镇机关事业单位工作人员实行乡镇工作补贴的通知》，制定了落实乡村工作津贴的具体实施办法，但是由于本次调研覆盖范围有限，没有了解到具体实施的情况。

（三）京沪中小学教师地位分析

1. 教育工作者对教师地位理解不一

2018年1月，中共中央、国务院印发的《关于全面深化新时代教师队伍建设改革的意见》提出要提升教师的政治地位、社会地位、职业地位，吸引和稳定优秀人才从教。

从历史的变化和现实的情况来看，广大教育工作者对教师地位高低的理解不一。在访谈中，北京某郊区高中副校长结合自己从教的经历肯定了教师社会地位、经济地位的提高："从我这30年的经历来看，还是深有体会的。90年代时，教师的经济地位、社会地位都很低。刚参加工作时，基本上没人愿意来当老师。我这中间也是离开了又回来，然后一直坚持到现在。这些年教师的社会和经济地位逐渐提高，尤其是今年疫情之后，很多别的行业都拿不出钱来开工资了，但是老师不仅照发工资，而且（工资）还在稳步增长。”

当然，也有教育工作者感受到目前并没有形成尊师重教的良好氛围，北京某城区小学校长说：“从目前我作为校长这个角度接触的社会层面上的一些人，我觉得并不如我年轻时的社会地位那么高了，真的是。那时候当老师，我们觉得腰杆挺直的，谁见了你是老师，很尊重。现在不是了，甚至我们在接触一些家长的时候，很多家长都用审视的目光在看着你，那么这个怨谁呢?”

访谈发现，基层教育工作者对提高教师的“三个地位”的理解参差不齐，中小学一线教师、校长甚至是区人事科科长都无法明确表达何为政治地位、职业地位。在有关基层民主、教师参与和教师权利方面，部分基层教育工作者表达了相关困惑：“作为老师，你也得有参与学校管理的权利。最后学校做决策的时候，老师这些人都不参与，领导说怎么着就怎么着了，那能行吗?”总体而言，在基层教育工作者对教师“三个地位”理解不清晰的前提下，更无法准确谈及如何提高教师的“三个地位”。

2. 郊区教师感觉比城区教师的相对地位高

城区教师在当地的相对地位与郊区教师在当地的相对地位相比相对较低。城区教师在当地比较，自我感觉地位不高，学生家长特别是高职业地位的家长常常以审视的眼光来看待教师。郊区教师在当地比较，自我感觉比城区教师地位要高，感觉家长非常尊重教师。部分从郊区调动到城区的教师也表达了这种感受。

在“教育工作者对教师地位的高低理解不一”部分的相关访谈中，相当多的郊区教育工作者感受到教师地位的提高，无论是收入还是受尊重程度。与此相反，相当多的城区教师则表达了教师地位并没有提高，北京某城区的教育工作者感受到尊师重教仅仅流于形式和口头上，“因为政治地位、经济地位影响了我们的社会地位，别说什么教师节，什么人家看望你，其实人家没把你当回事，我们很清楚，还是传统的教师，就是一个孩子王，他并没有认识到教师这个职业对社会的价值”。这在一定程度上表明，在对教师地位的自我感受上，郊区教师比城区教师要好。北京某位曾在郊区工作、现任教于城区高中的老师，比较了前后工作经历，“我觉得市里的教师地位相对低一些。因为我觉得市区家长对我们审视的这种眼光比较多。但对郊区来讲的话，家长普遍文化层次稍微低一些，他真的还是比较听（老师说的）。但市区的很大一部分家长，接受过高等教育，有自己的想法，不见得就赞同我们老师的那种教育方式。”

3. 提高收入水平是提高教师地位最直接、最现实的途径

部分基层教育工作者表达了提高收入水平是提高教师“三个地位”的最直接、最现实的途径，他们常常说“经济基础决定上层建筑”“收入水平提高了，政治地位、社会地位和职业地位自然就提高了”。

工作和生活在北京、上海一线城市，面对上涨的物价、高企的房价、行业收入的差距，不少基层教师背负沉重的经济压力。北京某城区初中教师坦言，“说实话，挣的不如人家一个做生意的，不如人家一个快递小哥挣的多，怎么指望别人去尊重你？虽说钱不是一切，但没有钱肯定不行”。上海某郊区小学校长说“我感觉老师的地位还可以，包括收入，大概每个人的期望值不同，像我们这种容易满足的人就觉得可以了。但是！最大前提是在上海不买房！不买房的话，这些收入还可以活得比较滋润，但如果一涉及要买房，这就差距太大了。”

三 对进一步改善中小学教师队伍建设的思考和政策建议

（一）对大城市提高中小学教师地位的思考

政治地位指在政治权力体系中所处的位置，韦伯是政治权力分层的较早提出者，达伦多夫、普兰查斯也都尝试按照政治权力分层。根据权力大小区分不同的政治地位可以反映不同社会利益群体的重大差异①，现代民主制度的发展为不同社会利益群体提供了制度化表达的途径，就我国来说，可以从

① 李强：《社会分层十讲》，社会科学文献出版社，2008。

我国政治制度的角度出发予以界定。我国有四大政治制度，包括一个根本政治制度和三个基本政治制度。一个根本政治制度是人民代表大会制度，三个基本政治制度是中国共产党领导的多党合作和政治协商制度、民族区域自治制度以及基层群众自治制度。所以，要提高中小学教师的政治地位就要提升中小学教师在人大代表和政协委员中的比例，建设现代学校制度，体现以人为本，突出教师主体地位，落实教师知情权、参与权、表达权、监督权，建立健全教职工代表大会制度，保障教师参与学校决策的民主权利，保障中小学教师民主权利的实现。

社会地位主要是社会学中所讲的声誉地位，指在社会公认的评价体系中所处的位置，由社会公认的评价体系确定。影响人们声誉的因素很多，主要有出身门第（身份）、仪表风度、知识教养、生活方式等。[①] 从可操作性的层面来说，要提高中小学教师的社会地位，就要建立和完善教师荣誉制度，营造尊师重教的良好社会风尚，让教师成为全社会羡慕的职业。当然教师声誉地位的提高还有赖于社会公认的评价体系对教师的评价，需要看较高社会阶层人员的子女是否愿意当教师、教师职业的受教育水平、教师的生活方式等。这说明要真正提高教师的声誉地位还需要一个漫长的过程，并不是建立和完善教师荣誉制度就能实现的，这是教师职业综合地位提升后的结果。

职业地位是一个综合性地位，是一个职业所拥有的多种地位的综合。从测量上来说，可以追溯到加拿大学者不利深和美国学者邓肯。该方法是根据各个职业群体的客观平均受教育水平和平均收入水平加权打分，有时还考虑就业者的年龄因素甚至就业者父亲的财富、社会经济特征等。而“社会经济地位指数”是综合人们的多种社会经济因素而排列的顺序和分值，是一种客观地位而不是主观地位，特莱曼等人建立的“社会经济地位指数”对职业地位的测量将教育和收入的指标做到了国际标准化，常常被国内外学者采用。[②] 即在国际国内的研究中常常根据一个职业的平均受教育水平和平均

---

① 郑杭生：《社会学概论新修》，中国人民大学出版社，2003。

② 李强：《社会分层十讲》，社会科学文献出版社，2008。

收入水平来衡量职业地位。所以，要提高教师的职业地位就要进一步提升教师的平均受教育水平（根据国际经验，要将教师的学历水平提升到硕士研究生及以上的水平①，这就包括在职教师的学历提升和新聘教师的学历达标）和平均收入水平。

（二）增强教师职业对男性的吸引力的思考

近年来，京沪中小学女教师的比例不降反升，不利于优化中小学教师的性别结构。对于中小学教师"女性化"的现象，学界早有讨论，其原因主要是中小学教师职业形成性别隔离，专业化程度低，男性不愿从事这一职业；市场经济下的中国为男性提供了更多的职业选择，教师职业相对缺乏吸引力；人们对女性更适合当老师的刻板印象导致男性选择当教师的人数少等②。而对中小学教师"女性化"的负面影响主要表现在可能造成校园中缺乏阳刚之气，不利于学生的健康成长。在对策方面，主要有：提高教师待遇和地位，以增强中小学教师的职业吸引力；加大宣传和动员力度，提高师范院校招生中男生的比例；针对不同区域性别结构失衡的情况，采取不同的对策措施，对男性放宽招聘的条件。③ 这些对策中其实最为根本的是提高教师的地位待遇，增强中小学教师的职业吸引力。

（三）教师人事管理体制机制改革建议

1. 合理使用政策工具，确保政策落地

对比京沪两地近十年出台的有关教师人事管理的政策可以看出：第一，北京中小学教师人事管理举措覆盖的政策数量比上海多，这说明北京在教师人事管理方面做出了更多的思考并落实于政策文本中。第二，就两地为响应

---

① 顾明远：《关于提升我国中小学教师质量的思考》，《比较教育研究》2014 年第 1 期。

② 敖俊梅、林玲：《中小学教师性别结构"女性化"的现状、成因与对策》，《民族教育研究》2020 年第 2 期。

③ 惠中、韩苏曼：《论我国中小学教师队伍建设中的性别结构失衡问题》，《全球教育展望》2011 年第 10 期。

中央政策的引领出台相应的政策文本来说，上海政策中提出了更多更详尽的具体举措，相比而言，北京的政策多采用劝告工具（劝告工具为政策工具之一，是指通过传递信息鼓励、呼吁某种信念或价值的政策文本），上海政策多采用命令工具（规范个体和机构的规则）和激励工具（通过正反两方面的激励对目标群体的行为施加影响）；命令工具和激励工具相比劝告工具而言更有利于政策的落实和政策目标的实现。综上，本研究建议北京市应保持对教师人事管理工作的勤思考、多举措的政策制定节奏，在此基础上，多制定易于落地的政策，并在政策设计的过程中针对政策执行中可能遇到的困难和问题做好预案，为实现政策目标打好基础。

2. 增强编制管理灵活性，着力推进区管校聘制度实施

两地目前都拟推行“编制动态调整管理制度”，但是对实际中如何实施，还缺乏有效经验。两地编制管理还是停留在对岗位的管理，而非对师资的管理。为确保教育教学工作的正常开展，本研究从以下两条思路提出建议。

第一，灵活管理编制，真正做到管理师资而非岗位，即落实编制动态管理制度。这一条要求地方教育管理部门与人事管理以及编制管理部门联动开展制度改革，打破以校为单位的编制管理方式以及以师生比为标准的编制核算方式的桎梏，以区为单位开展教师编制管理，实施区管校聘。

第二，增加核定编制外的师资，也就是上海市提出的“兼职教师”（见《上海市人民政府关于全面深化新时代教师队伍建设改革的实施意见》）或北京市通州 2020 年实行的“社招教师”制，使得学校拥有应急的师资，根据实际工作需要临时灵活使用，确保教育教学工作的正常开展；同时，此类师资的使用效率也能得到保证，聘来就能用上。但是需要注意的是，临时代课教师的质量要达到一定的标准，才能承担起高质量教育教学工作。

3. 推进教师交流轮岗制度化建设，保证交流质量

目前两地都制定了教师交流轮岗的具体措施，交流轮岗工作开展也初见成效。但是对比优缺点可以看出，北京市参与交流轮岗工作的人数多于上海市，但是参与交流轮岗的师资质量和交流轮岗的效用不一定高于上海。北京市目前按照政策要求开展制度性教师交流轮岗的区域并不多，也是有现实困

难，或者以其他形式开展，例如东城区在学区化集团化办学方面做出了不错的成绩。因此本研究认为，首先应该将此项工作切实落地。其次，上海市目前参与交流轮岗的教师是具有特级荣誉称号晋升条件的优质师资，但是北京市对参与交流轮岗的教师没有统一的要求，这可能影响到参与交流轮岗教师的质量。因此，要想保证交流轮岗政策目标的实现，提高乡村师资的质量，北京市需要对参与交流轮岗的教师质量进行把关。最后，要鼓励教师交流轮岗工作多形式开展，例如，学区内、集团内、校内不同学段之间的教师交流，以实现高质量师资流动为目的，创新发展多元流动形式，使得交流工作在更加便捷、制度化的环境中开展。上海市嘉定区教育局于 2016 年下发《嘉定区推进学区化集团化办学的实施方案》，确定了五个教育集团，4 年来，集团化发展初见成效，在校长教师交流轮岗方面形成了兼具制度性和灵活性的制度。

中小学校尊重与保护儿童权利的实证表现与区域差异

——基于中国20个省区市的调查数据*

王 雄 刘 佳**

摘 要: 本次调查依据《中国爱生学校标准（试行）》中的全纳与平等，有效的教与学，参与与和谐，安全、健康与保护四个维度编制调查工具，以了解当下我国内地东中西部中小学校尊重与保护儿童权利的状况。调查结果显示我国各区域中小学校在尊重和保护儿童权利方面存在一定差异，且当前中小学在儿童权利保护方面尚存在各种问题。基于此，本研究提出了包括学校评估、保护学生身心健康、校长与教师专业发展和加强家、校与社区合作等方面的多项政策建议。

关键词: 爱生学校标准 儿童权利保护 中小学校 区域差异 未成年人保护法

* 本研究报告为青童教育公益中心承担的看见未来·儿童智库2019年学术研究项目课题“儿童友好学校评估标准的本土化困境、成因与实施策略研究”（项目编号:2019A06）的研究成果,项目得到21世纪教育研究院及各地中小学教师的大力支持。

** 王雄，21 世纪教育研究院学术委员，江苏省扬州中学特级教师，正高级教师，研究方向：儿童权利保护、儿童心理教育、儿童品格教育；刘佳，扬州大学教育科学学院教授，博士，研究方向：教育领导与管理、教育政策学、学生发展与教育。

一　研究基础

（一）研究背景

1991年中国政府批准了《儿童权利公约》（以下简称《公约》），从此《公约》成为我国广泛认可的国际公约。2001年至2010年，教育部与联合国儿童基金会（UNICEF）合作，推进儿童友好学校（Child-Friendly School，简写为CFS，也译成爱生学校）的理念在中小学校落地。爱生学校项目依据联合国《公约》和中国的教育方针政策，制定了《中国爱生学校标准（试行）》，并在云南、甘肃、四川、重庆等西部10个省份4000多所学校实施。

2010年以后，北京海淀区、上海闵行区，以及天津、南京、济南等地学校和社区逐步参与爱生学校项目或儿童友好社区计划。2018年湖南省长沙市、广东省深圳市开始创建“儿童友好城市”，将儿童权利保护的理念渗透到与儿童相关的城市各类公共空间。

2020年10月中华人民共和国第十三届全国人民代表大会常务委员会第二十二次会议修订通过《中华人民共和国未成年人保护法》（以下简称《未保法》），增设了发现未成年人权益受侵害时强制报告制度，各级学校应建立学生欺凌防控制度，以及密切接触未成年人行业从业人员的准入资格制度等条款，条文从72条增至132条，该法从2021年6月1日起施行。

（二）研究目的

过去30年间，尊重与保护儿童权利的理念不断扩展，顺应了我国社会与经济发展的需求。特别是最新修订的《未保法》体现了我国政府在儿童权利保护方面的最新进展。《2020修正案》明文规定了“未成年人最佳利益原则”，且于条款的编排体系中将其置于“处理涉及未成年人事项具体原则”之前。此种编排方式实际上隐含了立法者将“未成年人最佳利益原则”

作为《未保法》基本原则或根本原则的立法意图。[①] 这是尊重与保护儿童权利事业在立法领域的重大进步。为促进新修订的《未保法》的实施，笔者设计了有效且可便捷实施的调查问卷，以帮助地方政府教育部门、研究机构，以及中小学校进一步了解我国各地中小学校尊重与保护儿童权利工作的现状，为实现“让每一个孩子享受公平而有质量的教育”的目标提供支持。

（三）相关研究基础

《公约》是我国政府签署的国际公约，“从履行国际条约义务的角度而言，国内儿童保护立法应当符合《公约》的精神、原则及要求，不能与《公约》内容相抵触。在我国有关儿童权利的法律体系中，《未保法》是最核心、最关键的立法，是中国儿童权利的‘小宪章’”。[②] 因此，从 1991 年全国人大制定《未保法》之后，经过 2006 年、2012 年、2020 年三次修订后，《未保法》秉承了《公约》将儿童视为权利主体的精神，并在其总则及分则条文中秉承了《公约》的基本原则。[③]

2001 年，国务院发布《中国儿童发展纲要（2001 ~2010 年）》（以下简称《纲要》），该《纲要》依照《未保法》等相关法律法规，遵循联合国《公约》的宗旨，按照国家经济社会发展的总体目标和要求，结合我国儿童发展的实际情况制定，从儿童健康、教育、法律保护和环境四个领域提出了儿童发展的主要目标和策略措施。《中国儿童发展纲要（2011 ~2020 年）》第 17 条明确提出“建设民主、文明、和谐、平等、安全的友好型学校。建立尊师爱生的师生关系。保障学生参与学校事务的权利。创造有利于学生身体健康的学习、生活条件，提供安全饮用水和卫生厕所，改善寄宿制学校学生食堂和住宿条

① 高维俭：《〈未成年人保护法〉（2020 修正案）评述》，《内蒙古社会科学》2021 年第 2 期。

② 牛帅帅、赵越：《〈未成年人保护法〉的国际法评析：以〈儿童权利公约〉为视角》，《中华女子学院学报》2021 年第 1 期。

③ 牛帅帅、赵越：《〈未成年人保护法〉的国际法评析：以〈儿童权利公约〉为视角》，《中华女子学院学报》2021 年第 1 期。

件。”[1] 这与《中国爱生学校标准》的内容非常契合。

《中国爱生学校标准（试行）》（以下简称《标准》）基于联合国儿基会和教育部基教司联合实施的项目，该项目从2006年开始，在学校教育教学和管理层面的大规模实践5年后逐步订立该《标准》，《标准》也可以看成《公约》在实践层面的结果。[2]《标准》包括四个维度：全纳与平等，有效的教与学，参与与和谐，安全、健康与保护，这四个方面在最新的《未保法》中都有所体现。

《未保法》确定了“最有利于未成年人”的原则，并提出了非常具体的六项要求：（一）给予未成年人特殊、优先保护；（二）尊重未成年人人格尊严；（三）保护未成年人隐私权和个人信息；（四）适应未成年人身心健康发展的规律和特点；（五）听取未成年人的意见；（六）保护与教育相结合。这些要求自然应该成为中小学校必须遵守的法律，成为学校一切教育教学行为或举措必须遵循的。

当然，《未保法》毕竟是国家层面的法律，又因为多种因素，在实践方面还有欠缺。[3] 而《标准》对学校教育教学和管理做了非常细致的规定，因此，笔者主要依据《标准》，并参考《未保法》与《纲要》设计了应用于全国有关中小学校尊重与保护儿童权利的调查问卷，[4] 于2020年11月至2021年1月进行了全国范围的调查。

二　工具与样本

（一）调查工具的研制

本次调查所用问卷依据《标准》编制，该《标准》涉及对学校管理层、

---

① 国务院：《中国儿童发展纲要（2010～2020年）》，国务院新闻办公室网站，http：//www.scio.gov.cn/ztk/xwfb/46/11/Document/976030/976030.htm。

② 李雯：《爱生学校标准与我国课程改革背景下的学校政策》，《中小学校长》2009年第2期。

③ 高维俭：《〈未成年人保护法〉（2020修正案）评述》，《内蒙古社会科学》2021年第2期。

④ 教育部人事司编《爱生学校与学校管理》，北京师范大学出版社，2010。

教师、学校制度等多方面的过程性评估和结果性评估，本次调查从学生角度进行，有些针对学校工作或教师教研的评估指标并不适用，因此做了相应的修订，具体包括：①一级指标有全纳与平等，有效教与学，参与与和谐，安全、健康与保护四个维度。②在15个二级指标中，我们选择了13个学生视角的指标，未选择“有效的教与学”中的“建立开放、互动、研训一体的教学支持系统”等指标；③从《标准》的三级指标中选择适合学生回答的问题，并根据中小学校现实情况，增加适当问题，形成111道题的问卷，加上基本情况7道题，诚信认可1道题，共118道题。问卷结构参见图1。因源调查的内容较多，本研究报告选取了其中问题进行分析讨论。

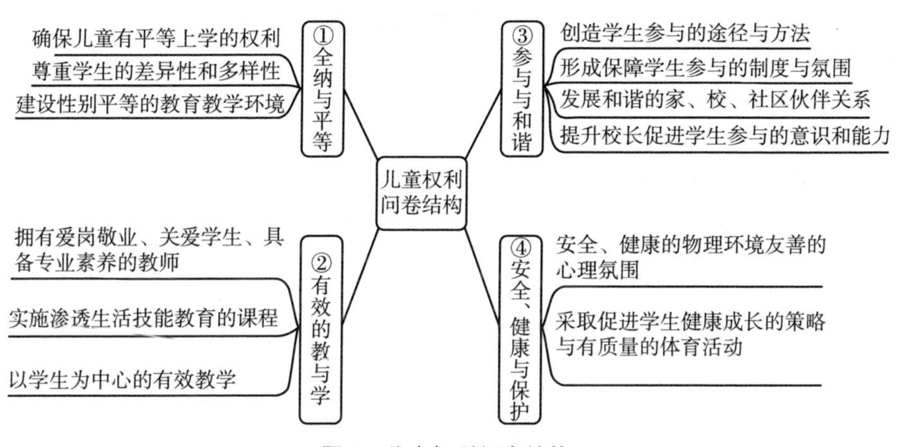

图1　儿童权利问卷结构

（二）抽样与样本的基本分布

本研究考虑到中国在地区、城乡和学校之间的差距，抽样设计采用了多阶段分层抽样，共抽取东、中、西三个地区共20个省区57所学校6818个学生样本，有效样本为6701，有效率为98.3%。其中，男生3317人，占49.5%，女生3384人，占50.5%。从学校类型看，乡村学校学生738人，占11%；乡镇或城郊学校学生816人，占12.2%；县中或城市学校学生3312人，占49.4%；省会城市学校学生1630人，占24.3%；直辖市学校学生205人，占3.1%。从学段看，小学五、六年级学生2024人，占30.2%；初中一、二年级学生2025人，占30.2%；高中一、二年级学生2157人，占32.2%，职业学校学生495人，占7.4%。从家庭教育背景看（父母可任意选一人），父母文盲者85人，占1.3%；父母小学文化水平者668人，占10%；父母初中文化水平者2241人，占33.4%；父母高中或中专职校文化水平者1410人，占21%；父母大专学历者895人，占13.4%；父母大学本科学历者1148人，占17.1%；父母研究生学历者254人，占3.8%。

三 结果与分析

（一）全纳与平等

1. 确保儿童有平等上学的权利

从学生的视角看，关于“身边附近有没有没上学的学生?”一项，参与调查的学生中共有935名学生回答有，占调查总数的13.95%。另外，调查中有1594名学生报告称每学期都有几名学生被开除，占调查总数的23.8%。东中西部区域差异较大，中部有38.1%的学生指出，每学期都有几个学生被开除，西部有26.8%，而东部仅有13.1%。

在学生权利意识教育方面，此次调查中关于“学校开设学生权利保护课程”情况，48%的学生表示学校上过很多次，25%的学生表示只上过几次，5%的学生表示只上过一次，还有22%的学生表示并没有上过。东中西部的差异不大，上过学生权利保护课程的占比分别是：东部76%，中部74%，西部80%（见图2）。

学校权利意识教育不只是课程，更体现在学校有重要事务时是否征询学生的意见上，即在日常工作中，能否将学生看成权利主体。就调查总体情况看，每学期都征求学生意见的占54.7%，东部占58.1%，中部与西部均占52%以上，东中西部的差异不大（见图3）。

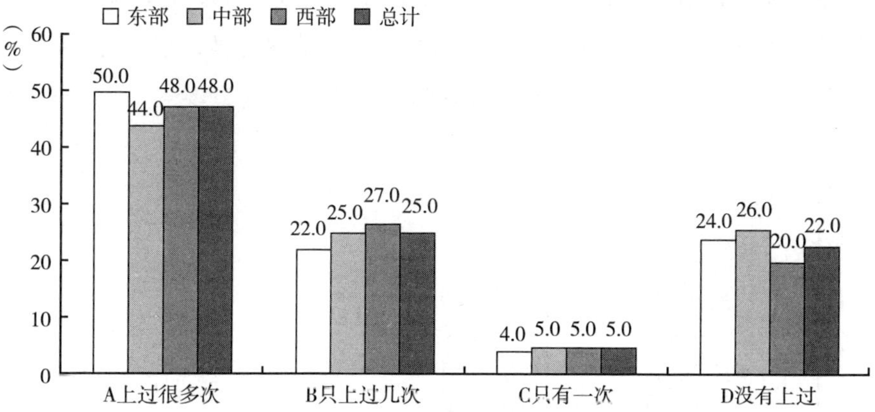

图2　上过学生权利保护课程的人数分布

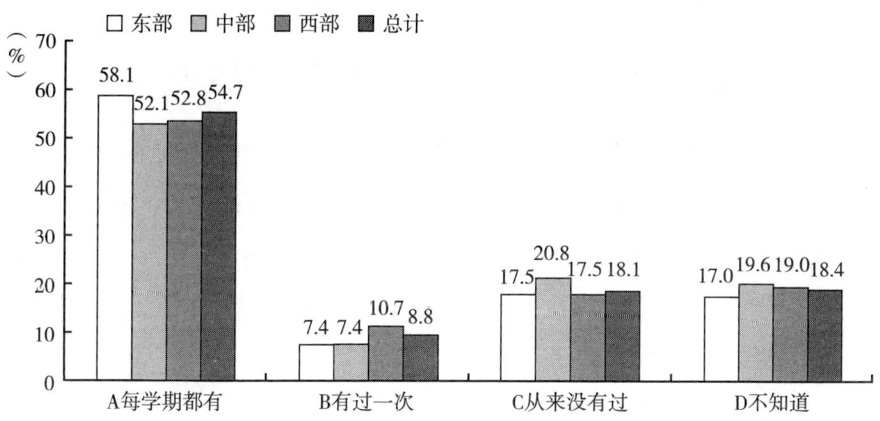

图3　学校有重大事项征询学生意见的人数分布

2. 尊重学生的差异性和多样性

这项指标要求中小学校不论学生家庭背景和能力如何，都能在教育教学中得到平等的对待，要求学校提供包容、友善、平等、尊重的校园文化，促进学生的个性化发展。本调查选取两项指标：教师对待所有同学的态度都一样好，教师在同学面前嘲笑或谩骂学生。

“教师对待所有同学的态度都一样好”体现了教师是否能够平等对待所

有学生，就全国情况来看，这项指标较高，有 87.4%（A 完全如此 + B 大多数教师是这样）的学生认为所有或大多数教师能这样做，东部为 89.1%，中部为 85.7%，西部为 87.6%（见图 4）。

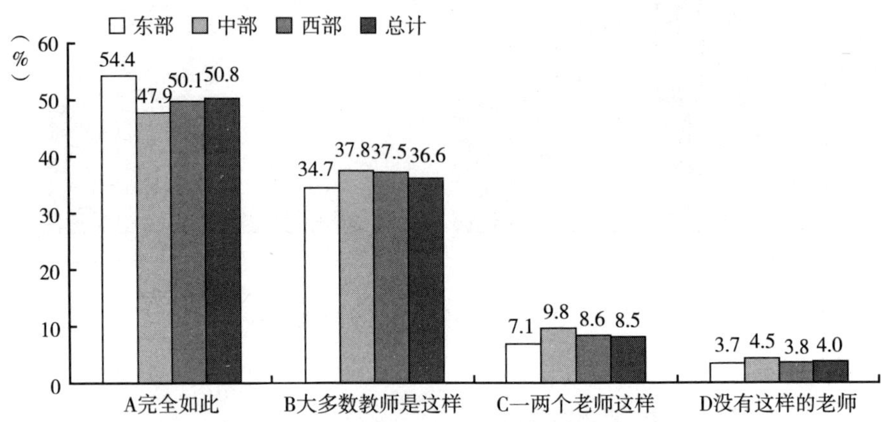

图 4　“教师对待所有同学的态度都一样好”的人数分布

“教师在同学面前嘲笑或谩骂学生”体现了教师对部分学生的歧视行为，有悖于包容和关爱的教育原则。从参与调查学生的整体情况看，有近三分之一的学生反映了这种现象的存在（A 每周都这样 + B 有几次这样 + C 只有一两次），“每周都这样”的老师在全国有 5%。从东中西部看，东部学生认为教师从来没有此类行为的比例达到 72.8%，西部偏低，为 64.1%（见图 5）。

3. 建设性别平等的教育教学环境

关于“教师是否讲过性别平等的问题”，从调查结果来看，学生反馈不是很理想，全国讲过的只占 11.3%（A 每学期都有 + B 有过一次）。相比而言，中西部高于东部。每学期都讲的西部占 9%，东部只占 4.4%。在从来没有讲过的比例中，东部最高，比例为 72.5%，西部最低，为 62%（见图 6）。

（二）有效教与学

1. 拥有爱岗敬业、关爱学生、具备专业素养的教师

教师专业能力体现在教师关爱学生的专业道德和态度、完成教学任务的

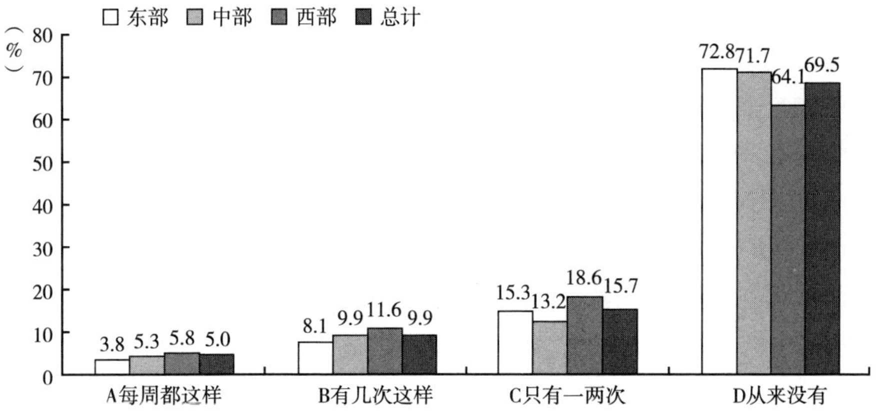

图5　反映"教师在同学面前嘲笑或谩骂学生"的人数分布

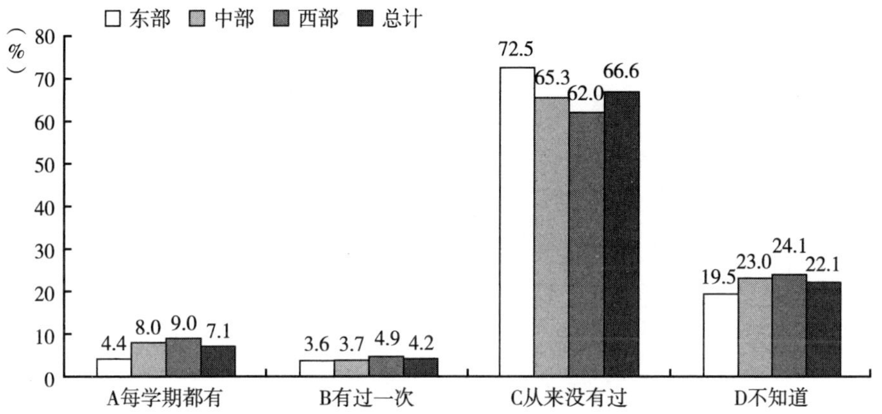

图6　反映"教师是否讲过性别平等的问题"的人数分布

专业素养上。问卷从正向与负向分别进行了调查统计，正向中的"有困难能得到教师帮助""能得到教师的表扬""教师要求学生做的自己先做到"，三项的总体比例分别是87.86%、71.3%、84%，分东、中、西部来看，各区域差异不大，相比之下中部略低。

负向的指标包括教师打学生、罚站、语言暴力和罚学生坐在特定的位置，调查结果显示，这方面的问题比较严重。在课堂上让学生罚站的现象，在不同区域都长期存在。经常谩骂或嘲笑学生是一种语言暴力，东部反映没有这种暴力的比例为71.1%，中部为68.7%，西部63.7%。

2. 实施渗透生活技能教育的课程

品格教育是人格健全的基础，育人比育分更重要。调查中“教师经常告诉学生：品格比成绩重要”一项的比例，最高的是东部（74.3%），其次是西部（71.3%），再次是中部（68.7%）。

“学校是否开设生活技能教育的课程”体现一所学校是否与社会联结、是否关注学生的未来，这方面的总体情况不佳。从“开设好几门”与“只开设一两门”的加总数据来看，最高的东部也只有51.8%，西部48%，中部40.2%（见图7）。

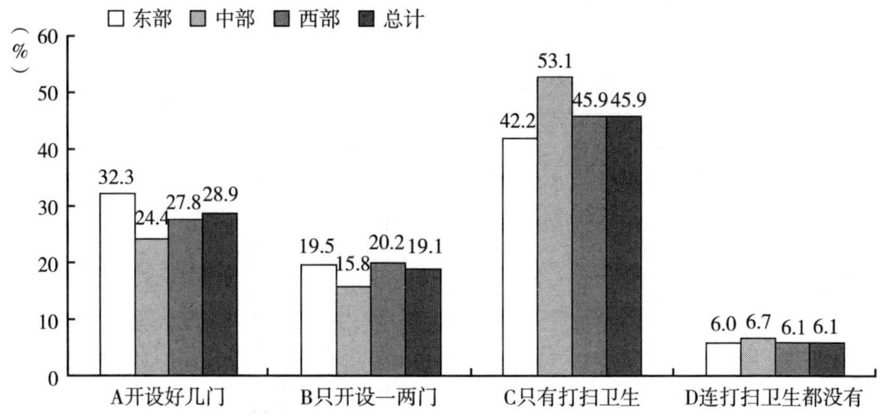

图7　开设生活技能教育课程的学校分布

教育部于2001年开启新课程改革，要求综合实践课程是必修课，其中包括走出校门的社会实践课程。从调查结果来看，该课程开设的情况并不理想。最高的东部只有55.4%（A每学期都有+B一年一次，两三年一次不能算正常开课），其次是中部（50.3%），西部只有45.1%。

“学生对自己生命的珍惜”是学校教育与家庭教育的重要内容。本调查中关于“你是否认可为了提高成绩可以牺牲一切，如吃饭、睡眠”这项问题的填答结果中，赞同者与反对者的差异不大。就总体数据而言，持同意倾向的学生占22%，超过1/3，坚决不同意的人数占42.2%。

3. 以学生为中心的有效教学

这一项有三个指标：进度的适切性、课堂的师生互动与促进每一个学生主动学习的评价。从全国各地课程进度来看，总体上有75%（A+B）的学生认为自己基本上能够跟上教学进度，跟不上进度的只占5.9%，东中西部差异不大，中部跟不上的比例相对高一些，为8.9%。

作业量的多少体现教学的品质，适当的作业可以提升教学效果，然而过多的作业会让学生感觉不佳，危害学生的身心健康。此次调查中，关于“你每天能很快完成作业吗?”这一个问题，全国有28.3%的被调查者表示可以很快完成，45.1%的表示有时可以很快完成，“每天都要用很多时间”来完成和“每天都做不完”的占26.6%，即此次调查中超过1/4的学生认为作业太多（见图8）。

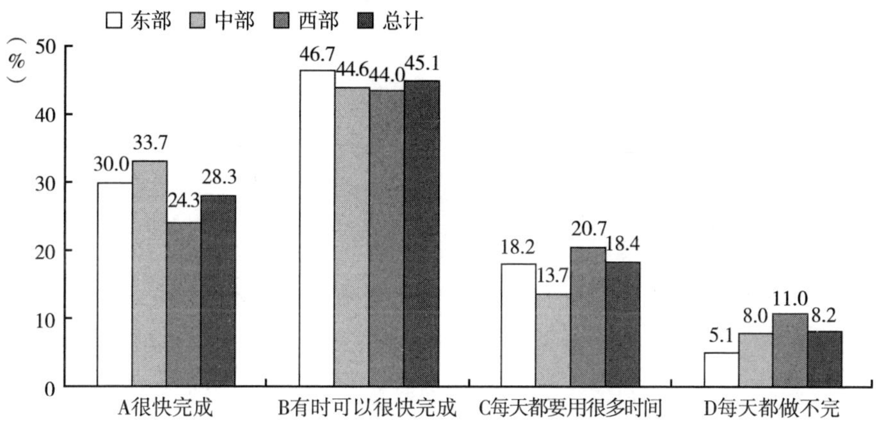

图8　学生完成作业量情况分布

在教学评价方面，得到教师的表扬或鼓励对学生有重要意义。调查数据显示，东部学生得到教师肯定与鼓励的最多，为57.2%，其次是西部（52.2%），中部略低（50.2%）。相反，教师在课堂上“总是骂学生”反映出教师专业素养的缺乏，这方面各区域差不多，全国为3.6%。（见图9）

教育部多次要求中小学不得公布学生的考试成绩，但是，现实中这个问

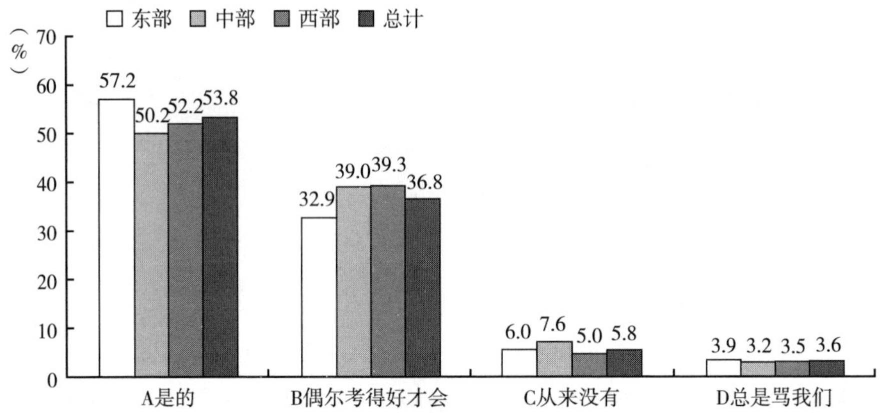

图9 “得到教师的鼓励与表扬”的学生人数分布

题非常严重。“每次考试后公布每人成绩”最多的是西部（62.1%），随后是中部（50.3%），最低的东部也有42.3%。若加上“有时公布”，全国超过76%的学生反映学校会在考试后公布成绩。

（三）参与与和谐

1. 创造学生参与的途径与方法

当学生向学校提出意见的时候，学校的有效反馈体现了对学生的尊重。但在现实中，有不少学校忽略学生的意见。本次调查总体数据中，全国有22.7%的学生反映不知道学校应该反馈学生的意见，有12.9%的学生提出自己学校从来没有反馈。在各区域间，每学期都有反馈的学生中，东部略高，比例为52.2%，中部42.9%，西部42.3%。

在学生存在感强的学校里，学生会把学校的事务当成自己的事务，学生会换届选举就很能体现学生自主参与的意识。从本次调查总体情况上看，有51.8%的学生选择“学校每学期召开学生会换届选举大会”，9.4%的学生表示“有过一次”，8.8%的学生表示从来没有过。从区域具体情况看，东部以65.4%（每学期都有+有过一次）的比例领先，西部以63.7%紧随其后，中部比较低，只有47.4%。

2. 形成保障学生参与的制度与氛围

学生在班级生活中能够成为自主管理者，首先体现在学生能够参与班级公约的制定。“基本上由学生自己讨论确定”体现的参与度最高，但这在全国只占22.7%。“老师与学生一起讨论确定”属于有限参与，在全国占26.1%。“老师写好，学生通过”的最多，占33.3%。“完全由老师确定”的占18.3%。

“学生投票决定谁是优秀学生”，意味着学生能够自主参与评价。就全国总体数据来看，有65.4%的学生认为“每个人都有机会成为优秀学生”，有11.9%的学生认为“多数人可以有机会”，而选择“少数人有机会”和“几个人轮换”的共占22.7%。从东中西部比较来看，东部较好，样本中70.1%的学生报告称每个人都能参与，西部其次，有65%，中部最低，为57%。

“学校的活动是学生自己组织还是由老师包办”，体现学校是否具有很好的参与氛围。从“学生自己组织”这一项的全国情况来看，有23.8%的学生选择，加上“多数由学生组织”的17%，可以得知40.8%的学生生活在自主参与的氛围中。东中西部比较，东部较高，26.2%的由学生自己组织和20%的多数由学生组织，中西部差异不大。总体上，59.2%的学生生活在缺乏自主参与的校园环境中。

3. 发展和谐的家、校、社区伙伴关系

学校内外的相关群体应该是“相互尊重、理解和支持”的和谐关系，这样才能促进家庭、学校和社区形成良好的育人环境。学校召开家长会的情况总体比较好，全国有77.3%的学生家长经常参加学校家长会，东部是80.8%，西部是76.2%，中部偏低（72.6%）。反映学校不开家长会的全国学生只占5.7%。

学校与家长联系主要依靠老师的沟通，那么，从学生的视角是怎样看这件事情的呢？全国接近50%的学生认为老师找家长自己会被训斥，这体现了家校关系的紧张程度比较高。从东中西部看，各区域相差不大，东部略好，中部略差。

社区活动是学生融入社会的重要途径，但是，各区域学生参与社区活动的人数百分比不高。从全国来看，经常参加社区活动的学生只有28.7%，东中西部的差异不大。而反映社区没有活动的占29.6%，西部略高，为32.2%。

4. 提升校长促进学生参与的意识和能力

校长对于学生参与的意识和能力是一所学校能否向爱生学校发展的关键因素，譬如，学生有没有机会直接与校长见面、有没有参与校长接待日等情况能体现出校长在参与意识方面的水平。调查中询问了学生“参加校长组织的座谈会”的频率，结果显示，全国样本中有35.1%的学生“有时参加”或“偶尔参加一次”，可见，此类活动的学生参与情况并不理想。27.3%的学生没有参加过，37.6%的学生根本没有听说过这种校长组织学生参与的会议（见图10）。

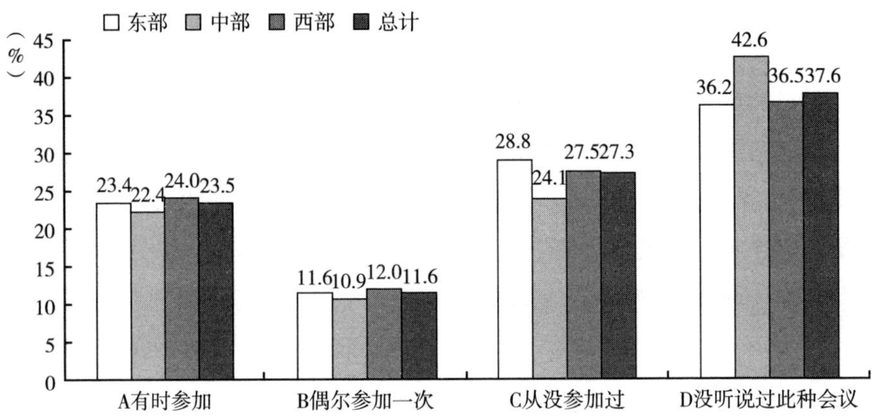

图10　学生“参加校长组织的座谈会”人数分布

（四）安全、健康与保护

高品质的学校一定是把学生的安全与健康放在首位的，这需要从儿童的视角出发来促进学生的健康成长。从调查结果看，全国学校的硬件条件得到了较大改善，但其管理质量还需提升，如保持厕所卫生、饮用水的提供，特别是营造安全温馨的心理环境、进行逃生演练，以及1小时体育活动的开展等学校管理工作值得各地学校重视。

1. 安全、健康的物理环境

本研究选择三项基础性的问题进行调查。首先是干净卫生的厕所。全国各地中小学生认为厕所一直很干净的人数占46.4%，东部略高，占56.7%，中部与西部差不多，分别占39.8%和40.1%。中部选择“一直都很脏”的最多，占9.2%。

“学校为学生提供清洁卫生的饮用水，所有同学都能喝到”，选择这一项的比例全国超过75%，选择“没有饮用水只有自来水”的西部占比最多（4.8%），选择“没有水”的东部占比最多（6.4%）。

学校食堂是否得到学生的认可，体现出学校的管理和对学生的关心程度。这方面总体情况不错。有40.3%的学生对食堂比较满意，中部地区占比较低，只有34.1%。还有超过34.5%的学生认为还行。这两项相加达到了74.8%。

2. 友善的心理氛围

关于学生在学校里遇到生病等困境时能得到照顾，这一项得到很多同学的认可，全国有82.8%的中小学生反映能得到照顾，各区域之间差别不大。

学校是学生健康成长的地方，理应为学生提供安全放松的环境与氛围。从此次调查的总体数据来看，有16.4%的学生表示对上学感到有一点儿紧张，4.2%的学生表示很紧张。

作业量大是应试教育导致的顽疾之一。调查中关于“你害怕完不成作业吗”问题的调查结果中，全国有63.6%的学生担心作业完不成（害怕+有些怕），说明学生作业的问题以及与此相关的学业和情绪压力值得我们认真关注。

校园霸凌是当下教育治理中的困境之一，在全国各地学生的调查中，有13.5%反映有校园霸凌现象。东部是11.8%，中部与西部差不多，分别是15.1%和14.3%。

3. 促进学生健康成长的策略与有质量的体育活动

首先是逃生演练的情况。中部以70.5%遥遥领先，其次是东部63.7%，

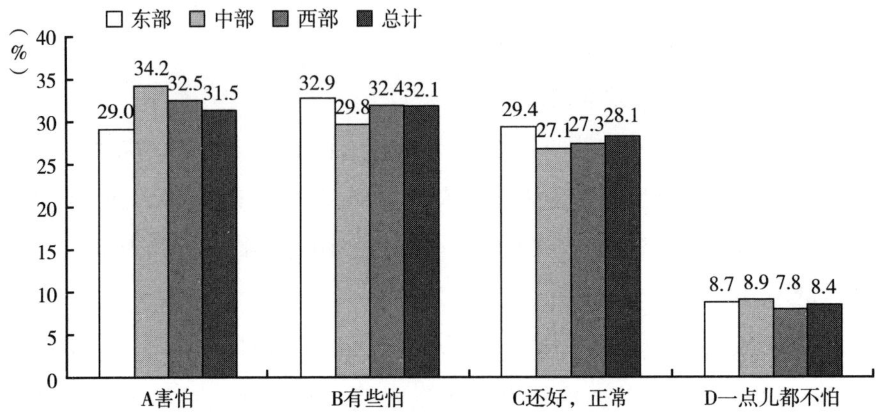

图 11　学生害怕作业完不成的人数分布

比较低的是西部（60.4%）。从全国总体情况看，没有参与或不知道的占 17.4%。

其次是学生参加体育活动的情况，调查中全国中小学生反映能做到“每天 1 小时体育活动”的只占 39.5%。东中西部比较，东部最高，为 46.6%，西部最低，仅有 34.9%。

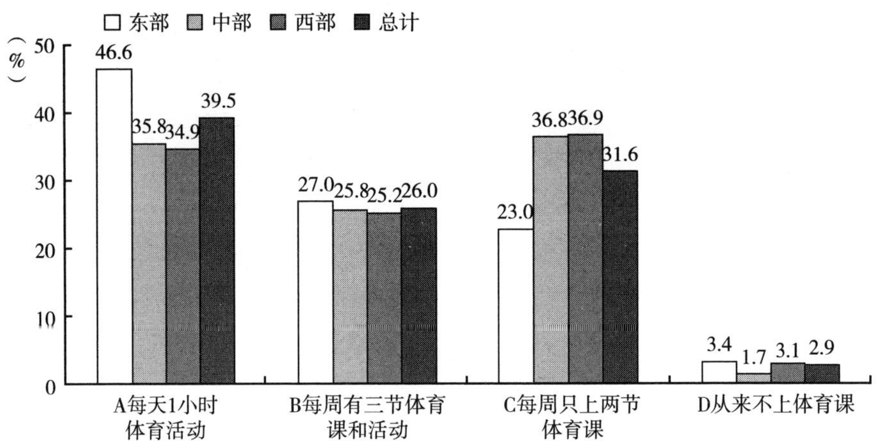

图 12　学生参加体育活动的人数分布

四 讨论与建议

（一）《未保法》实施中的相关政策与建议

本次调查中发现的问题有些属于大面积、长期存在的，如节假日补课问题、作业压力过重、随意公布学生考试成绩等，这说明各地学校和相关教育行政部门没有意识到这是违法侵权现象，或者虽然意识到，但不作为或不重视。

有学者提出虽然《未保法》在责任主体和法律责任方面都进行了一定的调整，但收效甚微，对相关问题并无实质性的改进，这可能会造成《未成年人保护法》在今后的司法实践中的适用性仍旧不足的局面。[①] 除了在今后《未保法》继续修正中完善以外，建议在《中国儿童发展纲要（2011—2020 年）》年度监测中，按照《未保法》要求公布各省（区、市）儿童权利保护工作的进展情况，这样可以让全国人大、政协和媒体及时了解各省（区、市）的相关工作举措是否符合法律规定，不断提升儿童权利保护工作的质量与专业水平。

（二）中小学校的学生权利保护意识还需要提升

从东中西部的调查情况看，东部总体上处于领先地位。但是，在部分项目上，中部与西部也有突出的表现。由此可见，区域不是影响学校保护学生权利的决定性因素，关键看当地行政部门与校长的儿童权利意识与专业精神。在调查过程中，有些省份的学校非常恐惧有关学生权利的调查，禁止教师参与相关调查工作，这说明当前部分学校对国家推进“公平而有质量的教育”缺乏理解，对真正促进学生发展的工作不够重视，其保护学生权利的意识尚待提升。

---

① 高维俭：《〈未成年人保护法〉（2020 修正案）评述》，《内蒙古社会科学》2021 年第 2 期。

2021 年 3 月，教育部等六部门联合印发《义务教育质量评价指南》，改变唯分数评估学校的错误倾向，从保障学生健康成长目的出发，建立县域、学校和学生三个层面的评估指标体系。建议各地教育行政部门联合新闻媒体、社会力量与家长，按照《义务教育质量评价指南》认真落实，将本次调查中发现的问题加以解决。

（三）中西部地区硬件投入还需加大

中小学校的硬件设施是保障学生在安全与健康的环境中正常学习的基础。在“十三五”期间，国家投入巨大，已经对校舍、学校环境进行了大规模改善。中央对地方教育转移支付资金的 80% 以上用于中西部地区。[①] 然而，本次调查中发现，中西部地区中小学校干净的厕所、清洁的饮用水、充足的体育设施等硬件情况与学生的需求之间存在较大差距，东部少数地区也存在不足问题。

建议教育财政投入要按照“儿童最大利益”原则来进行，应从投向校舍、食堂等硬件环境，向投向干净卫生的厕所、适合儿童活动的体育设施、干净卫生的饮用水、合适的教室温度等转变。更重要的是教职工要加强学习《未成年人保护法》等，以及由此形成相关专业精神和行为。

（四）学生身心发展与参与意识需要引起重视

校园霸凌、对上学感到害怕紧张体现的是人际环境问题，本次调查中中部地区问题相对严重。另外，本次调查发现，校园霸凌现象更多地出现在小学五、六年级和职业高中，中小学阶段反映校园霸凌现象的人数是初中、高中的一倍以上，需要学校、家长和社会有更多的重视。另外，参与权是学生固有的发展权，是体现学生是学校主人的关键指标。本次调查中发现学校在这方面还有很多工作要做。

建议各地学校重视学生参与权的落实，只有让学生的心声能够上下通

---

① 教育部：《2019 年国家财政性教育经费首超 4 万亿元》，《经济日报》2020 年 12 月 2 日。

达、学生拥有丰富的校园生活、学生得到教师的关爱与同学间互相宽容理解，校园霸凌现象才会消退，学生才能健康成长。

（五）校长与教师专业素养的提升

应试教育造成的唯分数、唯升学倾向，严重危及中小学生的健康成长，而导致不同地区、不同学校、不同班级学生心理状态差异的因素之一是校长和教师专业素养的高低。本次调查中全国有52%的学生反映每次考试结束学校都会公布学生成绩，这对学生的身心健康造成很大压力，也体现出教师缺少更符合职业道德的专业指导方式。调查中还发现有五个省20%左右的学生反映教师用嘲笑和不文明的语言谩骂学生，体现出部分教师专业素养不高。全国有60%以上参与调查的学生反映不曾见到校长或没有与校长交谈过，说明总有一些校长与学生接触较少。

建议对校长和教师的培训要强调学生权利与尊严的保护，将《公约》《未保法》《标准》作为校长和教师必备的职业伦理和素养评价标准，每年对校长和教师进行相关素养考核，切实提升校长和教师的专业水平。

（六）家庭、学校与社区的和谐发展

本次调查中家长参与学校工作的情况反映了我国各地家长对子女教育的重视，但是，家校沟通的问题依然比较突出，导致学生一听到教师联系家长就认为有不好的事情，感受到较大压力。这一方面缘于家校联系的内容受到应试压力的影响，另一方面缘于学校对家校沟通的目的有偏差。绝大多数学校开家长会就是向家长通报学生的学习成绩，学生的品格、健康、审美、劳动、个性特长都极少纳入家长会的内容，自然使得家长只关注成绩，而忽略学生的全面发展。

我国城市化进程加快大致从21世纪初开始，至今约20年，大多数社区是新建的，居民之间相对陌生，社区建设还处于起步阶段，其教育功能的发挥还十分有限。这需要国家对各地社区加大投入，提升其素质教育功能，弥补学校教育和家庭教育的不足。

建议各地学校建立完善的家长委员会，各年级与各社区家长都要组织起来，而学校也要有与家委会沟通的固定时间与专门机构，协调家庭教育与学校教育的关系，尽可能通过更多方式，让家长参与学校各项活动，参与解决家庭与学校的矛盾。建议各地政府发挥社区与家庭联结密切的特点，调动社区各类专业人员的积极性，在保障儿童安全和权利的基础上，为学生更好地参与社会服务和多样化的社区活动提供有趣又有效的教育服务，促进社区教育功能的提升。

Abstract

Epidemic prevention and control is the key word for education in China in 2020. Throughout the year, all the hot spots of education development, such as "schooling at home", the one-month postponement of the college entrance examination, the adjustment of postgraduate retests and professional school examinations for art examinations, the "blowout" development of online education, the hindrance of studying abroad, are all closely related to the epidemic prevention and control. The adjustment and innovation of Chinese education under the epidemic prevention and control shows the resilience and vitality of Chinese education. While the education anxiety of the whole society is still serious, "involution" has become a new buzzword in 2020, which also indicates the urgency of building a new ecology of education.

The book is problem-oriented. Through the general report and several sub reports, this book reveals the general situation and future trends of China's education reform and development during the 13th Five-Year Plan period and in 2020. The general report comprehensively analyzes the adjustment and innovation of Chinese education under the epidemic prevention and control, and points out that in order to solve the problems of administrativeization, utilitarianization, and involution of Chinese education, it is necessary to firmly promote the reform of education management and education evaluation, effectively implement and expand the autonomy of school operation, and promote the education evaluation reform with "four evaluations" as the main content.

Education Development Reports provide an in-depth and objective review of the implementation and effectiveness of the National Medium-and Long-term Education Reform and Development Plan (2010 - 2020). As for the direction of education reform after basically achieving the goal of universal access, the study proposes that the next step for Chinese education is to achieve "the fair and quality education", move toward effective education ecological governance, and build a learning society. For private school organizers, they need to clarify their respective development positioning and development ideas under the institutional and policy framework in accordance with the requirements of high-quality development. International education has been greatly impacted by the epidemic, but it is expected that international education will continue to provide students with options for multiple pathways to higher education. The epidemic has brought an opportunity to promote the deep reform of preschool education, helping to establish a public service system for preschool education 2.0.

In view of " reduction of pressure on both students' homework and after-school training in compulsory education ", the key is to implement, innovate the supervision system, and strive to build a multiple evaluation system. It further discusses the reform of the target orientation and management mechanism, examination system, and principal evaluation mechanism of high school education.

Thematic reports focus on issues and challenges in different fields, such as evaluation of regional education quality, diversified high school operation, smart campus construction, education informatization, home-school co-education, local education system innovation, and education public opinion, and proposes structural quality can effectively promote the development of county education quality towards high quality, balanced and fair. Promoting the overall promotion, formulating evaluation standards for diversification of general high schools, strengthening the planning of classified general high schools. Shifting from the focus on technology to the focus on people, using technological progress to promote the progress of educational thinking that guides technology. The report also points out that it is necessary to build a new teaching mode based on information technology and a new mode of education governance, as well as to improve the academic research of home school co-education, and expand the policy vision. A series of targeted countermeasures are suggested, such as improving the level of education public opinion response and attaching importance to reputation management in education.

Based on solid and rich survey data, the part of investigation present the current survival of rural teachers in provincial areas, the demands of special teachers' online messages on the national online government platform, the construction of teachers' teams in primary and secondary schools in Beijing and Shanghai, the empirical performance and regional differences of respecting and protecting children's rights in primary and secondary schools, and the main situation of child and adolescent mental health issues in the perspective of epidemic normalization. It also provides research perspectives on stimulating the endogenous motivation of rural teachers' professional development, strengthening the responsibility for provincial coordination of rural teachers' investment, deepening the reform of teachers' personnel managementsystem, conducting school assessment and protecting students' physical and mental health, and building a multi-level mental health "help" network.

Keywords: The Post-pandemic Era; Development of High Quality Education; Educational Evaluation Reform; Education Informatization; Construction of Teaching Staff; Students' physical and Mental Health

Contents

I General Report

Abstract: Prevention and control of COVID - 19 is the main topic for China's education in 2020. Throughout the year, many education policies have been made to contain the disease, including the postponement of school semesters while keeping learning during class suspension, one-month postponement of the college entrance examination, and adjustment of the postgraduate reexamination and the professional college entrance examination of art. Besides, phenomenon like the booming development of online education and the gloomy picture of studying abroad are all closely related to the prevention and control of COVID -19. Although relevant adjustment and innovation shows the resilience and vitality of China's education, Chinese people are still anxious when it comes to education. For example, the word "involution" has become a new buzzword in 2020, which indicates the urgency of creating a new ecological environment of education in China. Therefore, this paper comprehensively analyzes the adjustment and innovation of China's education in the context of epidemic prevention and control. It is concluded that to reverse the administration-oriented tendency and to address the problem of utilitarianism and involution in education in China, we need to firmly promote the reform of education administration and education evaluation, earnestly implement and expand autonomy in school-running, and advance full implementation of education evaluation reform with four focuses as the main content.

Keywords: Prevention and Control of COVID −19; Education Innovation; Education Ecology

Ⅱ Development Reports

Abstract: *The Outline Plan for the National Medium-and Long-Term Education Reform and Development (2010 −2020)* (hereinafter referred to as "the Plan") has been implemented in three stages: faithful implementation required by the plan, flexible adjustment due to changed goals and continuous action guided by the framework document in education with higher-level and more advanced instructions. In the process, its guiding role in education reform and development decreases in turn, but there is no doubt that the Plan has promoted the rapid development of education in the past 10 years. Most of the quantitative indicators set before have been exceeded ahead of schedule, and compared with OECD countries, various development indicators have been significantly increased. It is noteworthy that the proportion of fiscal expenditures on education to GDP has reached and remains above 4% . In terms of structural reform, the Plan has advanced the reform in six aspects, including the personnel training system, examination and enrollment system, modern schooling system, school-running system, management system and the opening-up of education. Some achievements have been made to varying degrees, but none of the goals set have been fully achieved. The process of implementation has seen problems such as more prominent education inequity in pre-school education, increased academic pressure on students and teachers and overexpansion of administrative power. Therefore, it is necessary to further optimize equity, improve evaluation, and restrict administrative power by law.

Keywords: "Outline Plan"; Education Development; System Reform

More Substantive Education Reforms Required by the Post-universal Education Era

Yang Dongping / 032

Abstract: Having basically realized the popularization of education at all levels, China will next promote fair and quality education, adopt effective measures in the governance of education ecology, and respond to challenges in the era of the Internet and artificial intelligence as well as build a learning society. And all this requires substantive education reform, more efforts to narrow the gap between schools of compulsory education, implementation of quality education which reduces students' burden, development of public schools by means of entrusted management and delegation of power, and transformation and development of training institutions.

Keywords: Post-universal Education Era; Education Ecological Governance; Quality-oriented Education

Private Education in the Post-pandemic Era: Concept Reconstruction and Quality Development

Chen Changhe, *Ding Xiutang* / 046

Abstract: In 2020, changes in the education market and adjustments of government policy brought by COVID –19 were, in different aspects, shaping the development of private education in different fields and of various types, giving it a new look both at the organizational level and in the overall structure. The year

2021 is the first year of China's 14th Five-Year Plan for education when education at all levels and of all types has come to the stage of high-quality development. In order to better develop private education in the post-pandemic era, policy makers and executors should re-examine the basic positioning and development philosophy of different private education institutions in the education system based on the advantages and disadvantages of private education considering the new situation and requirements. Also, to achieve quality education, organizers and principals of private schools should take both market needs and social needs into account and clarify their development path under the framework of systems and policies.

Keywords: Policy Adjustment; Concept Reconstruction; Quality Development; Private Education

Abstract: Through the analysis of the impact of the pandemic situation on Chinese international education in 2020, this paper makes a trend analysis and prejudgment on the development of the international education industry after the pandemic. This paper divides Chinese international education into the following industries : 1) oversea studying 2) domestic and international education, including domestic international schools, language training institutions and so on. In view of the impact of the epidemic on studying abroad, this paper mainly analyzes and interprets the impact of the epidemic on the application and study of overseas universities for high school graduates in 2020, and the impact of the newly issued series of policies on Chinese international students. In view of the impact of the epidemic situation on Chinese international education, this paper analyzes and interprets the impact of the pandemic situation on domestic international schools and the foreign language training institutions. Finally, the application data of 2020 –2021 application season and the development of domestic international schools in 2020 predict the future development of international education in China. Although the entire industry of studying abroad and training has been damaged by the pandemic, it is undeniable that the pandemic has been gradually controlled, and international education in China will continue to play the role as a domestic education supporter, providing students with diverse options for further studies.

Keywords: International Education; Overseas Study; COVID - 19; Education Development

Future of Pre-school Education in the Post-pandemic Era

Abstract: This paper reviews the efforts and achievements made by the Chinese government in rebuilding the public service system of pre-school education since 2010, reflects on the plight of pre-school education, coping strategies and deficiencies during the epidemic, and makes clear that we should take this opportunity to further deepen the reform in this area. Besides, this paper points out the future directions of pre-school education in the 2020s after the epidemic: First, we should adjust the layout of pre-school education planning considering its rapid development, the changing birth rate, and the trend of population mobility; second, we need to break the "dual-track system", which refers to the coexistence of public and private schools, and establish a new public service system of pre-school education, thus providing truly inclusive and fair pre-school education; third, we must prioritize improving the quality of pre-school education by addressing problems in wages and welfare of pre-school teachers, professional development, curriculum designing, and evaluation system. Finally, this thesis also analyzes and looks into some hot issues in the pre-school education industry, including the transformation of private kindergartens, extracurricular training at a younger age and the dilemma of transition from kindergartens to primary schools, the breakthrough point of the information technology application in pre-school education, and the development of nursery education.

Keywords: COVID - 19; 2020s; Public Service System of Pre-school Education; Dual-track System; Quality Improvement

Abstract: Ministry of Education has decided to strengthen governance and rectification of off-campus training institutions in its "Priorities of Work in 2021", which is a continuation of the previous work as well as a response to the chaos of off-campus training in 2020. This paper makes a prospective analysis on the possible "double reduction" in 2021, which refers to reducing the burden of both students' homework and off-campus training during compulsory education period. It is pointed out that the key to this initiative is to establish a series of guarantee mechanisms, to innovate the supervision system of off-campus training institutions in the process, and to build a diversified education evaluation system that does not only focus on scores or the enrollment rate.

Keywords: Off-campus Training; Supervision System; Education Evaluation

Abstract: In the post-universal education era, as comprehensive reforms of senior high school education have been deepened increasingly, regular high schools are getting more diversified and specialized, and the development of secondary vocational education has also gained more attention. At the request of the government regarding promoting reforms of education methods of senior high schools, the transformation of the development strategy for high schools seems indispensable. After summarizing the reforms of development strategies for domestic and foreign high schools and reflecting on the present dilemmas faced by high school education in the new era, this paper explores new targets and positioning of high school education, the development of its classification, and various reforms in the development strategies for high school education, including those of its management system, examination system, and evaluation mechanism for the principal.

Keywords: Post-universal Education Era; Development Strategies for High Schools; Corresponding Reforms

Thoughts and Suggestions on the Reform of Education Evaluation in the New Period

Abstract: Education evaluation is key to the direction of education reform. In the new period, it is urgent to reverse the alienation of education evaluation, deepen the reform of education evaluation, and meet people's need in education. Therefore, this paper puts forward the following suggestions. First, we should scientifically understand and comprehensively implement the "four evaluations" which means to improve outcome evaluation, to strengthen process evaluation, to explore value-added evaluation, and to perfect comprehensive evaluation. Second, we should be aware of the harm of exclusive emphasis on papers, professional ranks and titles, academic qualifications, and awards, and should establish a multi-evaluation system as well as set up and improve the third-party education evaluation mechanism. Third, we should delegate power to local governments to carry out hierarchical and classified evaluation in non-critical evaluation fields. Fourth, we should promote the value-added evaluation, implement and expand schools' autonomy in operation. Fifth, we should build the supervision and accountability mechanism related to education evaluation to create a healthy education ecology of the entire society.

Keywords: Education Evaluation; Value-added Evaluation; Education Ecology

Ⅲ Special Reports

Structural Quality: Institutional Innovation of Education Quality Evaluation at County Level

Ma Haiyan, Li Qiang and Zhang Feng / 141

Abstract: At present, there are some problems in the evaluation of education quality at county level, such as unclear concept and connotation, indistinct evaluation focus and improper methods. The main reason is that it still focuses on the improvement of school-running and enrichment of connotation rather than the optimization of education ecology. Therefore, the authors believe that the core of education evaluation at county level is to optimize the education ecology, and put forward the concept of structural quality. It is suggested that to optimize the county-level education ecology, it is necessary to evaluate the education quality at county level by integrating the process-based quality which reflects the level of school-running and the result-based quality which reflects the development of students through the three dimensions of education ecology—equity, balance, and quality. Practice has proved that structural quality can effectively contribute to the move of education quality at county level towards high quality, education balance and equity.

Keywords: Education Quality Evaluation at County Level; Structural Quality; Optimization of Education Ecology

Suggestions on Diversified Schooling of General High Schools in Practice

Zhang Junfeng / 154

Abstract: Diversified schooling of general high schools has become a fundamental trend of the reform and development of international high schools. In the post-universal education era, China is constantly accelerating the promotion of policies. Local governments and general high schools have accumulated a wealth of practical experience in the exploration of diversified schooling. To meet diverse needs of education for various students, we must further strengthen the power of policy and relevant guarantee constructions, such as setting evaluation standards for diversified schooling of general high schools, promoting classified schooling, ensuring schools' autonomy in running, and designing career planning courses in junior high schools, so as to promote diversified schooling in general high schools.

Keywords: General High Schools; Diversified Schooling; Training Mode

Abstract: Based on emerging technologies and taking the intelligent application service system as the carrier, smart campus constructs new campus ecology by combining major modules together. Supported by national policies and propelled by the epidemic, this idea is in compliance with the development trend of education and has gained in popularity. At present, on the one hand, the Internet of Things, big data, cloud computing and artificial intelligence have permeated all aspects in campus, including its infrastructure, teaching resources, teaching environment, campus management and campus services. On the other hand, smart campus industry is still in its infancy with low barriers and coupled with policy support, attracting many science and technology barons. However, currently there are still some problems such as low degree of technical refinement, low degree of integration with the essence of education, low industry standards and high costs. In the future, the development of smart campus will completely reverse the thinking, shifting from the focus on technology to the focus on people. And following efforts to develop smart campus will give priority to education equity, targeted poverty alleviation through education, quality education and well-rounded development of students as well as construction of teaching staff. It is also significant to promote the renovation of educational philosophy by using the concept of smart and spur progress of educational thoughts that guide technology by technological progress, so as to promote the upgrade of smart campus, intelligent education and even the entire education.

Keywords: Smart Campus; Emerging Technologies; Smart Campus Industry; Smart Education

Abstract: First, to review the policy support and general development of education informatization in China, this study focuses on three cases of schools at different levels, analyzing the practical characteristics and experience of promoting informatization and achieving ideal results. From the perspective of promoting the essence of education, it discusses the role and mechanism of education informatization in improving the quality and advancing modernization of schools with different levels of ability. Finally, reflecting on the process of education informatization in schools, this paper proposes to stress the subjectivity of learners, promote the systematic optimization of teaching methods and curriculum design through the application of information technology, and integrate the publicity and participatory culture represented by information technology into the school management system innovation.

Keywords: Education Informatization; Primary and Secondary Schools; School Running Quality; Education Modernization

Reflection on 10 Years' Exploration of Home-School Co-education in China

—A Visualized Graph Analysis Based on CiteSpace

Niu Nansen, Wang Zheng, Li Ju and Shao Xiujuan / 204

Abstract: Home-school co-education is a coordinated education activity between home and school for the benefit of children's development. Based on the bibliometric analysis of Citespace and the content analysis of the second reading of literature, this paper summarizes the research on "home-school co-education" from 2011 to 2020. The results show that firstly, the number of studies in this field has increased steadily while the quality needs to be improved. Secondly, a core group of authors is emerging but there is little cooperation with each other. Thirdly, more researches of home-school co-education have been carried out by normal colleges and universities and educational research institutions in eastern China. Fourthly, most studies belong to empirical research rather than theoretical or positive research. Lastly, the research is prone to reflect changes in the subject of liability, the content and teaching methods of home-school co-education. In general, we should enhance the academic value, highlight the Chinese attribute and expand the policy perspective of research on home-school co-education.

Keywords: China; Home-School Co-education; CiteSpace

Review of Characteristics and Preferences of Innovation in Local Education System in the Past 12 Years: A Text Analysis of Cases Winning the "Local Education System Innovation Award"

Feng Siche / 229

Abstract: In public management, the research on government innovation is a significant breakthrough point to observe the reform and development of government system. Since 2008, 21st Century Education Research Institute has established the "Local Education System Innovation Award" as an attempt to promote education reforms of local governments by advocating the evaluation of local governments by non-governmental organizations. Based on the reconstruction and textual analysis of cases winning the Award in the past 12 years (the Award is given every 2 years), this paper summarizes the motivation, content and effects of innovation in systems by the government, and conducts a heterogeneous analysis of the innovation preference of governments at different levels and in different regions. Results show that passive innovation, driven by practical education problems and by means of management mechanism innovation, is the main tendency of government's education innovation. However, reforms of migrant children's education, private education, higher education and examination systems are still the shortcomings and blind spots for the innovation. Besides, this study also provides an effective method for the research of innovation in local education systems.

Keywords: System Innovation; Government Innovation; Local Education System Innovation Award

Ⅳ Investigation Reports

Abstract: A survey on the survival status of rural teachers shows that first, some teachers have heavy tasks and most feel fatigued. Second, many teachers do not have a strong sense of professional belonging and are at a loss about their professional prospect. Third, a small number of teachers get quite a lot of financial pressure from family. Fourth, the relationship between teachers and parents is becoming more and more complicated and teachers tend to be alienated from villagers. Besides, the health problems of rural teachers have not caught enough attention with a risk of worsening physical and mental health. In this context, it is necessary to further implement various treatment policies, promote the participation of local organizations in school governance and improve the management of teaching staff. Moreover, advocating the ethos of respecting teachers and valuing education in society, stimulating the endogenous motivation of rural teachers' professional development, and improving the supply mechanism of teachers in rural areas, as well as strengthening supervision and accountability should also be emphasized.

Keywords: Rural Teachers; Teachers' Survival Status; Teachers' Burden; Education Governance

A Comparative Study on the Teaching Staff Construction in Primary and Secondary Schools in Beijing and Shanghai

Abstract: The year 2020 is the final year of the 13th Five-Year Plan period. With data analysis of the existing statistics and by means of symposiums and interviews, this report conducts a comparative study of the basic situation of teaching staff construction in primary and secondary schools in Beijing and Shanghai, focusing on three aspects: the differences of relevant indicators, the differences of current situation of teachers' personnel management, and the general situation of teachers' status. Based on the comparative analysis, this paper also puts forward a series of policy suggestions: improving the status of primary and secondary school teachers in big cities, enhancing appeal to male teachers, and deepening the reform of personnel management systems and mechanisms.

Keywords: Construction of Teaching Staff; Teachers' Status; Personnel Management of Teachers

Abstract: In order to understand the current situation of respecting and protecting children's rights in primary and secondary schools in the east, middle and west of China's mainland, this survey is designed based on the requirements of "inclusion and equality, effective teaching and learning, participation and harmony, safety and health" clarified by the Ministry of Education in the "Standards for Child-Friendly Schools". The survey reveals some differences across the regions and points out various problems in protecting children's rights. Furthermore, this paper puts forward several policy suggestions, such as improving school evaluation, protecting students' physical and mental health, enhancing professional development of principals and teachers, and strengthening the cooperation among families, schools and communities.

Keywords: Standards of Child-friendly Schools; Protection of Children's Rights; Primary and Secondary Schools; Regional Differences; The Law on the Protection of Minors

图书在版编目(CIP)数据

2021年中国教育观察 / 熊丙奇主编. -- 北京：社会科学文献出版社，2021.12
ISBN 978-7-5201-8593-6

Ⅰ. ①2… Ⅱ. ①熊… Ⅲ. ①教育工作-研究报告-中国-2021 Ⅳ. ①G52-53

中国版本图书馆 CIP 数据核字（2021）第268787号

2021年中国教育观察

主　　编 / 熊丙奇
副 主 编 / 杨　旻　黄胜利　陈昂昂

出 版 人 / 王利民
责任编辑 / 桂　芳
责任印制 / 王京美

出　　版 / 社会科学文献出版社 · 皮书出版分社（010）59367127
地址：北京市北三环中路甲29号院华龙大厦　邮编：100029
网址：www.ssap.com.cn
发　　行 / 市场营销中心（010）59367081　59367083
印　　装 / 三河市东方印刷有限公司

规　　格 / 开 本：787mm × 1092mm　1/16
印 张：20.25　字 数：308千字
版　　次 / 2021年12月第1版　2021年12月第1次印刷
书　　号 / ISBN 978-7-5201-8593-6
定　　价 / 128.00元